농민의 마음 하늘의 마음

장영근 지음

창작과비평사

1995

진정한 농민의 세상 보는 눈

장 상 환
경상대 경제학과 교수

창작과비평사로부터 장영근 선생의 생활체험 수기에 대한 추천의 글을 부탁받고서 근래에 자주 만나지 못한 장선생을 만나는 것처럼 반가웠다. 원고를 읽어보니 역시 장선생의 체취가 물씬 풍긴다.

장영근 선생과 나는 크리스챤 농민교육을 통하여 만난 인연을 가지고 있다. 1975년경으로 기억되는데, 당시 나는 크리스챤 아카데미 간사로 농민교육을 담당하고 있었고, 장선생은 교육생으로 참여하였다. 선생은 교육과정에 참여한 많은 농민들 가운데서도 두드러진 분이었다. 우선 선생은 대단히 치밀한 성격이었다. 교육과정에서도 질문이 많았고, 이해가 되지 않으면 끝까지 파고들었다. 어떤 주장을 하든지 철저히 근거를 가지고 했기 때문에 다른 농민들과의 대화도 주도하였다. 이러한 실사구시(實事求是)의 자세는 그후 장선생의 실천활동 가운데서도 잘 나타나고 있으며, 큰 성과를 거두는 기반이 되었을 것이다.

또한 선생은 농민 가운데서도 빈농의 입장을 철저히 견지하고 있었다. 그것은 자신의 생활기반에서 나온 것이었기 때문에 체질화되어 있었다고 해도 좋았다. 이러한 입장이야말로 선생이 농민운동과 여러가지 경제협동사업을 하는 과정에서 행정기관이나 관료들과의 타협을 거부하고, 철저히 농민 자신의 힘에 의거하는 자주성을 견지하는 원동력이 되었던 것이다.

그리고 장선생은 새로운 사실을 배우는 데 열심이었다. 새로운 농삿일을 시작할 때도 철저한 연구를 하기 때문에 농사기술 면에서는 주변에서 박사라고 부를 정도였다. 뿐만 아니라 자신이 체험을 통하여 느낀 것을 과학적 근거 위에 두기 위하여 공부에도 정열적이었다. 크리스챤 아카데미 농촌사회교육 중 3차교육인 20박 21일의 장기전문과정 교육에서는 교육받을 분들에게 교재를 미리 나눠드리고 예습을 해오도록 했다. 당시 선생의 예습과정을 확인하고 보충하는 일이 분담되었기 때문에 나는 선생의 댁을 여러번 방문할 기회를 가졌다. 글에서 나오는 대로 너무나 초라한 집에 살면서 엄청난 노동을 감수하고 있었지만 공부에는 대단히 진지했다. 한자투성이의 교재를 읽을 때면 꼭 옥편에서 찾아 한 자 옆에 한글로 토를 달아놓곤 한 것을 기억한다. 이 교육과 투쟁과정을 통해 선생은 사회운동에 필요한 기초지식들을 스펀지처럼 빨아들이며 뛰어난 농민운동가로 성장하였고, 책 속에서도 말하듯이 수많은 농민교육에서 강사로서 역할을 했다.

장영근 선생은 진정한 민중, 진정한 농민이다. 이것이 이 책의 내용을 비범하게 하는 기본적 힘이다. 일하는 사람, 노동해서 살아가는 민중의 입장을 확실히 견지하면 세상이 거울에 비추인 듯 또렷하게 보이게 됨을 이 책을 통하여 확인할 수 있다. 사실 그렇게 될 수밖에 없다. 지배하고 수탈하는 위치에 있는 자들은 지배와 수탈의 현실이 드러나는 것을 꺼리고 은폐하고자 한다. 그러나 지배당하고 수탈당하는 처지에 있는 사람들은 자신들의 억울한 모습이 낱낱이 드러나기를 원한다. 그런 현실이 바뀌기를 바라기 때문이다.

이 세상 사람들에는 두 가지 부류가 있는 것 같다. 한 부류는 무엇이 되고 싶어서 안달을 하는 사람들이다. 이른바 '되고쟁이'

들이다. 또 다른 부류는 의미있는 일을 하는 것을 목적으로 하는
사람들이다. 자리가 아니라 해야 할 일이 목표인 것이다. 장선생
은 단연 후자의 입장을 고수하는 분이다. 오늘날 한국의 세칭 정
치인들은 거의가 전자의 부류들이다. 대통령이나 국회의원이 되
고 싶어서 안달을 하는 사람은 정작 무엇이 가장 소중한지를 모
른다. 대통령이나 국회의원이 되기 위해서, 그리고 되었을 경우
에는 그 자리를 유지하기 위하여, 온갖 치졸한 짓을 마다하지 않
는다. 사회운동에서 보이는 분파주의도 일을 목적으로 하기보다
는 자리와 주도권을 앞세우기 때문에 나타나는 현상이 아닐까.
선생은 농민운동 과정에서 나타난 지식인들의 분파주의적 경향에
대해서 불만을 표한다. 실제로 몇몇 농민운동, 사회운동 출신자
들은 국회의원 등의 자리를 목표로 다양한 움직임을 보이고 있는
데, 그것이 과연 무엇을 위한 것인지 돌이켜봐야 할 것이다.

이 책이 우리에게 주는 것은 무엇인가.

첫째, 이 책은 역경에 굴하지 않고 떳떳하게 살아나가는 인간
승리의 감동을 던져준다. 장선생은 해방후 세 분의 형님을 잃는
큰 슬픔을 겪었다. 이런 경우 대부분의 사람들은 세상일에 관여
하기를 꺼리고 위축된 삶을 살아간다. 그러나 선생은 농민의 처
지임에도 부조리한 사회를 바로잡기 위하여 노력을 아끼지 않았
다. 선생은 그러한 개인적 슬픔을 안고 있으므로, 우익의 만행은
말할 것도 없고, 좌익에 의한 인명살상에 대해서도 극히 비판적
이다. 선생은 동료 농민 한분 한분의 소중함을 알고, 민중의 당
연한 요구마저도 이데올로기라는 사슬로 묶어 억압하는 가운데서
도 지혜와 유연성으로 최대한 희생을 줄이면서 권익을 실현하려
했다.

둘째, 이 책은 7,80년대 농민운동의 알맹이를 잘 보여주고 있
다. 보리값 인상 요구, 농지세 부당징수 시정투쟁, 강제 객토사
업 반대운동, 새마을창고사업 거부운동, 농협에 대한 강제출자거

부운동, 노풍피해보상투쟁, 폐천부지 불하가격 인하투쟁 등은 모
두 70년대에 횡행했던 관료적 횡포와 부정부패에 대한 저항이었
다. 선생은 이러한 싸움들에서 항상 확실한 근거를 가지고 대처
함으로써 승리를 거둘 수 있었다. 특히 1978년부터 강진에서 시
작했던 농지세 시정투쟁은 이의신청을 집단적으로 하는 등의 모
범을 보였고, 전국적 확산의 기폭제가 되었다.

선생은 농민운동이 종교적인 배경을 벗어나서 자주적인 조직으
로 발전해가는 과정에서 자주적 농민운동의 기수 역할을 한다.
선생은 강진에서 가톨릭농민회 분회를 만들었고, 1978년에 가농
전국감사에 선출되었지만 가톨릭 배경하의 농민회에 농민들이 쉽
게 참여할 수 없음을 항상 안타까워했다. 80년대에는 농민운동의
저변 확대를 위하여 기독교농민회 결성과정에서 전국 각지를 다
니면서 기농 창립을 위한 농민교육의 강사 역할을 하였다. 그리
고 장선생은 1987년에 전국농민협회를 창립하는 데 주도적 역할
을 하여 전국농민협회 회장을 3년간이나 맡았고, 그후 농민운동
조직의 통일을 앞당기려고 노력했다.

셋째, 이 책은 생산자조직의 중요성을 일깨워준다. 선생이 주
도해 만든 강진군 딸기생산자협회에 대해서 초기에는 농민회조차
도 무관심했고, 일부에서는 개량주의니, 이제 농민운동을 하지
않으려고 협회를 만들었느니 하며 비판하는 형편이었다. 그러나
딸기생산자협회는 다수 농민의 자주적 단결의 중요한 기반이었
다. 그후 비닐 제조업체의 분열작용과 관계기관의 간접적 영향력
행사에 의해서 딸기생산자협회가 기능이 마비되어버린 것에 대해
선생은 "시간이 지나면 과연 그러한 생산자조직이 얼마나 중요한
것인지를 알게 될 것"이라고 예언했다. 과연 90년대에 들어와서
품목별 생산자조직은 신농정의 한 부분이 될 정도가 되었고, 각
군 농민회에서도 작목별 생산자조직을 결성하고 있다. 선생의 선
각자적 안목이 증명된 것이다. 또 선생은 소규모 생산협동체의

필요성을 강조한다. 사실 현재 농업기계화가 크게 진전되고 있기 때문에 각 농가가 독립적 경영을 고집하면 농기계의 효과적인 이용을 보장하기 어렵다. 농기계, 농지, 노동력의 공동이용 등 어떤 형태로든 협업적 대응이 필요하고 실제로도 이루어지고 있다.

끝으로 이 책은 향후 농민운동을 비롯한 사회운동이 감당해야 할 무거운 짐을 숙제로 내놓고 있다. 장선생은 이렇게 말한다. "대중은 얼마 가지 않아 정치에 대한 불신과 무관심이 자신을 더욱 어려운 처지에 몰아넣음을 깨닫게 될 것이다. …민주화의 가면을 쓴 보수세력들 또한 우리의 장애물이다. 이를 넘어서는 것이 어렵고 험난하기에 그 방법도 매우 복잡하게 제시되고 있다. 그러나 90년대에는 그 다양한 의견들이 정리되고 하나로 뭉쳐질 것으로 확신한다. … 뭉치는 방법보다 더 좋은 방법은 없기 때문이다." 민중의 삶을 존중하는 민주주의적 정권을 창출하는 것이 90년대 사회운동의 최대 과제일 것이다. 물론 현실은 아직 요원하다. 그러나 이제 사회단체 참가에 대해서는 국민들의 두려움이 많이 가셨으므로 민중의 정치적 의식과 역량은 점차 높아질 것이다. 이것에 잘 대처해나가는 것은 선생을 비롯한 우리 모두의 몫이다. □

책머리에

나는 한번도 큰 부자가 되어 호화스럽게 살아보자는 생각을 가져보지 못했다. 이른바 대망의 꿈 같은 것이 별로 없었다. 나라고 하여 이런 꿈이 없었으리요마는 그때그때 어떻게든 살아야 하는 긴박한 현실이 그렇게 만들어버렸다. 그저 이웃과 오순도순 사는 소박한 꿈을 꾸면서 이웃 사람들과 함께 무지무지한 노동을 하며 살아왔다.

그러나 그 결과는 쌓인 빚과 골병이요 고통의 연속이었다. 이 고통을 나 혼자 짊어지고 있다는 생각을 하면 도저히 살아나갈 수 없을 것이다. 6백만 농민, 2천만의 노동자, 쫓기고 시달리는 도시빈민들이 함께 받는 고통이기에 나는 이를 이겨낼 수 있는 힘을 얻어 스스로 위로하면서 살아갈 수가 있었다.

우리처럼 배우지 못하고 노동을 하는 사람들에게 '정치' '사회' '역사' 따위는 생각하지 말고 "일이나 부지런히 하고 살아라" 하는 무관심을 강요하는 질서 속에서 나 역시 살아왔다. 그 말은 결국 무지렁이처럼 일이나 해먹고 살아라, 빼앗겨도 무관심하고 억압을 받아도 무관심해야 하는 법이다라는 길들이기를 하는 격이었다. 그래서 나 역시 내 복이 없는 탓이요 조상 탓이요 힘없는 농민이니까 어쩔 수 없다는 무기력증에 빠지기 십상이었다.

그러나 우리들의 고통은 어떻게 해서 생겨나는지 생각해보지 않을 수 없다. 인간은 인간이 만들어낸 제도 속에서 살 수밖에 없다. 하지만 그 제도는 누구를 위해서 어떻게 만들어졌는가.

이 사회가 자본가가 지배하고 있는 사회라면 그들에게 유리하게 만들어진 정치·경제·사회·문화의 장치 속에서 나는 발버둥칠 수밖에 없고 그러다 보니 그 현실을 무시하고 살 수도 없다.

'정의'를 말한다고 해서 다 민주주의가 되는 것도 아니다. 노동을 하고 고통을 받으면서 다른 고통받는 사람들과 함께 고민해보지 않고서는 참다운 정의도 사랑도 민주화도 개 입에 벼룩 씹히는 소리처럼 그저 듣기 좋게 씨부렁거리는 소리에 불과하다고 생각한다.

우리는 비록 무식한 농민이지만 작은 것을 보면 큰 것을 알 수 있고, 큰 것을 보면 작은 것도 거울처럼 비추어지는 것을 알 수 있다. 그래서 나 개인이라기보다 내 주변의 농사꾼들이 바라보는 복잡한 세상일들을 기록해야 할 필요가 있다고 생각해서 이 글을 쓴다. 문학에 대해 백치이고 글을 쓰는 재주가 없음에도 불구하고 다짜고짜 써본다. 그저 있는 그대로를 용기있고 담담하게 쓰면 천한 글이라도 귀한 내용이 될 수 있을 것이라는 믿음으로. 많은 이의 질책과 격려를 바랄 뿐이다.

내가 책을 펴내리라고 생각해본 적은 없었다. 중학을 나오고 가족들과 먹고 살기 위하여 줄곧 정신없이 일을 해야 했던 나로서는 글을 쓰기는커녕 책 한권 읽는 것조차 허락하지 않는 젊은 시절이었다.

그러다가 농민운동에 뛰어들고 보니 알고 싶은 것이 많아져 정치·경제·사회·문화·윤리나 역사 등에 관한 몇권의 전문서적을 접하게 되었다. 내 딴에는 머리를 싸매고 정신을 가다듬어 읽고 기록도 하고 정리를 해보기도 하였다. 물론 약간의 지식은 얻을 수 있었지만 사실 나 같은 사람들에게는 너무 어렵고 흥미도 없는 지루한 내용이었고, 대중운동을 하는 입장에서 보면 그 귀중한 책들이 삼류 소설보다 무가치하게 비춰지지나 않을까 하는 의문을 갖게 되었다.

그래서 대중을 상대해야 하는 농민운동가는 쉽고 재미있게 대중과 이야기할 수 있어야 한다는 생각으로 그동안 잡기장에 틈틈이 적어둔 글들을 김종채 동지의 권유로 출판하게 되었다.

나는 이 글에서 농민문제를 단순히 그 자체로 다루기보다는 정치적인 민주화, 경제정의, 사회문화, 가치관 등을 측량하는 출발점으로 생각해보고 싶었다.

전문 지식인이 쓰면 확실한 가닥을 잡아 명료하게 표현할 수 있을 터인데, 논밭에서 일하다가 언뜻 생각나는 것이나 농민들과 이야기하다가 들은 얘기들을 잠자리에 들기 전 낙서처럼 써둔 글들이니, 보는 이들의 머리를 혼란케 하지나 않을까 걱정도 된다. 그리고 80년대 초반이나 중반에 쓴 글이 있는가 하면 90년대초나 문민정부 이후에 쓴 글이 있어 꽤 시차가 나기도 한다.

하지만 이런 글들이나마 평소 책과 거리를 두고 있는 농민들 그리고 큰소리 한번 쳐보지 못하고 살아가는 가난한 사람들에게 드리고 싶고, 농촌에서 살면서 직접 농업노동에 종사해보지 않은 지식인, 정치인 들에게도 새로운 참고거리가 되었으면 한다. 또한 후세의 사람들에게는 이 시대를 살았던 선배 농민으로서 전해주고 싶은 역사의 증언이 되었으면 하는 바람이다.

끝으로 수기, 사례, 에쎄이, 논설 등이 복잡하게 뒤범벅된 것을 독일유학길에 오르기 전날까지 이리 꿰매고 저리 맞추고 해주신 김종채 동지, 그리고 이런 글도 출판을 해보겠다고 맡아주신 창작과비평사에 깊은 감사를 드린다.

장 영 근

차 례

제 1 부 수난의 세월, 발버둥치는 인생

12

14

제 4 부 논두렁에서 보는 세상
—— 농업문제 에쎄이

제 1 부

수난의 세월, 발버둥치는 인생

1. 수난의 세월

핍박의 땅 '진밭들'

오랜 세월 낙엽이 켜켜이 쌓여 생긴 부식물은 푸석푸석한 기름 진 땅을 만들었다. 괭이로 파기만 하면 금방 옥토가 되었다. 앞 에는 물이 흐르고 겨울의 삭막한 바람은 산이 막아주었다. 뒷산 에는 항상 땔감으로 쓸 나무가 많아 추운 겨울 따뜻한 불을 지필 수 있었다. 또한 강과 바다를 끼고 있어 물고기를 구하기가 쉽고 수로를 이용한 교통이 편리했다.

전라도의 강진고을. 언제부터인가 식량 채취가 쉽고 개간이 편 리하고 자연의 악조건을 피할 곳을 찾아 다니던 사람들이 마을을 형성하기 시작했다.

그러나 큰비만 오면 돌멩이와 모래를 실은 큰물이 이곳저곳 마 구 휩쓸어버려 냇가의 흔적이요 폐허가 된 곳이 많았다. 그곳을 개간하여 정주한다는 것은 엄두도 못낼 일이었다.

그런데도 양반들의 가렴주구와 극심한 횡포 속에서 괴나리봇짐 을 짊어지고 정처없이 지나던 배고픈 사람들이 발걸음을 멈추었 다. 이 황량한 폐허라도 개간하면 내 땅 가지고 농사지을 만한 곳이겠다 싶어 돌을 주워내고 흙을 져다 부어 논을 만들고는 물 이 나올 만한 곳에 고래(깊이 땅을 파고 큰돌들로 메워 만든 인공

지하수로)를 만들어 물을 대거나 둠벙(물이 잘 나는 곳을 파 만든 웅덩이)을 파서 수원을 만들었다. 그리고 냇가에 있는 돌을 주워 여기저기 방천(防川)을 하고 나무 대신 돌로 담을 쌓아 집을 지어놓으니 가난한 사람들에게는 육간겹집보다 더 귀한 안식처가 되었다. 아홉 개의 바위가 있어 구암리라 칭하였으나 그것은 정주자들이 붙인 부락명이었을 뿐이다.

강진(康津)은 본시 양반이 적어 그들의 횡포보다는 중간관리인 비장(裨將)의 세도가 극심하여 비장고을로도 불렸다. 비장은 서성리에서 살고 있었다. 이 서성리 본마을에서 오 리나 떨어진 구암리 황무지는 '진밭들'이라는 명칭을 갖고 있었다.

비장 주변, 소위 요즘 말로 관변에서 기생하며 세력깨나 부리는 사람들은 새로 들어와 정착하는 뜨내기 농사꾼들에게 텃세를 부리기 시작했다. 걸핏하면 불러다 족치고 구박을 하였다. 진밭들 사람들은 각지에서 각성(各姓)을 가지고 들어온데다 숫자도 적고 가난하고 무식한지라 노상 밥노릇하기 일쑤였고, 이중삼중의 핍박을 받아야 했다. 그들은 걸핏하면 진밭들 놈들은 상놈들이라고 몰아붙였다. 그래도 이를 악물고 살아야 했다. 갈 곳 없는 이들은 그까짓 수모쯤은 참아야 했다. 그 진밭들이 지금 내가 살고 있는, 한자로 장전(長田: 진밭을 긴 밭으로 오해한 한자 표기 같음)마을이라 부르는 곳이다. 생각해보면 당당하고 자랑스럽기만 한 일이지만 지금도 잘못된 행정에 항의라도 할라치면 "진밭들 놈들 말 듣더냐"고 힐책한다.

지금은 각지에서 모여든 여러 성바지가 80여 호를 이루며 살고 있는데, 가난한 사람들끼리의 상부상조의 따뜻한 애정이 있는가 하면 시달린 사람들 특유의 무사안일적 사고와 기회주의적인 성향이 섞여 있기도 한 곳이다. 게다가 읍내가 가까워 채소특용작물을 내다 팔고 읍내 공사판에 막노동을 자주 나가게 되면서 이제는 점점 이해타산적으로 변해가는 마을이다.

우리 가문은 이곳에서 5대째 살아오고 있다. 이제 나는 이 장전리와 일생을 같이해야 할 처지이나 내 자식들은 도무지 농촌에서 살려고 하지 않으니 조상이 일구어놓은 터전이 내 대에서 사라지게 될 아쉬운 형편에 이르게 되었다. 하나 그것이 어찌 나뿐이고 내 부락뿐일 것인가, 한국 농촌의 일반적 현상인 것을……

할아버지에 채워졌던 녹슨 쇠사슬 대신 이젠 은도금, 금도금된 찬란한 쇠사슬이 채워진 변천의 역사 속에 그 핍박의 땅 진밭들은 나를 싣고 장씨 가문의 황혼을 향해 지금도 가고 있다.

8·15와 소학교 입학

나는 일제의 잔인성이 극심해지기 시작한 1940년 1월 8일, 음력으로는 기묘년 동짓달 그믐, 전라도 강진군 강진읍 장전리 374번지 조상 대대로 살아온 초가집의 온돌방에서 다가올 수난의 첫 울음을 터뜨렸다.

아버지는 신문명에 눈을 떠 여러 산을 돌아다니며 돌 속에 무슨 광물이 들어 있는가를 알아보는 돌팔이 광산 연구가였다. 할머니로부터 상속을 받은 아버지는 풍수지리학상 강진의 혈(穴)로 꼽히고 일제의 신사(神社)가 있던 강진 북산에 중석(텅스텐)광맥이 있다는 것을 믿고 일확천금의 꿈을 꾸면서 광산업에 손을 대었다. 당시에 광산업을 허가받을 수 있었으니 아버지가 일제관료와 연줄이 있었거나 아니면 전쟁물자생산이라는 정책상의 배려가 있었는지 모른다. 하여튼 아버지는 능력있는 젊은이로 인정받았다고 한다. 아마 그 광산업이 성공했으면 꽤 친일 행각을 했을지도 모른다.

그러나 다행인지 불행인지 노다지 광산의 꿈은 실패로 돌아가고 말았다. 더구나 자기가 개간한 땅을 소유등기 신고를 하지 않

아 자기 소유라고 거짓 신고한 변호사 집안과 재판을 하게 되어
재산이 거덜나기 시작하였다. 할머니가 물려준 200두락 정도의
논도 다 넘어가고 해방을 눈앞에 두고 다시 소작농으로 전락하고
말았다.

이러한 가세의 변화를 알 리 없는 어린 나는 어머니가 만들어
준 무명바지저고리를 입고 좋아서 어쩔 줄 모르며 동네아이들과
재미있게 놀기만 했다.

여섯살이 되자 소학교 들어갈 준비를 하였다. 집에서 형님이
가르쳐준 가기구게고, 나니누네노, 이찌 니 산 시 고 로꾸 등을
쓰고 외우고 했다. 일본식 교육을 받기 위한 준비였다.

그러나 뜻하지 않게도 영원한 불사신으로만 알았던 그 위대한
대일본제국의 쇼오와(昭和)천황이 항복을 하였다. 일본인에게 눌
려 살거나 그 앞잡이들에게 잘 보일 필요가 없어진 것이다.

마을 사람들은 해방과 함께 세계 최고율의 소작료가 없어지리
라 생각했다. 지주집 일이면 종처럼 해주고 살아야 했던 그 보이
지 않는 신분적 관계도 청산되리라 믿었다. 양반 못지않은 권세
와 기득권을 누리던 친일파 관료, 특히 같은 민족을 억압하던 고
등계 형사들마저 기를 쓰지 못하고 주눅이 들 것을 생각하면서
이제는 우리끼리 오순도순 살 수 있는 자유와 평등의 세상이 올
거라는 환상의 기쁨으로 들떴다. 고기장사(선어류)를 해먹고 산
다는 이유 하나로 조선시대 때부터 상놈 취급을 받고 살아온 강
진 남포리 어항 사람들에게도 해방은 큰 기쁨이요 희망이었다.

그러나 친일지주가 지팡이로 가리키며 고기값을 묻는 말에 "아
저씨 좋은 걸로 값싸게 드리겠습니다"라고 했다가 "이놈이 누구
한테 아저씨라고 하느냐"는 호령과 함께 지팡이로 죽도록 두들겨
맞고도 호소할 곳조차 없는 것은 해방 전이나 마찬가지였고, 그
보이지 않는 신분적 관계가 청산되리라는 꿈도 환상이었다.

1946년 국민학교 교정에서 농악놀이를 끝내고 누군가가 경찰서로 가자고 하였다. 남포리 사람들은 농악을 하면서 서성리를 거쳐 강진경찰서 앞으로 가고 있었다. 물론 이웃 마을 사람들도 약간은 끼여 있었다. 지금처럼 구호를 외치고 노래를 부르고 하는 것도 아니었으나 누군가가 "양반 행세하는 자는 물러가라"고 외쳤다. 그러나 이에 대한 대답은 느닷없는 총격이었다. 총소리에 놀란 사람들은 꽹과리며 북이며 징 등을 들고 달아났다. 한 명이 현장에서 사살당하고 여러 명이 부상을 입고 말았다. 군정 당국은 해방의 기쁨을 자유로이 표현하는 민중들을 좌익으로 매도하고 몰아붙이기 시작했다. 즉시 남포리에 경찰이 주재하여 한 사람씩 데려다 고문을 하기 시작했다. 참가했느냐, 안 했느냐, 누가 주동자냐고 캐묻는 것이었다. 그러면서 남포리는 강진의 '모스끄바'라고 하였다. 일본은 항복했어도 전승국은 따로 있었고 38도선을 경계로 소련군과 미군은 점령군으로 주둔하고 있었다.

해방이 그저 좋았던 나는 가기구게고 나니누네노를 배우던 연습장을 집어던지고 1946년 초봄 강진 중앙국민학교에 입학하여 ㄱㄴㄷㄹ ㅏㅑㅓㅕ 어머니 아버지 등 한글을 배우기 시작했다.

형제의 가는 길

나의 큰형님은 집안 사정이 괜찮을 때 태어나서 일본에 유학가 어느 공업계 고등학교까지 다닐 수가 있었다. 그러나 학도병으로 징집되어 훈련중 늑막염에 걸려 귀가조치되었다. 고향에 돌아온 형님은 내가 다니던 소학교의 선생이 되었다. 그때 나는 1학년이었다. 형님은 평소 자기 이익을 챙기거나 남에게 불쾌한 얘기를 하는 경우가 거의 없었으며, 과묵하고 따뜻한 성품은 형님이라기보다 부모나 선생님 같은 존경심을 갖게 하였다. 사사로운 일에 관여하지 않는 대범한 성격을 가진 총각선생이었다. 내가 학교에 가면 선생님들은 물론 나이 든 5, 6학년 상급생들도 장선생님 동생이라고 머리를 쓰다듬으며 귀여워해주고 공부 잘하라고 격려도 해주었다. 선생님이나 학생들 사이에서도 퍽 인기가 높았는데 나는 그것이 그렇게도 자랑스럽고 좋았다.

그런데 2학년이 되기도 전에 형님은 학교에서 보이지 않았고 집에도 들어오지 않았다. 아무 영문도 모르고 학교만 다니던 나는 며칠 후에야 10여 명의 학교 교직원들과 상당수의 고교생들이 무슨 '민주청년학생연맹'이라는 것을 조직하여 좌익사상학습을 했다는 이유로 형무소에 간 사실을 알았다. 이 사건으로 많은 선생님들이 학교를 그만두게 되자 임시교사들이 들어오게 되었다. 그중에 조모 여선생님이 있었는데, 김모 남선생님과 연애사건이 일어나 이를 계기로 임시교사 축출운동이 5, 6학년 사이에서 벌어졌다. 요즘의 어용교사 축출운동과 비슷했던 것 같다. 5, 6학년 선배들은 매일 수업을 거부하고 스크럼을 짜 복도를 오가며 구호를 외치고 노래를 부르면서 분위기를 돋우었다.

"임시교사제도 철폐하라! 자격 없는 임시교사 물러가라!"

시위가 며칠째 되던 날, 칼을 찬 기마대가 학교에 들어와 요즘 말로 진압작전에 들어갔다. 몇명의 주동학생이 징계되었고 그해 졸업식장은 그야말로 눈물의 바다가 되었다. 그 눈물은 단순한 이별의 눈물만은 아닌 더 큰 아픔을 담고 있는 것 같았다. 아마 쫓겨난 선생님들의 복직을 바라는 눈물이었을지도 모른다.

이 무렵 아버지는 나와 16살 차이 나는 큰아들을 구하기 위하여 매우 애를 태우셨던 것 같다. 평소 친분이 두터웠던 우익계열의 유지들과 잘 아는 일제 고등계 출신의 형사들을 만나셨다. 아버지의 노력으로 형님은 형무소생활 1년 만에 출감하게 되었다. 그러나 그때도 그런 일은 돈 없이는 할 수 없었던지 자꾸 논을 팔게 되었고, 자작논은 단 한 마지기도 남지 않게 되었다. 형님

은 학교에 복직은 할 수가 없었고 힘써준 유지들의 권유로 보도
연맹에 가입하였다. 아마도 전향을 한 모양이었다. 그러는 가운
데 큰형님은 옆마을의 농삿마지기나 짓는 집 딸과 결혼을 하여
6·25가 나기 전 첫아들을 보게 되었다.

둘째형은 가산이 쪼그라들어 국민학교를 졸업하고는 중학을 포
기하였다. 졸업후 잠시 철공소에 다니다가 강진에 있는 전남여객
이라는 조그마한 버스회사의 정비공으로 들어갔다. 기계 쪽에 특
별히 소질이 있어서 그랬는지 아니면 오로지 그 길뿐이라는 생각
에서 온갖 정열을 다 쏟아 그랬는지 형의 기술은 금방 인정받게
되었다.

형님은 같이 일하던 한 살 위의 선배와 처음으로 강진에 자동
차수리공장을 차렸다. 요즘처럼 장비를 제대로 갖추고 허가받고
하는 것이 아니었다. 그저 멍키나 스패너 등 소공구 몇가지만 갖
추고도 고장난 자동차들을 잘도 고쳐냈다. 강진 근처를 지나는
자동차는 고장만 나면 으레 그 공장에서 수리를 받았다.

그런데 어느날 갑자기 형님이 서울로 간다고 하였다. 서울에서
김종필이라는 분이 그때는 정말 귀했던 일산(日産) 캐브트럭을
몰고 강진까지 왔다가 형님한테 차를 고치고는 그 성의와 솜씨를
보고 자기 회사로 스카웃한 것이었다. 김종필씨는 서울 용산구
청파동 2가에서 고려상운주식회사라는 운송회사를 경영하고 있었
고, 시골에서 올라간 형님은 대뜸 공장장으로 기용되었다.

고려상운주식회사의 공장장이 된 형님은 지프 엔진을 이용하여
포장을 씌운 승용차를 만들었다. 그리고 전후에 폐기된 연습용
비행기 엔진을 수리하여 트럭을 만들었다. 비록 모방 개조에 불
과했지만 시발자동차 이전의 한국 최초의 자동차 제작이었다고
한다. 지금 수준에 비하면 주먹구구식 기술이었겠지만 그 기술을
인정받아 경무대 1호차도 형님이 직접 수리했다고 한다. 그리고

당시 60~70대 정도의 차량을 보유하고 있던 영월탄광의 차량책임기사라는 직함도 가지고 있었다. 기술자가 부족했던 당시로서는 상당한 인정을 받은 것 같다.

김종필씨도 지식은 별로 없는 사람이었으나 차량정비 관계로 경무대의 고위층과 연결되어 유리한 발판을 마련하게 되었던지 형님께 살 집도 주고 대우도 잘해주어 형님은 그때 돈으로 하루 쌀 몇가마 정도의 돈을 벌 수가 있었다니, 6·25만 없었더라면 무식한 촌사람치고는 크게 성공할 전망이었다.

셋째형은 강진농업학교의 축구·철봉선수였고 씨름도 아주 잘했으며 학업성적이 매우 뛰어났다. 그러나 4학년 때 민주청년학생연맹의 삐라사건에 연루되어 며칠간 유치장에 있다 나오자 둘째형이 서울로 데려가 공업전문학교에 다니게 하였다.

넷째형은 국민학교를 졸업하자마자 둘째형님이 역시 서울로 데려가 경기중학에 입학을 시켰다. 둘째형님이 만든 승용차를 타고 셋째, 넷째형은 학교를 다녔다고 한다. 당시로서는 자가용 타고 다닌다는 게 결코 흔한 일이 아니었다. 넷째형은 원래 학교성적이 좋지 않았고 공부에도 취미가 없었다. 그런데다 전라도 개땅쇠라는 놀림과 시기를 받았을 것은 뻔한 이치니 학교 가는 걸 좋아했을 리 없다. 그저 기계에 취미가 있어 공장에 놀러나가면 기사들이 공장장의 동생이라고 대접을 잘해주어 간간이 몰래 나가기도 했다. 그러다가 둘째형님에게 들키면 "하라고 하는 공부는 하지 않고 공장에 온다"고 매를 많이 맞았다. 둘째형님은 넷째형을 본래의 재능과 성격에 맞추어 나가도록 하는 것이 아니라 억지로 공부를 시키려 하였다. 둘째형님은 아마 경무대 차까지 고치면서도 무식한 티가 나고 글공부하지 못한 것이 한이 되었던 모양이었다. 그래서 동생들은 무슨 일이 있어도 가르치려고 작심했던 것 같다.

넷째형은 결국 둘째형님 몰래 영산포행 야간열차를 타고 집으로 돌아오고 말았다. 둘째형님은 다시 넷째형을 데리러 집에 내려왔으나 이튿날 경무대에서 "차량고장 즉시 귀경하라"는 지급전보를 받고는 상경하고 말았다. 이듬해 6·25가 났고 두 형님의 소식이 끊겼으니 그때가 마지막이 될 줄은 꿈에도 몰랐다.

시장터의 사형장

그렇게도 기다리던 해방을 맞이했으나 기대와는 달랐다. 한쪽은 우익이요 한쪽은 좌익이라 하여 갈등과 대립은 첨예하게 드러났다. 일제하에서 부역하다가 해방을 맞이한 대부분의 사람들은 거의가 우익이라고 하였으나 사실 특별한 우익사상을 가졌다기보다는 일제 때부터 가지고 있던 기득권과 그 기득권을 누릴 수 있는 지배질서를 확립시키려는 생각이 더 컸다.

좌익이라고 하는 사람들은 대개 신진 인텔리들로서 국유화와 계획경제를 통해서 사회모순을 해결할 수 있다고 생각한 사람들이었다. 물론 오늘날의 동구권이 그 모순을 해결하지 못하고 스스로 새로운 변화의 길을 걸을 줄은 몰랐을 것이다. 그러나 그동안 착취와 억압에 시달려온 민중은 그러한 좌우익의 이데올로기보다는 그저 인간답게 살고자 하는 욕구가 더 컸다.

"농지는 농민에게"라는 단순한 요구를 한 이들조차 무상몰수·무상분배를 내건 좌익의 주장과 관련지어져 빨갱이로 몰렸다. "양반행세 하는 놈은 물러가라"고 요구하는 것도 빨갱이 짓으로 몰아붙였다. 심지어 어떤 친일지주 출신 인사는 사람들을 모아놓고 훈시를 한답시고 이딸리아의 무쏠리니를 쏘비에뜨의 무쏠리니라고 말하여 앞에 있던 청년들이 웃음을 터뜨리자, "웃는 놈은 빨갱이다"라고 할 정도였다. 말 잘 들으면 우익이요 불만이나 이유가 많으면 빨갱이로 몰아붙였다.

일제하에서 동척(東拓)의 소작료 과다징수에 항거해 싸웠던 군
동면의 농민회 출신 중 일제 지배와 비슷한 당시의 현실에 저항
했던 사람들은 역시 해방후에도 좌익으로 몰리고 말았다. 민중의
당연하고 단순한 요구마저도 이데올로기라는 사슬로 묶어 묵살하
는 갈등과 대립의 혼란한 시기였다. 잡혀 가면 고춧가룻물 먹이
기가 일쑤였고 전기지짐, 몽둥이찜, 쇠좆매가 예사였다. 일제하
고등계 형사 또는 경찰 출신들이 해방후 얼마나 심한 짓을 했던
지 나이 든 분들은 아직도 그자들의 이름을 기억하며 치를 떤다.
　　요즈음 제주에서 4·3폭동은 공산주의자들의 폭동이 아니라 민
중의 항쟁이었다 주장하는 뜻을 나는 쉽게 이해하고도 남을 것
같다. 얼마나 오랜 세월 육지의 관료들에게 재산을 빼앗기고 억
압을 당했으며 심지어 여자들은 농락까지 당해야만 했던가. 그
수난을 어떻게 참고만 살 수가 있었겠는가.
　　그 항쟁을 진압하기 위해 제주로 가던 일단의 군대가 여수에서
대기하던 중 항명을 하고 총부리를 거꾸로 돌리면서 살상을 감행
했으니 대립은 더욱 첨예해지고 모든 불만은 땅속으로 깊이 들어
갈 수밖에 없었다.
　　그때 강진 장터 옆에는 반란군이나 그들과 내통했거나 협력했
다는 사람들이 잡혀 와 처형을 당하기 시작했다. 밧줄로 목을 감
아 매어놓고는 발을 딛고 있는 의자를 밀어버리면 대롱대롱 매달
려 그 상태에서 사격을 가하면 피를 쏟으며 죽어갔다.
　　한번은 얼굴도 예쁘고 몸매도 날씬한 앳되고 젊은 부인이 잡혀
와 사형장에까지 와서도 그저 목숨만 살려달라고 애원하였다. 목
숨만 살려달라는 말 속에는 무엇이든 하라는 대로 따르겠다는 뜻
이 있었을 것이다. 지금도 뭇사람의 기억에 생생히 남아 있는 그
의 애원도 부질없었다. 그 가냘픈 여자도 목이 매인 채 역시 총
탄을 맞고 피를 토하며 죽었다.

준전시요 지역계엄이라는 상태였다 할지라도 우리에게 그 잔인한 모습을 꼭 보여야만 했을까? 무엇을 위하여 그 처참한 살육의 현장을 목격하게 했을까?

결과는 불만이 있어도 어쩔 수 없이 가만히 있어야 했다. 농민운동, 노동운동은 점점 사라지게 되었다. 대신 생산고 조사를 나온 관리에게 부모자식에게도 먹이지 못한 씨암탉을 잡아 융숭히 대접해야 했다. 세상은 평온한 듯했으나 그것은 평온이 아니라 무거운 침묵이었고 고통을 참아야 하는 괴로운 아픔이었다.

터져버린 삼팔선

사람들은 삼팔선이 터졌다고 하였다. 터졌다는 말의 의미가 큰 저수지의 둑이 터져 물난리의 위험이 다가온다는 말인지 민족을 갈라놓은 분단의 상처가 곪아터졌다는 말인지는 알 수 없어도 엄청난 의미를 지닌 것임에는 틀림없다고 여겼다.

그때 큰형님은 집에 계시지 않았다. 아마 민학련사건에 관계됐던 일로 피신한 모양이었다. 보도연맹에 소속된 사람들을 처단한다는 정보를 우익에 속한 친구로부터 귀띔을 받은 것 같았다.

당시 넷째형은 열일곱살이었는데, 철공소 일을 마치고 읍내를 벗어나 막 마을 어귀로 접어들려 하는 참이었다. 강진에서 광주로 가는 비포장 국도를 두 대의 트럭이 덜컥거리는 소리를 내면서 달리고 있었다. 누군가 트럭 위에서 묶인 두 손을 들어 "영채야, 영채야, 나 간다"하고 소리질렀다. 그 많은 사람 가운데 손을 흔들어 보이는 사람은 서울에서 공업전문학교를 다니던 셋째형과 둘도 없이 친했던 ㅇ씨였다. 넷째형은 영문도 모르고 "형님, 어디 가시오"하고 소리쳤으나 그는 듣지 못했는지 계속 손을 흔들었고 트럭은 점점 멀어져갔다. 며칠 후 그는 김해재 산마루에 다른 많은 사람들과 함께 시체로 발견되었다. 그 집에서 가

장 똑똑한 아들이었다고 사람들은 사상 따위와 상관없이 안타까
워했다. 그도 민학련에 관계됐던 연유로 국군의 후퇴 당시 처형
된 것이다.

좌익계통의 조직에 가담했거나 좌익사상을 가졌다고 판단되는
사람들은 거의 경찰서로 끌려가 심한 고문을 받고는 전향 형식의
보도연맹에 가입하게 되었다. 그후 그들은 계속 사찰을 받아오다
6·25가 나자 경찰이 후퇴 1차 집결지인 완도로 철수하면서 처형
한 것이다. 어디서 잡혀 왔는지 수많은 사람들이 바다에서 처형
되었다 한다.

후퇴하는 경찰에 의해 처형당하는 총소리가 산천을 뒤흔들었
고, 처형자의 시체는 강진만의 마량, 대구 등지의 해변으로 조수
를 타고 수없이 떠밀려왔다고 한다. 그래도 남자의 시체는 얼굴
과 배가 하늘을 보고 떠 있어 가족들이 더러 시체를 찾아가기도
했으나, 여자의 시체는 이상하게도 남자와 반대로 떠 있어 안면
이 부패되어 누가 누군지를 알 수 없었고 혹 등 뒤에 무슨 흉이
나 점 같은 것이 있는 사람 정도라야 겨우 신원을 알 수 있었다
한다. 그중에는 오랏줄로 손발이 묶여 그대로 바다에 던져진 사
람도 있었다고 한다.

해방후 고등학교에도 민학련(민주청년학생연맹)과 전학련(전국
청년학생연맹) 두 개의 조직이 있었는데, 민학련은 좌익계열로서
주로 밤을 틈타 삐라를 뿌리고 벽보를 붙이며 다녔다. 그래서 그
때 사건들은 '삐라'사건이라고도 하였다. 그 내용은 주로 조선민
주주의인민공화국 만세, 국대안(국립서울대학교안) 반대, 미제국
주의 반대 등이었다고 하며, 전학련은 민학련의 동태를 경찰에
제보하는 일을 했다고 한다.

나는 지금도 만약 그때 경찰이 후퇴하면서 그렇게 많은 사람을
학살하지만 않았더라도 인민군이 들어온 다음 경찰 가족이 그렇

게까지는 보복을 당하지 않았을 것이며, 또 인민군이 후퇴할 때 그렇게 보복살인만 하지 않았더라도 민족의 수난은 덜하지 않았을까 하고 돌이켜 생각해본다.

강진에는 인민군 1개 중대가 들어왔고 군인민위원회가 조직되었다. 나의 증조할머니의 친척 되는 ㅈ씨는 엄격하고 권위주의적인 서당 훈장님의 자제로 소학교 교사를 하다가 민학련을 지도했고 그 일로 오랫동안 복역을 했는데 그가 군인민위원회의 위원장이 되었다. 그분이 주선했는지는 몰라도 나의 큰형님은 성전면의 어느 산골짝에 있는 작은 인민학교(국민학교) 교감이라는 한직을 얻게 되었다.

인민군 병사

"태양은 있어도 캄캄한 이 세상 혁명의 아내를 만나러 갑니다 …"라든지 "장백산 줄기줄기 피어린 자욱…" 등의 혁명가들이 불리어졌다.

우리 열두서너살짜리 친구들은 구경을 하면서 노래를 따라 불렀다. 그 노래들은 요즈음의 유행가처럼 그런대로 재미가 있었다. 하루는 옆집 친구네의 원두막에서 놀고 있었다. 친구들은 흡사 홍길동과도 같이 신출귀몰하는 인민군 얘기를 하고 있었다. 우리 마을에서 불과 몇백미터 떨어진 이웃 마을에 인민군 중대본부가 있었고 옆마을의 대밭의 분소라는 곳에는 교묘하게 숨겨놓은 인민군 차들이 있었다. 그런데 지금은 포장되었지만 읍내로 가는, 별로 크지 않은 도로를 따라 세 명의 인민군이 배낭 비슷한 것을 짊어지고 내려오고 있었다. 아무 죄가 없는데도 은근히 겁이 났으나 한번 보고 싶은 호기심도 들었다. 그때는 어른들로 보였지만 지금 생각하니 별로 나이가 많지 않은 청년들이었던 것 같다.

세 명의 인민군은 우리를 보더니 "꼬마동무들 좀 쉬어갈게" 하고는 원두막으로 올라와서 농구화를 벗었다. 오랜 행군과 전투 때문인지 발가락들이 뭉개져 있었다. 양말 대신 무명붕대 같은 것이 발가락에서 발목까지 둘둘 감겨 있었다.

우리는 두려움보다는 측은한 생각이 들었다. 그중 한 사람이 수박이 있으면 하나 따달라고 하자 친구는 무서웠던지 아니면 돈을 못 받을까 보아 그랬던지 익은 것이 없다고 했다가는 그 발가락을 보고는 하나를 따다 주었다. 그들은 맛있게 먹고는 값이 얼마냐고 물었다. 친구는 그냥 놔두라고 했으나 그래서는 안된다고 하면서 붉은 지폐를 한장 내놓았다. 주민에게 전혀 피해를 주지 않으려 한 게 지금 생각해보면 중국혁명을 이룬 마오군의 대장정 중의 대민선무활동 사례를 교육받아서인 듯하다.

친구 하나는 피난간다고 이웃 부락 외갓집으로 갔는데 그곳은 이미 인민군 중대본부의 제2막사가 되어버려 그들과 15일 정도 같이 살았다고 한다. 중대라고는 하나 일개 소대 정도의 병력이었고 그나마 부상자가 많아 전력은 하잘것없었다고 한다. 매일 아침 조회(점호)시 노래를 부르는 것이 일과였고 어린나이라 무엇을 하는지는 몰라도 민간인들에게 피해를 주는 일은 없었다고 한다. 다른 곳은 몰라도 강진에 온 인민군은 민간의 재산을 약탈한다든지 부녀자들을 능욕하는 일은 전혀 없었고 친절하고 따뜻하게 대하려고 노력하는 것 같았다 한다.

노지 수박이 나올 때였으니까 7월 하순, 인민군이 들어오고 인민위원회, 정치보위부, 내무서, 청년위원회, 농민위원회, 여성위원회, 자위대 등이 구성되었고 9월 28일 서울이 수복되면서 인민공화국의 붉은기가 내려지고 다시 태극기가 올라갔으니 불과 두 달의 천하였다. 어린 나는 무엇이 바뀌었는지조차 모르고 넘어간 두 달이었다.

5일장이 그대로 섰고 사람들은 물건을 팔고 사러 장에 오갔다. 그 피비린내의 전쟁 속에서도 농부들은 벼를 심고 가뭄을 이겨 내기 위해서 두레로 물을 퍼 올렸다. 그해 여름도 역시 매미는 요란히 울었고 마을 앞 냇가에는 피라미들이 한가히 놀고 있었다. 세상이야 어떻든 익어가는 벼들은 들녘을 황금빛으로 물들이고 있었다.

인민재판

수복되기 얼마 전의 장날이었다. 사람들은 인민재판 구경을 간다고 야단이었다. 그 처참한 살인의 장면을 구경이라니…… 인간의 호기심은 참 이상할 정도로 잔인한 구석이 있는 모양이다.

나는 장에 갈 일도 없었지만 사형현장을 보고 있을 만한 대담성도 없었다. 그러나 보고 온 사람들의 얘기를 들어보면 재판은 대강 이렇게 진행된 듯하다.

8명의 반국가사범(즉 반동 우익인사)을 묶어놓고 먼저 정치보위부라는 데서 나와 죄상을 설명한다. 이 사람은 친일관료 출신으로 해방 이후로도 인민을 탄압한 반동 경찰 가족이라든지, 행정기관에서 인민의 이익에 반하는 이러저러한 반동적 행위를 했다든지, 위대한 남조선해방을 위한 성스러운 혁명사업에 반대하여 첩자 역할을 했다든지 하는 간단한 논고를 하고는 그 자리에서 총살 구형까지 내려버린다.

모인 사람들은 판사와 같은 결정권을 가진다고 하나 누구 하나 변론하는 사람도 없고 아니다라고 하는 사람도 없다. 그 상황에서 죽으려고 작정이나 하면 몰라도 누가 감히 아니다라고 할 수 있겠는가.

"옳소" 한다든지 "죽여라" 하면 판결이 끝나는 것이고 곧 총살형이 집행되는데 총살은 인민군 사격수들이 하고 총살이 끝나면 가족들이 시체를 이불에 싸서 가지고 갔다고 한다.

전시상황에서 누군들 반국가사범으로 몰려 죽지 않는다는 보장은 없다. 멀쩡한 주민을 모아 학살한 거창양민학살사건 같은 일도 있었으니까. 그러나 죽이려면 차라리 아무도 보지 않는 데서 가만히 죽일 일이지 인민대중의 이름을 빌려 대중이 보는 앞에서 잔인한 일을 저지른 것은 이유를 불문하고 용서할 수 없는 일이다. 어쩌면 대중의 동의를 구했다는 형식으로 그들의 행동을 정당화하고 동의한 대중을 조직으로 묶어 혁명에 이용하려 했는지 모르며, 여러 사람 앞에서 본때를 보임으로써 저항을 막는 수단으로 삼으려는 데 목적이 있었을지도 모를 일이다. 아무튼 여덟 명의 처형소식을 듣고 어린 나는 영문도 모르고 그저 소름이 끼치면서 서글픈 생각만 들었다.

인간이 인간을 죽이는 일은 정치나 사상, 이념을 떠나 막아야 한다. 오늘날과 같은 전시도 아닌 평상시에도 생명이 짓밟히는 사건들이 속출하고 있으니 그놈의 권력이 무엇이기에 잔인하고 불행한 일들이 끊이지 않고 벌어지는 것일까.

자위대

일제 경찰과 해방후의 경찰은 당시 민간인에게 저주와 공포의 대명사나 다름없었다. 경찰에게 한번이라도 혼쭐이 난 사람들은 경찰이 후퇴하자 이유없이 해방감에 사로잡히게 되었다. 특별한 사상이 없어도 경찰이 물러간 것만은 좋아했다. 특히 사상 때문에 당했던 사람은 이제는 우리가 살 만한 세상이 되었다고 들고 날뛰었다. 머슴살이했던 사람들은 세상이 바뀌었다고 하니 공산주의고 뭐고 아는 것이 없더라도 무슨 놈의 세상이면 이놈보다 더 못할 것이냐고 생각하던 판에 인민군이 들어와 그러한 인민을 해방시킨다고 하였다. 거의 일생 동안 억압을 받아 가슴속에 한을 품고 살아온 사람들이 주축이 되어 부락 자위대를 만들었다. 그들이 감추고 살아온 한을 정신병자처럼 내뿜어 수복 직전의 보복으로 나타나기 시작했다.

경찰이 들어오기 약 5~6일 전의 일이었다. 부락의 유지와 청년이 모여 상호비판을 하기 시작하였다. 누구 누구는 이러이러한 일로 일제하 농민회에서 반동을 했고, 누구 누구는 악질 반동경찰로서 인민을 고문했고, 누구 누구는 머슴으로 있던 누구 누구의 새경을 떼어먹고 일하는 노동자를 착취·억압했으며…

그런데 일밖에는 글자 하나도 모르는 여자가 비판을 받게 되었다. 위대한 인민군에게 욕을 했다는 것이다. 다행히 당사자가 아직 생존해 있어서 확인할 수가 있었다. 앞집에 사는 자위대원의 부인이 자기 집에 놀러 왔다가 울타리 너머로 가지가 뻗은 옆집 감을 따는 것을 보고 말렸다고 한다. 자기 집으로 넘어온 감나무 가지이기 때문에 남이 따더라도 자기 집에서 따 간 것으로 오해받을까 보아 단단히 나무람을 하면서 말렸다는 것이다. 그런데 그 자위대원의 부인이 앙심을 품고 있다가, 인민군이 지나가는 것을 보고는 "저기 인민군이 가네!" 하고 말한 것을 "저 썩을놈의 인민군놈들이 간다" 했다고 모략했다는 것이다.

그날 밤 부락회관에서 몇몇 유지들과 함께 그 죄없는 부인은 몽둥이로 다리를 쓰지 못하도록 맞고 말았다. 친구의 어머니인 그 부인은 그후로 죽이라도 좀 쑤어다 주고 싶어도 남이 볼까 보아 못한다고 위로라도 해주었던 우리 어머니께 늘 감사의 뜻을 표했고 매우 가깝게 지내게 되었다.

평소 역사 속에서 한번도 실현해보지 못한 도덕정치를 주장했던 아버지께서는 세상이 아무리 바뀌어도 선정으로 세상을 다스려야지 요즘 젊은놈들이 어른 아이도 모르고 못돼먹은 행동을 한다고 늘상 불만을 퍼부었다. 그래도 큰형님의 영향이 있었던지

아버지는 부락에서는 열외 취급을 받았고 우리 식구는 부락회의
에 나오라는 연락도 일절 받지 못했다.

　인민군은 따발총 등의 병기가 있었지만 내무서 인민위원회 정
치보위부의 간부들은 경찰이 버리고 간 삼팔식·구구식 등의 폐
총들을 수리하여 쓰거나 공기총의 가운데 총신을 뺀 다음 실탄을
맞추어 썼다.

　넷째형은 철공소에서 주인과 함께 총을 고치는 일을 했고 또
경찰이 들어와서도 경찰의 총을 고치는 일을 했는데 주인이나 형
이나 조사받지 않았다고 한다. 아마 기술자라 하여 양쪽이 다 아
껴서 이용했던 모양이다.

　먼저, 부락 자위대들이 반동으로 지목된 사람들을 체포하여 읍
면 자위대로 보내면 읍면에서는 군으로 보냈고 군에서는 리스트
를 작성하고는 풀어주는 것이 상례였다 한다. 그러나 서울이 탈
환되고부터는 부락 자위대에서 악질이라고 판단되면 죽창으로 찔
러 죽였다 한다. 물론 부락 자위대는 병기가 없었고 죽창이 유일
한 무기였으나 어떻게 사람을 죽창으로 죽일 수 있었을까? 강진
에서는 세무서가 있는 뒷산과 지금의 인문고가 있는 공동묘지 부
근이 처형장이었다.

　서로 아는 사이에 안면을 생각할까 봐 상부의 방침이 그랬는지
아니면 부락 사람끼리 차마 그러기가 딱해서인지는 몰라도 서로
다른 마을 자위대에게 자기 마을 사람을 두들겨 패거나 체포하도
록 요청했고 그런 요청이 오면 다른 마을로 지원 나간다고 했다.

　경찰이 진주하기 직전 자위대들은 그야말로 미친 듯 살기를 띠
었다. 군인 가족들에 비해 경찰 가족들은 큰 피해를 입었다. 그
다음이 관료 출신이거나 부자들이었고, 때로는 서로의 사소한 감
정이나 모략에 의하여 희생당한 사람들도 있었다. 남포리와 다른
한두 부락 정도에서만 희생자가 없었을 뿐 대부분 한두 사람은

꼭 희생을 당했다. 우리 부락에서는 경찰 잔류병이었던 뒷집의 큰아저씨와 막둥이아저씨가 희생을 당했다.

구사일생

인천상륙작전이 성공하고 9월 28일 서울이 수복되어 중앙청에 올랐던 조선인민공화국기가 내려지고 다시 태극기가 올랐다. 그러나 한반도의 남단인 강진에는 10월 5일에야 경찰이 상륙, 진주하였다. 그래서 강진에서는 9월 28일부터 10월 4일 사이에 우익 인사와 그 가족들이 가장 많이 희생되었다. 이때부터는 잡히면 두들겨 패는 정도가 아니라 바로 처참한 죽임을 당하였다.

주로 자위대의 자의적 판단에 의하여 처단 대상이 선정되었던 모양이다. 일단 처단 대상의 물망에 오르면 다른 부락 자위대에 지원 요청을 하여 체포토록 했다.

물론 자위대는 총기를 가지고 있지 않았고 거개가 죽창으로 목과 심장부를 찔렀다. 사람이 닭의 목을 자르는 것도 눈뜨고는 제대로 할·수 없고 살아 있는 가축도 흉기로 찌르기가 힘든 법인데 사람이 사람을 찌르는 그런 행위를 어떻게 감행할 수 있었는지 알 수 없는 일이다. 총살을 하면 순간적 고통으로 모든 것이 끝날 테지만 죽창으로 찌르면 정통으로 급소를 맞기 전에는 얼른 죽지도 않고 발버둥치는 고통을 당할 테니 어찌 사람의 눈으로 볼 수 있을 것인가. 상상만 해도 소름끼치는 일이다. 거개가 자위대에 의하여 처단이 되는 판이었지만 개중에는 상부로 인계되어 총살을 당하는 경우도 있었다.

나의 할머니 친정의 아저씨 한 분은 아주 마음씨가 선량하고 좌우익의 어느 편에도 관여하지 않은 분이었다. 그런데 그 아저씨의 부인에 대한 주변의 평이 평소 조금 나빴다고 한다. 친정쪽은 지극히 신경을 쓰면서도 가난한 시아버지에게는 따뜻한 밥 한

그릇도 제대로 대접하지 않은 모양이었고 대인관계가 원만치 못한 것 같았다.

그런 연유에서인지는 몰라도 그 마음씨 좋은 아저씨는 부인과 함께 잡혀가 강진세무서 자리 뒷산에서 다른 사람들과 함께 동앗줄로 줄줄이 묶여 구덩이 파놓은 데서 총살을 당했다. 부인과 다른 사람들은 정통으로 맞아 쓰러졌으나 그 아저씨는 허벅지 부근에 총을 맞고 쓰러져 죽은 척 시늉을 하고 누워 있었다. 자위대들은 쓰러진 시체 위에 흙을 대강 덮어버리고는 가버렸다. 아저씨는 코 앞의 흙을 어찌어찌 치우고 간신히 포박한 끈을 풀고 일어섰다. 몸에서 흐르는 피와 옆사람들의 피가 온몸을 물들였다. 정신없이 산꼭대기를 타고 올라 산 건너편 아래 자기 집으로 찾아들었다. 그야말로 구사일생, 용케 살아 남은 유일한 분이다. 그 아저씨는 그후 고향을 떠나 인근 보성의 어느 면에서 자전차포로 생업에만 열중하시며 지금껏 살아가고 계신다. 중간에 내가 한번 찾아가 뵈었더니 그렇게도 반가워하시며 따뜻하게 대해주시는 그 마음씨는 예나 지금이나 다름이 없으셨다.

빨치산 가는 형님

학교에 계시던 큰형님은 거의 집에 오시지 않았다. 한번 보고 싶기도 하여 형님이 계시는 학교에 간 적이 있었다. 학교는 텅 비어 있었고 형님은 기숙사에 계셨다. 마을 입구에 있는 그 학교는 아주 아담하고 조용했다. 지금도 차를 타고 지나면서 바라다보면 그 학교는 그때 서 있던 나무가 아직도 싱싱한 모습인 채 그대로 있다.

황금빛 물들어가는 9월의 하순은 아침 저녁으로 옷깃을 여미게 하였다. 오랜만에 큰형님이 집에 들리셨다. 무척 반가워했어야 할 일인데도 매우 무거운 분위기였다. 큰형님은 어머니·아버지

를 안심시키느라 넉넉잡고 한 열흘만 있으면 다시 돌아올 것이니
염려 마시라고 하였다.

어머니는 쌀미숫가루를 만들고 김밥을 쌌다. 준비해놓은 비상
식량을 이튿날 꽤 멀리 떨어진 곳에 살고 계시던 할머니 집으로
가지고 가셨다. 큰형님은 안전을 생각해서였는지 할머니 집에서
자고 장흥의 유치산 집결지로 가셨던 모양이다.

철없던 나는 사정도 모르고 그날도 친구들과 사기그릇 조각을
둥글게 만들어 땅따먹기 놀이를 하면서 해를 넘기고 있었다.

형님은 다른 전남 사람들과 함께 지리산을 가지 못하고 유치산
에서 토벌대에 저항하다가 겨우 한겨울을 넘기고 진달래꽃이 한
참인 4월, 토벌대의 총탄에 쓰러지셨다. 세상에 태어나 겨우 30
년을 살다 간 것이다. 우연한 기회에 유골을 찾아 고향땅에 안장
하였는데, 그에 관해서는 뒤에 쓰기로 하겠다.

의용군에 갔다 도망쳐 온 김씨

김씨는 인민공화국 시절 강진의 칠량면이라는 곳에서 면소재지
부근의 3개 마을을 관할하는 면자위대(아마 면청년위원회였을 것
도 같음)에 다녔다. 여기서 그는 부락 자위대에서 반동행위자로
지목해 보고한 이를 일단 면자위대로 잡아와 군 단위로 보내는
일을 하였다(군의 어느 기관으로 가는지는 몰랐다).

김씨의 백부는 구학문(舊學文)에 유식하였는데 김씨의 사주를
보아주면서 그런 데 참여하면 반드시 액운이 따른다고 말리셨다.
김씨는 자위대에 참가하지 않으면 지금 봉변을 당할 터인데 어떻
게 해야 하느냐고 하자, 그러면 절대로 남의 앞에 나서지 말라고
하였다. 그래서 저녁이면 반동자 체포를 나가다가도 제일 앞에
서게 되면 기회를 엿보아 맨 뒤로 빠졌고 그럴 틈이 안 나면 배
가 아프다든지 대변을 본다든지 하는 이유를 들어 뒤로 빠지곤

하였다. 동료 자위대원들조차도 김씨를 살살이 꾀꾼이라고 할 정
도였다.

그러던 중 김씨는 의용군에 차출되었다. 아마 하동으로 갔던
의용군이 1차소집이었다면 그때는 2차소집이었을 것이다. 각 면
에서 차출된 사람들이 강진읍에 집결했다가 다시 밤을 이용하여
도보로 영암으로 인솔되었다. 영암읍의 입구에 있는 어느 국민학
교에는 해남·완도·진도·장흥·영암 등지의 의용군 소집자들이
교실을 메우고 있었다. 그런데 거기에 모인 사람들의 표정은 매
우 불안해 보였고 패전의 죽음 속으로 가고 있는 것 같은 느낌이
들었다. 김씨는 같이 가서는 안되겠다, 어떻게 하든 빠져야겠다
는 생각을 했다.

이튿날 저녁때쯤 운동장에 집합하라고 하여 각 군별로 모이게
되었다. 김씨는 교실에서 나가지 않고 배를 움켜잡은 채 뒹굴면
서 있는 힘을 다해 아픈 표정을 지어 보였다. 배우가 따로 있고
연기가 따로 있는 것이 아니었다. 인민군들은 세상일에 순했던지
정말로 곧이듣고는 의무병들이 검진한다고 와서 배를 만져보고
청진기 같은 것을 들이대보기도 했으나 고개를 갸웃갸웃 하면서
"그러면 이곳에 잔류하여 대기하고 있다가 다음 진과 같이 오라"
고 하였다. 김씨는 속으로 이제 살았구나 생각했다. 운동장에 모
였던 인민군 인솔자들과 소집자들이 사라져가는 소리가 점점 멀
어져갔다. 그러나 인민군 한 사람이 무장을 한 채 김씨를 지키고
있었다. 얼마의 시간이 흐른 후에야 배가 좀 나아졌다는 표정을
지으면서 김씨는 그 인민군 병사와 대화를 나누기 시작했다. "다
떠나는데 왜 혼자 남느냐"고 김씨가 물으니, 당신을 지키고 있다
가 곧 다음 진이 오면 합류하여 다음 집결지로 갈 것이라 했다.
일이 쉽게 풀리지 않겠구나, 이제 어떻게든 도망을 쳐야겠다고
생각했다. 김씨는 아까는 배가 아파 밥을 못 먹었는데 이제 배도

좀 고프고 하니 학교 앞 가게에 같이 나가 우리 술이라도 한잔씩 먹고 오자고 하였으나 인민군 병사는 술은 먹지 못한다고 하면서 듣지 않았다(아마 혼자 남아 있으니 밖에 나가기가 약간 두려웠을지도 모른다).

김씨가 다시, 그러면 나 혼자라도 나가 술이라도 한잔하고 오겠다고 하였으나 듣지 않았다. 김씨는 그를 안심시키면서 내가 당초 의용군에 가지 않으려고 했으면 강진에서부터 오지 않았을 것인데 가려고 스스로 나왔으니 다음 진과는 꼭 같이 가야겠다고 하면서 살살 구슬렸다. 그 순진한 인민군은 그러면 빨리 갔다가 돌아오라고 허락을 해주었다.

학교 앞 가게에 나가 술을 한잔 마시고는 주위를 살폈으나 인민군 병사는 어찌 된 일인지 보이지 않았고 인적도 없었다. 김씨는 침착하면서도 매우 빠른 걸음으로 줄행랑을 치기 시작했다. 강진 쪽으로 가면 길을 알고 쫓아올 것 같아 엉뚱한 목포 쪽으로 가는 길을 택했다. 영암군의 독천면에 이르러 강진으로 가는 길로 다시 접어들었다. 도중에 붙잡고 물어보는 사람을 만나지 않은데다 강진읍이 불과 10여 킬로미터 남은 성전면에 다다르자 김씨는 이제 살았다는 생각이 들었다.

그러나 그가 뜻밖에 집으로 돌아오자 이를 이상하게 생각한 부락 자위대는 그를 데려다가 두들겨 패기 시작했다. 김씨는 끝까지 도망쳐 왔다는 소리를 하지 않고 몸이 아파서 귀가시켰다고 하면서 "연락해보면 알 것이다, 다음번에 꼭 다시 입대하겠다"고 변명하였다. 물론 연락할 만한 통신수단도 없었고 사무적으로 처리할 체계도 잡혀 있지 않았다.

그후 김씨는 다시 면자위대에 나가 종전과 같이 근무하기 시작했으나 며칠 지나지 않아 해창만에 검은 연기를 뿜는 경찰선이 진주하는 것을 보면서 다른 사람들과 마을에서 10여 킬로미터 떨

어진 산으로 이동을 하였다. 일부는 깊은 산으로 들어갔으나 120
여 명은 가까운 산에 있었다.

경찰이 방송차를 가지고 와서 산 쪽에 스피커를 대놓고 "자수
하라, 자수하면 살려준다" 하면서 총을 쏘아대기 시작했다. 자위
대는 무기를 갖고 있었던 것도 아니고 대항할 힘도 없었다. 그리
고 도망가다가는 꼭 죽을 것만 같아 김씨는 머리에 손을 얹고 자
수하여 다른 사람들과 함께 지서로 잡혀 가게 되었다. 지서에는
이미 다른 곳에서 잡혀 온 사람이 수십 명이나 있었다. 한 사람
씩 데려다 두들겨 패면서 죄상을 물었다. 김씨는 끝까지 혐의를
받을 일을 한 적이 없으며 의용군에 갔다가 돌아와 두들겨 맞은
얘기까지 털어놓았다. 김씨는 그의 백부의 노력으로 따로 분류되
었다가 다른 네다섯 사람과 함께 풀려나오게 되었다.

그는 나오자마자 고향을 떠나 군동면의 큰 정미소(정부미 도정
공장)에 인부로 들어가 노동일을 하게 되었다. 고향을 떠나자 누
가 물어보는 사람도 없어 아무일 없이 지금까지 살고 있다.

경찰의 상륙

10월 5일 검은 연기를 뿜으며 두 척의 배가 해창만에 상륙하였
다. 바닷가에서 문절이 낚시를 하고 있던 낚시꾼들이 혼비백산하
여 남포리 쪽으로 달려갔다. 남포리 사람들이 왜 그러느냐고 물
으니까, 말문이 막혀 대답도 하지 못하면서 배 있는 쪽을 손가락
으로 가리키기만 할 뿐이었다. 이유도 없이 공포에 떨면서 남포
리 사람들은 읍내 쪽으로 도망가기 시작했다.

경찰선발대는 자기 가족이 희생되었다는 정보를 입수했는지 복
수심과 살의를 품고 총격을 가했다. 남포리 사람들이 도망가다가
총탄에 맞고 쓰러졌다. 모두들 또 피난간다고 난리였다. 특히 남
포리에서는 부락 자위대가 해안경비를 맡으면서 낙오한 경찰 한

명을 사살한 일이 있어 마을 사람들은 이것이 마음에 걸려 마을
이 텅 빌 정도로 도망을 쳤다.

  남포리 이웃 마을에 살던 나의 고종형은 아무 이유도 없이 동
네 친구와 피난간다고 큰길을 피해 냇가를 따라 외갓집인 우리
집으로 오고 있었다. 1킬로미터 정도를 걸어 국도와 마주치는 곳
에 이르렀다. 그때 논을 매고 오던 농부와 경찰이 무슨 얘기를
주고받고 있었다. 영암으로 가는 경찰부대였다. 그 농부는 술이
꽤 취해 있었고 고분고분하지 않은 듯했다. 그러자 경찰은 느닷
없이 그 사람의 가슴에 방아쇠를 당겼다. 그러고는 경찰들은 고
종형에게 "꼬마들 어디 가니?" 하고 물었다. 외갓집에 간다고
하자 경찰은 빨리 집으로 돌아가라고 했다.

  많은 사람들은 피난간다고 산으로 도망을 갔고 다시 돌아온 사
람이 많았지만 미처 유치산까지 가지 못한 부역자들은 일부가 영
암의 월출산으로 집결하였다. 경찰은 곧 색출작업을 벌였고 보복
살인이 또다시 시작되었다. 우리 마을에서는 자위대 가담자 중
경찰 남매 한 사람과 우익 유지의 수양딸 노릇 하던 이의 남편,
두 사람만 겨우 살아 남았고 14명의 부역자가 차례로 죽어갔다.

  한판의 무법천지가 지나가고 또 한판의 무법천지 세상이 온 것
이다. 어디서나 선량한 사람들이 있는가 하면 포악무도한 악질이
있기 마련이다. 무기를 들고 살인이 허용된 세상이었으니 가히
악질들의 천국이나 다름없었다. 6·25를 전후한 수난의 역사는
분명히 사상투쟁보다는 보복살인의 반복이었다.

  어떤 사람은 용케도 살아 남아 국군에 가려고 지원을 하여 국
민학교 운동장에 집결했다가 "신체에 이상 있는 사람은 일어
섯!" 하는 임석관의 말을 듣고 갑자기 무슨 생각이 났던지 손가
락 하나가 잘리어진 것을 보이며 자리에서 일어섰다. 그러자 같
은 지원자 중 "저놈 자위대 한 놈이 아직도 죽지 않고 살았네"

하고 소리치자 그 즉시 끌고 가 처형시켜버렸다.

김씨, 백씨, 손씨 세 사람은 전혀 사상이라는 것도 없고 악하
지도 못하고 순진한 어린 사람들이었다. 부락 자위대에서 민청연
맹에 가입하라고 강요하여 할 수 없이 가입했다고 한다. 그때가
어떤 때라고, 못한다고 할 수 없는 세상이었으니까 그들은 읍인
민위원회에서 군위원회, 인민군 중대본부, 부락 자위대 등의 문
서연락을 도보로 하고 있었다. 한번은 인민군 중대본부에 연락을
갔었는데 중대장이 "꼬마동무 이런 데 오면 반드시 경례를 하는
법이야" 하면서 경례하는 법을 가르쳐주면서 "배고프나!" 하고
는 무슨 빵을 주더니 "자주 오라, 그러면 또 빵 줄께 잉" 하며
머리를 쓰다듬어주더라는 것이었다.

그런데 경찰이 들어온다는 정보가 읍인민위원회까지 전달되자
그들은 입산을 서둘렀다. 경찰이 들어오면 다 죽을 터이니 잠시
유치산에 피해 있자는 것이었다. 그런데 김씨와 손씨는 입산을
했지만 백씨는 입산을 하지 않았다. 별로 한 일도 없고 어린 나
이라 설마 무슨 일이야 있겠는가 하는 단순한 생각이었다. 무사
히 지나갈 줄 알고 하루는 자기 또래(16～17세 정도)의 친구들과
마을 앞에서 놀고 있었다. 그러자 대한청년단 소속의 어떤 이가
와서 이 마을 백○○을 아느냐고 물었다. 그러자 서슴없이 "내가
긴데요" 하고 나섰다. 그러자 그 청년단원은 "응, 그래 네가 ○
○이었구나" 하면서 읍에 가서 몇마디 물어보고 돌려보낼 테니
같이 잠깐 다녀오자고 하였다. 슬리퍼를 신은 채 따라갔으나 그
역시 산마루 모퉁이에 수많은 시체 틈에 끼여 싸늘하게 죽어 있
었다.

마을에 남아 있던 사람은 거의 다 죽었으나 입산했던 두 사람
중 김씨는 52년 자수하여 살았고, 손씨는 어깨에 총을 맞고 생포
되어 죽음은 면할 수 있었다.

강진 읍내의 바로 뒷산에 있는 공동묘지 부근의 사격장에 파놓은 구덩이에는 좌익들이 죽인 시체 위에 또 경찰이 죽인 시체가 쌓이고 다시 흙으로 살짝 덮으면 그 위에 또다시 시체가 쌓였다. 훗날 그 공동묘지 자리에 학교를 지으려고 포클레인으로 정지작업을 하는데 뼈에 걸려 흙이 잘 파지지 않았고 도처에 뼈구덩이들이 있었다고 한다.

기동대장의 염소 한 마리 때문에

의용경찰 모집이 있었고 부대이름을 기동대라고 하였다.

우리 마을에도 그때 기동대에 들어가 활동했던 청년이 있었다. 그는 그때를 회상하면서 ㄱ중대장은 좀 겁도 많고 잔인한 일도 못했으나, ㅅ중대장은 악질도 보통 악질이 아니었다고 한다. 한번은 여자 빨치산을 잡았는데 ㅅ중대장은 대검으로 두 유방을 모두 잘라내고 국부에 대검을 꽂고 온몸을 난자하였으며, 같이 잡은 어린아이를 머리채를 잡아들고는 대검으로 한번에 목을 쳐버렸다 한다. ㅈ, ㅎ씨는 지금도 고향에서 살고 있는데 여자만 잡으면 도맡아 유방을 잘랐다고 한다. 다 그런 것은 아니고 꼭 그렇게 잔인한 행위를 일삼는 악종들이 있었고 그 잔인한 만행을 마치 용맹스러운 것처럼 자랑삼아 했다 한다.

그런데 악독한 일을 덜했다는 ㄱ중대장이 후퇴 당시 우리 부락의 자기 아는 집에다가 염소 한 마리를 맡겨놓았다. 잘 키우고 있으라는 부탁이었다. 그런데 그 염소가 기동대장의 염소라는 것을 알고 자위대원들이 잡아서 부락민들이 모여 함께 먹어버렸다. 그런데 다시 경찰이 진주하고 나서 ㄱ중대장 밑에 있던 부락 청년들이 찾아와 염소고기 먹은 사람들을 집합시켰다. 자위대원들은 이미 다 죽고 없는 판이었고 대부분 나이깨나 든 우익적인 마을 사람들이었다. 그들은 하루종일 몽둥이로 차례차례 두들겨 맞아 거의가 그 자리에서 생똥을 쌌다고 한다. 어린아이들이 그 광경을 보고 공포에 질려 도망가려고 하면, 이런 놈들 매맞는 것은 너희들도 잘 봐두어야 한다며 붙잡아놓고 억지구경을 시켰다고 한다. 그래도 천만다행으로 죽은 사람은 없었다고 한다.

이쪽 저쪽에서 한 가족이

경찰이 진주하자 갑자기 또 피난간다고 난리들이었다. 아무 죄도 없는 사람들까지도 덩달아 도망들을 갔다. 유치산까지 갈 수 있는 시간이나 방법이 없어 지금은 도립공원이 된 월출산으로 피했던 모양인데 결국 독 안에 든 쥐가 된 셈이었다.

그러나 우선 인근 마을에는 낮에는 경찰이 들어와 조금이라도 이상이 있는 사람들은 잡아갔고 밤에는 빨치산들이 부락에 내려와 괴롭혔다. 이모씨는 자위대를 하다가 경찰이 들어오자 입산을 하지 않고 목포경찰서장을 했던 매형을 찾아가 경찰에 협조하면서 보호를 받고 있었다. 그런데 그 정보가 월출산 빨치산으로 들어가 밤에 빨치산들이 마을로 내려와 이씨의 부인을 잡아다가 이중간첩이라고 장작을 모아 묶어 올려놓고 불을 질러 태워 죽였다. 이 소식을 듣고 이씨는 자기 마을로 쫓아왔다. 그러나 이씨 또한 그날밤 빨치산에게 잡혀 대발에 둘둘 말려 저수지 수문에 빠져 죽어 있었다. 끔찍한 일이었다.

우리 마을에서는 두 형제 중 동생이 자위대를 하다가 경찰에 처형당했다. 그러자 그의 형은 무슨 작심을 했는지 의용경찰에 들어가 서남지구 공비토벌대에서 활약을 하다가 빨치산의 공격으로 전사하였다. 두 형제가 하나는 경찰에, 하나는 빨치산에 죽은 것이다.

해남의 어느 부락에서 살았던 박모씨는 사위가 경찰을 하다가 단신 후퇴해버리자 딸이 친정에 와 있었다. 그런데 부녀가 자위

대에 끌려가 아버지는 죽창에 급소를 찔려 죽었으나 딸은 설맞았
는지 죽지 않고 피투성이가 된 채 머리를 산발하고 자기 집으로
찾아 들어왔다. 마지막 순간까지 살아보려는 최후의 의지였을 것
이다. 그러나 그의 어머니는 불쌍한 딸에 대한 애정보다는 죽음
에 대한 공포가 더 컸던 모양이다. 이제 너는 이미 죽은 목숨이
다, 네가 집에 있으면 네 동생과 나도 죽게 되어 박씨 가문의 대
가 끊길 것이니 집에 있지 말고 그 자리에 가서 죽으라고 하였
다. 그의 딸도 어머니의 피눈물 나는 권고를 받아들여 처형 현장
까지 다시 돌아가 결국 죽고 말았다.

  며칠 후 경찰이 들어왔는데 박씨 부인은 경찰 가족을 구해주지
않았다는 이유로 마지막 남은 어린 아들과 함께 처형을 당해야
했다. 아버지와 딸은 자위대에 죽고 어머니와 아들은 경찰에 죽
은 것이다. 그 집은 정말 영영 대가 끊기고 말았다.

  인민군과 경찰이 번갈아 후퇴와 진주를 거듭하던 수개월 동안
이야말로 이땅은 피로 얼룩진 기간이었다.

  빨치산 전력이 급격히 소모된 52년부터서 생포된 빨치산은 거
의 법의 심판을 받고 복역하거나 살아날 수 있었다.

이웃 군에서 있었던 일

  강진에서 조금 떨어진 해남의 어떤 지역에서도 경찰이 들어오
자 역시 피난간다고 난리가 났다.

  김모씨라는 사람은 해방후 머슴살이 하면서 한 해를 채우지 못
하자 그때까지 살았던 새경을 달라고 하였으나 새경은커녕 갖은
욕에다가 핍박만을 당하였다. 그 일이 가슴에 사무쳐 있었던지
세상이 바뀌자 옛 주인을 찾아가 "개새끼, 나쁜 도둑놈" 욕지거
리를 하면서 행패를 부렸었다. 그러나 경찰이 진주하여 또 세상
이 바뀌자 김씨는 도망을 갔다. 별일도 아니었지만 할 수 없이

빨치산이 되어버린 것이다. 그의 아내는 그 일이 마음에 걸리고
께름칙하여 닭 잡아 삶고 음식을 장만하여 석작(대나무로 만든 네
모바구니)에 담아 이고 마지막 남은 어린 아들을 데리고 옛 주인
을 찾아갔다. 자기 남편의 잘못을 용서해달라는 것이었다. 그러
나 음식만 받아먹고는 그 여자를 자기 집 창고에 가두어버렸다.
어린아이는 어찌어찌 해남읍에서 영암이 경계선인 자기 마을까지
찾아갔으나 그 여자는 그날밤 우슬재 산마루에 난자된 시체로 발
견되었다.

좌우간 인민공화국 시절에 약간의 협력이라도 한 사람이나 그
가족은 가차없이 죽였고 참 애매한 사람들조차 수없이 죽어가는
판이었다. 가족들은 남편이 죽거나 자식이 죽어도 울음도 크게
울지 못하고 시체를 가마니에 둘둘 말아가지고 산모퉁이 아무데
나 갖다가 살짝 묻어버리고 말았다.

조모씨는 특별한 죄도 없으면서 좌익에 협력했다는 이유로 도
망을 갔다가 야음을 틈타 자기 집으로 돌아왔다. 장롱 밑 구들장
아래 숨어 밤에 아내가 넣어주는 밥을 먹으며 한 달 가까이 지냈
다. 그의 아내는 매일 정한수를 떠놓고 하늘이 돌보아 살려주기
를 빌었다. 그러나 그 기도도 허사였다. 이웃집의 과부댁이 눈치
를 채어 경찰에 고해 바친 것이다.

끌려 나온 그이는 좁은 곳에 쭈그리고 있어 혈액순환이 안 되
어서 그랬던지 입술이 툭 튀어 나오고 흡사 돼지 같은 꼴을 하고
있었다 한다. 그는 중풍에 반신불수가 되어 아무것도 모르고 누
워 있는 늙은 모친을 껴안고 울었다. 구경을 나왔던 마을 사람들
도 눈시울을 적시며 소리 없이 눈물만을 닦았다. 끌려 나가다가
살고 싶은 생각이 있었던지 그 겨를에도 도망을 쳤다. 그저 막무
가내로 튀었다. 뒤에서는 총을 쏘면서 쫓았고 얼마 가지 못해 그
는 그만 언덕에서 푹 고꾸라지고 말았다. 눈만 끔벅거리면서 마

치 혼이 나간 동물마냥 그냥 누워 있던 그에게 경찰은 "개새끼" 하면서 총을 갈겼다.

영암 쪽에서는 매일 사람들이 잡혀 왔다. 하루는 그 마을에서 굉장히 많은 책을 소장하고 있고 박사로 취급받으며 정말로 똑 떨어진다는 사람이 있었는데 좌익사상에 물들었는지 잡혀 왔다. 경찰은 방죽으로 끌고 가 새끼줄로 꽁꽁 묶어 양쪽에서 줄을 잡고는 물에다 넣었다가 한참 만에 꺼내었다. 그는 아무말도 하지 않고 입을 다물고 있었다. 다시 넣었다 꺼냈다 반복했다. 그는 물을 먹어 배가 부어오르기 시작했으나 끝내 아무 말도 하지 않았다.

영암에 사는 한 대학생은 무슨 일로 잡혀 와 총살을 당했으나 죽지 않았던 모양이다. 피를 흘리며 간신히 도망을 가다 탈진해 더이상 가지 못하고 짚벼늘(짚단을 쌓아놓은 것)을 야적해놓은 곳에 기대고 누워 눈을 감고 신음하고 있었다. 그 핏자국을 발견한 경찰은 마치 총을 설맞고 도망간 야수의 뒤를 쫓는 포수처럼 핏자국을 따라가 짚벼늘에서 꺼져가고 있는 생명을 발견하고는 방아쇠를 당겼다.

이런 일들이 어찌 이뿐이겠는가.

전선보다 더 많은 인명 살상의 참극을 빚었던 후방지역 삶의 현장에서 벌어졌던 참혹상은 한마디로 젊은 사람은 총을 잡아야 산다, 군대를 가야 산다 할 정도였다.

일본군은 자기들을 위안했던 정신대 요원들을 처형한 만행을 저질렀다. 그런데 어디선가는 여자가 잡혀 오면 윤간을 한 다음 처형시켜버렸다고 한다 어떻게 금방 죽일 사람을 능욕하는 만행을 저지를 수 있었을까. 짐승이 아니고서야 어떻게 성적 충동을 느낄 수 있었을까.

수난의 순간들

학교에서는 거의 매일 공산당의 만행을 규탄하는 교장선생님의 훈시를 들었다. 입산한 공비를 소탕하거나 잡아죽인 얘기들도 나왔다. 나는 아무 상관없는 것처럼 대수롭지 않은 듯한 표정으로 들었으나 마음속으로는 우리 형님도 혹시 그렇게 잡혀 참혹하게 죽지나 않았나 하고 걱정을 하기도 했다.

소탕작전의 전과라 하여 빨치산들의 모가지를 잘라 귀에 꼬리표를 붙여서 가마니에 담아가지고 와서는 시내 길거리에 탁자를 놓고 그 위에 올려놓아 시민들에게 보이면서 누구 누구의 모가지다 하고 전시를 했다는 말만 들으면 나는 혹시 그 속에 나의 형님 모가지라도 있지 않을까 하고 섬뜩한 생각도 들었다.

어느 날 밤이었다. 캄캄한 밤중에 밖에서 사람 찾는 소리가 들렸다. 그는 완도 약산면에 사는 아버지의 고종이었는데 그의 형님이 좌익사상을 가졌고 인민공화국에 부역을 하다가 입산 이후 행방불명되었다. 그는 형님의 일로 인해서 경찰에 잡혀 트럭에 실려 처형되기 위해 강진으로 오다가 어떻게 오랏줄을 풀고 차에서 뛰어내려 나락밭으로 숨어 밤길을 타고 외갓집 형님인 우리 아버지를 찾아온 것이다. 탄로만 나면 우리 식구까지 변을 당할 판이었다. 아버지는 차마 그분을 버리지 못했던 것 같다. 하루 밤낮을 숨겨놓았다가 이튿날 밤 이곳에 있으면 안된다고 내보냈다. (만약 아버지의 고종동생이 잡혔더라면 큰일 날 일이었으나 다행히 그분은 전북의 정읍까지 가서 친척집에서 살다가 지금은 서울에서 산다고 하는데, 지금 생각해보면 정말 아슬아슬한 순간이었다. 아버지는 인공 당시도 우익 유지 한 분을 집에 하루 숨겨놓았다가 내보낸 일이 있었다. 그는 요행히 살아 남아 여지껏 생존해 있으며 지금은 90살이 넘었다. 아무튼 아버지는 찾아오는 사람을 죽음으로 몰지는 못했다.)

　며칠 후 대한청년단원들이 우리 집을 에워쌌다. 그러고는 집안을 수색하였다. 큰형님을 찾는지 아니면 그 친척분을 찾는지는 모를 일이나 요즘 같으면 하잘것도 없는 이부자리 몇채와 가재도구 몇가지를 가져가면서 아버지를 연행해갔다. 소라도 있었으면 가져갔을지 모르지만 망할 대로 망한 집안에 쓸 만한 것이 있을리 없었다.

　그래도 아버지는 평소 우익 유지들한테 별로 인심을 잃지 않고 산 덕분인지 이튿날 그냥 돌아오셨다. 우리 형제들은 어떻게 하여 돌아오셨느냐고 물어볼 용기도 없어 그저 묵묵히 아버지를 맞이했을 뿐이다.

　사찰계의 담당형사가 매일 집에 들러 동향을 파악하고 가곤 했다. 나는 아무 거리낌없이 그 형사 앞에서 까불곤 했다. 그 형사는 그러는 내가 귀여웠던지 내 머리를 쓰다듬어주었고 나도 그가 그렇게 미운 생각은 들지 않았다. 아무튼 그 당시는 우리 식구에게 주눅과 공포의 세월이었다.

　나중에 안 일이지만 성분 검토를 하기 위하여 빨치산 자수자들을 빨치산으로 가장시켜 마을에 투입시킨 일도 있었다. 다 떨어진 옷에 농구화를 신은 채 총을 멘 세 사람의 장정이 우리 삼형제가 자는 방으로 들어와 산에서 왔는데 배가 고프니 밥을 좀 달라고 하는 것이었다. 실제 밥도 없었고 해서 벌벌 떨면서 없다고 했더니 별로 조르지도 않고 나가버렸다. 물론 밖에는 담당형사가 있었던 모양이었다. 며칠 후 그 형사가 집에 와서 빨치산 자수자들을 정보요원으로 쓰고 있다고 말해주었다.

　그래도 그 자수자들은 전혀 심하게 굴지도 않고 그저 형식적인 임무만 수행한 듯했다. 나는 지금도 이름 모를 그분들께 두고두고 고마운 마음을 가지고 있다.

몸뚱어리만 남아 살아 돌아온 형수님

두 번 해가 바뀌어 또 여름이 왔다. 어느날 어디서 보낸지 알수 없는 편지를 받게 되었다. 그러나 편지의 내용은 큰형님과 같이 입산했던 형수님이 어느 병원에서 치료를 받고 있으며 곧 귀가하겠다는 것이었다. 그로부터 며칠이 지난 후 들에 나갔다 돌아온 이웃 사람이 마을 뒤 국도 윗다릿목에 나가보라고 일러주었다. 누가 기다리고 있다는 것이었다.

우리 집에서 700여 미터 떨어진 국도변에 형수님이 계셨다. 그런데 두 다리는 무릎 아래까지 잘리어나갔고 양 손은 한쪽 엄지는 남고 다른 쪽은 절반 정도가 남았을 뿐 다른 손가락은 거의 잘리고 없었다. 넷째형의 등에 업혀온 큰형수님은 그후 2년 가까이 우리 집에서 사셨다. 형수님은 조그마한 골방에 요강을 들여놓고 대소변을 보았고 어머니는 며느리의 변기를 매일 치우셨다. 형수님은 무릎에다 헝겊을 받치고 기어 다니기는 했으나 다리가 없으니 불편하기는 이루 말할 수 없었을 것이다.

큰형수님이 집에 오신 다음에는 사찰계 담당형사의 방문이 더욱 잦았다. 좋든 싫든 사찰계 형사가 오면 무슨 말이 됐던 상담에 응해야 했다. 그래도 그 형사는 악질은 아니었던 것 같다. 우리들에게 친절해 다정한 느낌이 들 정도였으니.

형수님은 집에서 손자수를 하였다. 자수판에 옥양목을 팽팽히 끼워 베개 껍데기나 횃대보(방 아랫목에 대나무를 걸쳐놓은 옷걸이), 상보 등에다 공작이며 매화며 새 들의 그림을 넣었다. 남은 엄지손가락에 바늘을 끼워 잘도 해냈다. 그때는 여자가 시집갈 때면 으레 그런 자수품을 해 가는 시절이었으니까. 계속 시댁 신세를 지고 살 수만은 없었던지 형수님은 큰형님의 유골을 찾은 뒤 충청도 어디서 상이여군이라 속이고 학교 서무생활을 하다가 지금은 부산 어디선가 어떤 분의 자식을 낳아주고 산다는 소문을 들었다.

그때는 미워했던 형수님. 지금 내가 성장하고 나니 불쌍하기 짝이 없고 우리 집으로나 당신의 입장에서 최선의 길을 택하셨다고 생각된다. 한참 세상맛을 알 만한 20대 후반 남편과 함께 빨치산이 되어 동상에 걸려 사지를 잃고 살아온 한평생, 어언 세월이 40여 년이 흘러 칠십의 할머니가 되었을 한 많은 형수님, 정말 한번 만나보고 싶고 따뜻한 위로라도 해드리고 싶고 때로는 껴안고 실컷 울어보기라도 하고 싶은 분이다. 남편과 네살 난 아들 그리고 친정아버지와 어머니, 친정 큰동생 모두를 잃어버린 한 많은 여인이다. 부디 효자라도 두어 남은 삶을 행복하게 마치기를 기원해본다.

소리 없는 어머니의 눈물

6·25라는 전쟁을 통해 어머니는 위로 세 아들을 잃었다. 큰아들이야 빨치산이 되었으니 어느 낯 모를 산천에 버려졌을 것으로 믿어 거의 포기하였으나 둘째, 셋째는 그래도 혹시나 혹시나 하는 기다림의 세월을 보내게 하였다.

아버지는 세상이 좀 잠잠해지자 옛날 아들이 살던 서울 용산 청파동의 그 집을 가보았으나 사람의 모습은 간 데 없고 그가 살았던 집터는 잿더미가 되고 없었다. 옛날의 그 사장을 만나려고 했으나 결국 찾지 못하였다. 차라리 죽었다는 소식이라도 들었으면 포기했으련만 겨우 알아낸 소식이, 둘째는 국군이 후퇴하면서 "젊은 사람이 이러고 있을 때가 아니다" 하고 데려갔다 하니 군번도 계급도 없는 군인이 된 셈이고, 셋째는 고향에 돌아간다고 했다니 오다가 폭격을 맞았는지 국군에 갔는지 의용군에 갔는지 알 수 없는 일이고 보면 그저 막연한 기다림의 세월을 보내야 하였다.

용하다는 점쟁이가 있으면 점도 쳐보셨다. 어머니는 물레를 돌리면서도 눈물을 흘리셨고 잔잔한 흥얼거림 같은 노래도 부르셨다. 지금 내 기억에 남아 있는 구절은 "날아가는 기러기야 말 물어보자. 소상강 떼기러기 울고 간단다" 하는 것밖에 없다.

아침 저녁이면 부엌에서 불을 때면서도 소리 없이 우셨다. 밭에 나가 힘겨운 일을 할 때도 하염없이 눈물을 흘리셨다. 저녁 잠자리에 들면 꼭꼭 소리도 없이 눈물만을 닦으셨다. 길을 가다가도 간혹 자식들을 기다리는 푸념 같은 울음 반 노래 반을 아주 작은 목소리로 읊으셨다.

"우리 영춘이는 살았는가 죽었는가? 우리 영주는 무슨 일로 소식 한장 없고 영찬이는 기다려도 어데 가고 아니 올꼬."

그러나 남이라도 있으면 그 앞에서는 울지를 못하셨다. 헤아릴 수 없는 수천 나날의 세월 속에 몇동이나 되도록 고였을 소리 없는 눈물만을 어머니는 흘리셨다. 그저 철없이 눈물을 닦아주는 막둥이 나라도 있는 것이 그래도 위로가 되셨을 것이다.

그 눈물 속에서도 산천에는 다시 진달래가 피고 국화가 지고 하면서 세월은 흘렀다. 세상이 조금 조용해졌다. 빨치산 토벌작전이 끝난 모양이었다.

어느 날 낮 모르는 사람이 찾아왔다. 빨치산으로 입산했다가 자수하여 용케 살아온 이로 형님과 같이 있었다며 어렵게 말문을 열어 형님의 사망 소식을 전한 것이다.

50년 입산할 때는 인민군 외에는 별로 병기가 없었다 한다. 토벌대나 경찰지서를 습격하여 총기와 탄약을 빼앗고 식량을 마련하는 것이 일이었다.

유치산에서는 전남 사람들끼리 별도로 독립부대를 만들었으나 조직이 아주 허술했던 모양이다. 개인적으로 비트를 만들어 삼삼

오오 숨어 있다가 신호를 하면 어디서 나오는지 이삼백 명씩 기어나왔다고 한다. 낮에는 거의 비트에 숨어 있다가 밤이면 이른바 보급투쟁을 나가야 했다. 십여 명이 나가면 총 가진 사람은 불과 서너 명 정도였고 나머지는 보급물자를 나르는 짐꾼 역할을 하는 것이었다. 그래도 인근 부락의 가난한 집의 식량은 절대로 빼앗지 않고 소재지 부근의 부잣집을 털었다. 그래서 깊은 산속에 사는 민간인들과는 아주 친했고 도움을 받았었다 한다. 밤이면 산에 올라와 밥도 해주고 빨치산 아이들의 빨래도 해주었다 한다. 처녀들이 더러 있어도 겁탈 같은 일은 전혀 없었으며 오히려 경찰이 빨치산과 내통한다 하여 몹시도 괴롭혔고 부녀자를 농락했다 한다.

50년 겨울, 지리산에서 이현상이 말을 타고 40여 명의 호위를 거느리고 유치산에 왔었다 한다. 아마도 그 추운 겨울 전력을 점검하고 사기를 북돋기 위해 나왔을 것이다. 지리산이 빨치산 최후의 보루라면 유치산은 전선을 분산광역화하는 기능을 하던 곳이었고 영암의 월출산도 역시 유치산의 위성기지 역할을 했었다. 낮에는 비행기의 사격을 피해 바위 밑에 숨어 있으면 끄떡이 없었다. 그래도 원래부터 농삿일 하면서 노동에 종사했던 사람들은 잘 견디어냈다. 그러나 형님은 별로 노동을 해보지 않았던 터라 산생활을 잘 견디어내지 못했던 것 같다. 50년의 추운 겨울을 간신히 넘기고 유치산에도 진달래는 피어 이제는 추위가 넘어가는구나 하는 안도의 한숨을 쉴 무렵, 극도의 영양실조와 악조건의 자연환경으로 형님은 열병에 걸리고 말았다. 그래도 살아야겠다는 의지는 본능적으로 들었던 모양이었다.

깊은 산 초정리라는 골짜기에도 빈집이 두어 채 있었다. 난을 피해 집을 비운 듯싶었다. 형님은 그 집에서 저녁이면 잠을 잤다. 낮에는 토벌대의 공격이 있을까 보아 높은 곳으로 올라가 환자트에 숨어 있었다. 그러나 병세는 점점 악화되었다. 그러던 51년 3월 초나흗날(음력) 형님은 그 빈집에서 나오지 못하고 앓고 있었다. 그런데 밑에서는 토벌대가 사격을 하기 시작했다. 산 위에서는 빨치산들이 몸을 숨기고 간간이 응사했다. 형님은 집을 빠져나가 뒤뜰에 있는 대밭을 지나 빨치산이 있는 산비탈로 비틀거리며 올라가기 시작했다. 그러나 토벌대가 쏜 한 발의 총탄이 병에 시달리는 이 빨치산을 통과하고 말았다. 30세의 나이에 부귀도 영화도 한번 누려보지 못한 채 끝마친 일생이었다.

그날 밤 유치산 전투가 끝나고 고향 빨치산들의 동지를 보내는 울음 속에 형수님과 형님의 장인은 그 자리에 묘를 써주었다.

어떻게 생각하면 입산하지 않았더라도 죽었을 것이고 산에서 잡혔으면 더 처참하게 죽었을지도 모를 일이다. 병들어 고생고생하다가 죽을 바에야 차라리 그때 깨끗이 잘 돌아가신지도 모른다.

큰형님의 어린 아들은 당시 산에서 전염된 열병에 걸려 죽었고 그해 겨울 큰형수는 동상에 걸려 생포되었다. 큰형님의 장인은 굶주림과 추위와 병마에 시달리고 토벌대의 공격을 받아 많은 사람이 사살되는 상황에서도 용케 생포되었으나 고향땅에 끌려와 처형되었다.

나의 아버지와 작은아버지, 아버지의 친구분 그리고 형님의 사망 소식을 전해준 그 빨치산 출신이 파묘와 유골 발굴에 실패하고 봄이 되어 두번째 가서야 부락 주민들의 도움으로 큰형님의 유골을 찾을 수 있었다.

이장을 할 때도 어머니는 자식의 유골을 보지도 못했고 소리내어 울지도 못한 채 그저 몇날 며칠 눈물만을 한없이 뿌리셨다. 지금도 그 모습이 생생하다.

이제 누군지도 모르는 빨치산 출신 그 어른의 인간적인 애정에

고개 숙여 감사를 드린다. 나의 어린시절 우리 집안을 이토록 풍
비박산을 냈다고 원망해왔던 큰형님의 잔상……

그래도 형님의 묘소에 일 년에 두 번씩 꼭꼭 성묘를 할 때면
지난 일들이 생각나 눈시울이 젖어옴을 어찌하랴. 금년 추석에
찾아본 형님의 묘소에는 들국화 한 송이가 곱게 피어 있었다. 인
간의 번뇌와 그 고통의 역사와는 아무런 상관이 없다는 듯……

공산주의가 물론 최선의 길은 아니었겠지만 일제의 수탈과 억
압, 그리고 그 잔재를 청산하지 못한 우리의 현대사는 형님에게
그런 사상을 갖게 하였을 것이다. 땅속에서도 형님은 나름대로
역사와 민족을 위해 살다간 짧은 인생을 후회하지 않을 듯싶다.

나는 물론 형님의 행적을 잘 알지 못한다. 교사시절 밤이면 이
마을 저 마을에 벽보를 붙이고 다녔고, 6·25가 나고는 성전의
어느 국민학교에서 교편을 잡은 사실과 그 얼마 후 강진읍에 계
셨다는 것, 그리고 쌀도둑을 잡은 고숙이 인공 때 모략 고발을
당하여 잡혀 갔는데 아마 형님이 구해주셨을 것이라는 소문과,
그후 경찰의 부역자 명부를 우연히 보게 되었는데 거기에 내무서
총무과장으로 기록되어 있었다는 사실 외에는 아직 모르고 있다.

남북 칠천만 민족이 통일을 원한다면 이제 서로의 잘못을 시인
해야 한다. 계급도 군번도 없이 현지 입대한 둘째형님은 전투 무
경험자로서 단순한 총알받이 역할 이상은 하지 못했을 것이다.
이 강산 어느 산천에 누워 있을 그의 시신에 누군가가 흙이라도
덮어주었는지……

세월이 흘러 57년쯤 되었던 것 같다. 인도 뉴델리에서 남북적
십자회담을 열어 납치인사명단을 서로 교환하였다는 신문보도와
함께 그 명단이 발표되었다. 거기에 셋째형 장영찬의 이름이 나
와 있었다.

"귀댁의 자녀 장영찬은 이북에 생존해 있으니 안심하시기 바

람"이라는 대한적십자사의 전문을 받았다. 그때 형님의 친구분들께서 "영찬이가 살아 있다" 하면서 신문을 들고 모두 집에 오셨다. 친구들의 마음이 그럴진대 가족의 마음이야 오죽 했으랴.

그래도 설마 우리 형제의 생전에 통일이 되어 만나보기까지야 하겠는가 싶으면서도 살아 있다는 그 자체는 더없이 기뻤다. 살아 있다면 우리와 체제가 완전히 다른 그곳의 삶에 어떻게 적응해나가고 있을까? 혹시 철저한 공산당원이 되어 어떤 지위라도 가졌을까, 아니면 남조선 출신으로 부르조아의 잔재를 청산하지 못한 교양대상자가 되어 아오지 탄광에서 노동교양이라도 받고 있을까. 그렇든저렇든 살아 있으면 그만이다. 그만한 고통은 다 겪어온 세월이었으니까.

이제 어언 40년의 세월이 흘렀고 어머니의 그 한 많은 눈물이 마른 지도 벌써 오래되었다. 좋은 세상 오기를 바라며 물동이 떠놓고 빌었던 어머니의 기도도 허무했다. 때로는 부처님 앞에서 빌었던 소원도 소용없이 지나간 세월이었다.

싸움 없는 세상, 자유와 평등과 평화를 사랑하는 어머니의 마음은 부시 대통령이나 고르바초프의 평화안과는 차원이 다른, 정말 간절하고 진실한 것이다. 이제 88세의 늙은 노파 나의 어머니는 기독교에 귀의하여 세상에서 보지 못한 천국을 저승에 가서 찾으려 기를 쓰고 계신다.

2. 발버둥치는 인생

첫 사회생활

나는 9년의 학교교육을 받을 수 있었다. 그러나 학교에 갔다 오거나 학교를 가지 않는 날이면 으레 집에서 일을 해야 했다. 산에 가서 나무를 하거나 이종(移種) 때가 되면 어른들을 따라 모심기에 나가고 해마다 홍수가 나면 하천변 논둑에 방천(防川)을 해야 했다. 아버지가 가꾸어놓은 수박을 따다가 소달구지를 빌려 60리가 넘는 인근 면의 5일장에 가서 팔기도 했다. 이런 여건에서도 나는 국민학교를 졸업하기까지 우등생이었다. 음악과 미술을 제외하면 다른 과목은 거의가 100점이나 99점이었다.

중학을 포기할까 하다가 추가 모집하는 사립 금릉중학교에 들어갔다. 당시 영어책을 외워버린 기억이 지금도 새롭다. 그러나 납부금을 못 낸다고 꾸지람을 듣고는 그 학교에 가기가 싫어져 국립인 강진중학교로 전학하였다. 그런데 교과서가 달라 애를 먹었다. 영어책도 금릉중학에서는 『유니언』(Union)이었으나 강진중학에서는 『내셔널』(National)이어서 친구의 책을 빌려 밤새 노트에다 베껴서 교과서로 썼다.

나는 학교를 다니면서도 내 몫으로 닭을 몇마리 키워 알을 낳으면 집안식구는 하나도 못 먹게 하고 그걸 팔아 학용품값을 마련하였다.

아무튼 우리 집안은 학교를 다니기가 무척 힘든 형편이었다. 고등학교 교복을 입은 친구들이 부러웠고 열등의식을 상당히 느끼기도 했다. 그러나 망할 대로 망한 집안이었으니 진학을 못한 불만을 가질 수가 없었다.

겨울철이면 으레 무밥, 고구마밥을 해먹고 봄이면 쑥밥을 해먹었으며 쌀겨를 사다가 사카린을 쳐서 볶아 먹기도 했다. 우리들을 굶기지 않으려고 어머니는 정말 피눈물나는 고생을 해야 했다. 어머니는 항상 "너희들은 모임청(조직)에 가지 마라, 억지로 세상을 살려 하지 마라, 정치에 관여하지 마라"는 말을 수없이 하셨다.

나는 큰 꿈을 갖지 않았다. 그저 산비탈 따뜻한 곳에 과수원과 목장을 하면서 가족과 단란한 생활을 하는 것이 꿈이었다. 농민들의 고통과 가난을 알면서도 그 이유를 과학적으로 생각하지를 못했고 그림 속에서나 볼 수 있는 전원적 농촌 건설의 꿈을 버리지 못하였다. 그저 조용하고 평온한 삶을 원했다. 어떻게든 돈을 벌어 땅을 사고 농장을 건설하는 것이 최대의 꿈이었다.

중학을 졸업한 나는 여수의 어떤 어업조합에 임시 고용원으로 들어가 출하되는 선어류의 열차탁송업무를 보조하는 일을 했다. 당시는 고속도로도 없었고 차량도 많지 않아 트럭수송보다는 열차편이 훨씬 빨랐다. 수소화물편은 30kg까지 승객이 휴대하고 여행할 물건을 임시보관·수송하는 의미를 갖고 있었으나 선어류와 채소류 같은 변질 가능성이 있는 것은 순천철도국장의 특별인가를 받아 수소화물로 수송했다. 조합에서 공판되어 상인이 서울과 기타 각 지역의 어시장으로 보내는 화물탁송의 중간 용달업무를 취급한 것이다.

나는 이때 80kg짜리 화물에 30kg 물표를 붙이고 때로는 꼬리

표만 붙은 너구리화물이 실리는 이 사회의 어두운 구석을 처음 알게 되었다. 세상이 참 어수룩하고 난장판이라는 것을 알게 된 첫 사회생활이었다. 용달업무를 보는 사람과 소화물계 소화물 차장이 서로 해먹는다고 아옹다옹하면서도 서로의 비리 때문에 서로가 쉬쉬 하는 처지였다. 대립과 갈등 속에서 공존해가는 사회의 한 단면이었다. 나는 이곳에서 철도업무와 장사꾼의 세계, 그리고 은행과 기타 기관들의 세계를 조금씩이나마 알게 되었다.

나의 첫 사회생활은 이렇게 시작됐다. 그후 객지를 전전하면서 고기장사, 가정교사, 숯장사, 동동구리무(크림)장사를 거쳐 다시 고향의 조그마한 시외버스 회사의 정류소 매표·개찰원, 버스차장 생활을 거쳐서 과자 만드는 일과 과자배달 등을 두루 해보았다. 그것이 계기가 되어 식료품과 과자류 장사도 해보았다. 그래도 장사가 해볼 만했다.

국민학교 때 아버지는 자유당을 욕하면서도 입당하셨다. 공개투표를 강요한다고 투표장에서 선거위원들과 싸우고 돌아와 실컷 술을 마시면서도 자유당사에는 자주 나가셨다.

3·15부정선거, 4·19혁명으로 정권이 바뀌었어도 가난한 사람들의 생활은 별 변함이 없었고 민주당 역시 별로 믿을 수 있는 정권이라는 생각이 들지 않았다.

입영생활

그토록 하기 싫었던 군생활. 그런데 어언 30년이 지나서는 군생활을 그리워하며 이따금 회상에 잠기게 되는 까닭은 무엇일까. 인생 70년이라는 편도차를 타고 흘러간 30년의 청춘을 아쉬워함일까.

4·19를 지나 민주당정권 때 입영영장을 받았는데(5월 18일이 입대 날짜였음) 5·16군사반란이 일어났다. 그때 내가 군대에 가

버리면 우리 집 형편이 영 말이 아닐 것 같아 그냥 장사를 하고
있었으나 곧이어 포고령이 나오고 병역기피 자수기간이 설정되었
다. 나는 자수하여 제2훈련소에 들어가게 되었다. 그래도 고향
친구 몇사람이 같이 입대하게 되어 외롭지는 않았다.

어떤 일이 있어도 운전은 하지 않으려고 했는데, 하필 운전병
달구지병과를 받고 말았다. 모든 훈련병이 그렇듯 후방으로 배속
되는 게 나의 희망이었지만 바람과는 달리 훈련을 마치고 전방행
보충병열차를 타게 되었다. 그때의 그 울적함을 기억하면 전시에
사지로 실려간 선배들의 마음은 오죽하였을까 싶다.

어머니는 항상 자식들을 물가에 놔둔 것처럼 걱정하시며 내가
운전수가 되는 것은 결단코 반대하셨다. 나 역시 자동차사고를
간간이 보아온지라 운전은 하지 않으려고 다짐했었다. 그런데 운
전병 주특기를 받아 전방의 야전수송학교에 입학하여 운전교육을
받고 다시 트럭에 실려 첩첩 산고개를 넘어 최전방의 105밀리 포
병부대의 수송부에 배치되고 말았다.

신병생활 처음에는 부대 뒷산의 잔디를 떠다가 포상(포차고 비
슷한 것)작업을 하고 밤이면 차량 보초를 서야 했다. 운전병만
각 포대(중대)에 있었지 차량은 대대본부의 수송부에 있어 차량
보초를 서려면 상당한 거리를 오가야 했다. 잠이 들만 하면 교대
시간이라고 깨우고 한번 보초를 나가면 고참은 도대체 교대를 나
오지 않아 밤새 보초를 서는 일이 비일비재였다. 그렇다고 고참
들에게 대들 수도 없었다.

그래도 다행히 그 부대의 장교·하사관이 대부분 전라도 동향
사람들이어서 상당히 힘이 되었다. 처음에는 운전을 전혀 할 줄
모른다고 떼를 썼으나 알고 보니 상등병 계급장을 단 고참들 중
에도 운전을 할 줄 모르는 사람이 의외로 많았다. 결국 억지로
포사격 훈련차를 배정받아 차를 몰게 됐는데 운전 경험자이면서

운전을 못한다 했다고 호되게 기합을 받았다.

그러던 중 1종계 신병이 들어와 멋도 모르고 하사관·장교들이 달라는 대로 급식용 식량을 주어버리고는 재고가 부족하자 현지 탈영을 한 일이 일어났다. 그 덕분에 사회에서 부기와 주산을 약간이나마 해본 경험이 있던 내가 1종계를 맡게 되었고 이어서 실시된 군단 검열 시 6개월분의 급식대장을 위조하여 검열을 무사히 통과했다.

또한 사단 군수참모로 있던, 고향 친구의 형님이 직접 찾아와 준 덕분에 상당한 영향력을 행사하게 되었다. 나중에 본부로 특명이 났지만 그때 나는 이미 그 부대에서 1종, 2종은 물론 서무부대의 행사의 기획까지 관장하는 능력있는 졸병으로 인정받게 되어 포대에서 본부로 주지 않으려고 하였다. 물론 본부에서는 오라고 하였다. 그 결과 참모회의에서까지 거론되어 수송부 요원으로 하급포대의 행정요원 업무를 맡아 비공식 파견생활을 제대할 때까지 하게 되었다.

요즈음 같으면 상상할 수도 없는 일이지만 그때는 결식미(缺食米)라는 이름으로(급식 시 먹지 못했다는 명목으로) 하사관·포대 장교는 물론 본부의 참모들까지도 군용미를 영외로 유출시켰다. 주지 않으면 어떠한 이유로라도 고통을 주려 하였고 주고 나면 그걸 메우기 위하여 병사들의 배를 곯려야 했다. 그래도 안 되면 노력동원, 비공식휴가를 몽땅 보내버렸다. 말이 신성한 국방의무이지 엉망진창이요 난장판의 군대 보급행정이었다. 그래도 나는 잘 준 덕분에 누구한테 간섭받지도 않았고 병기와 보급함도 없이 군인이 아닌 것 같은 군대생활을 했다. 때때로 바둑도 배우고 스케이트도 배울 수 있었다.

생각해보면 소수의 상급자들의 이익을 위해 나는 봉사해야 했고 그 덕분인지 나에게는 무사하고 안일한 군생활이 보장된 반면

졸병들은 고통을 감수해야 했다. 한창 몸이 불어나는 20대 초반의 젊은이들이 항상 밥이 부족하여 허덕였고 마음속은 늘 정량급식에 대한 요구들로 들끓었지만 군기라는 이름의 억압수단은 그들이 불만을 터뜨리지 못하도록 막았다. 제대하고 나서 나는 군생활을 반성하고 후회하면서 내가 내 한 몸 편하기 위하여 저지른 과오를 어떻게 씻어야 하나 하는 생각을 하기도 했다.

다시 시작한 사회생활

제대 후 먹고 살 길이 막막했다. 입대 전 형님과 어렵게 시작했던 장사마저 거덜나 빚더미에 올라앉았던 것이다. 나는 실망과 좌절에 빠졌고 형님이 그렇게 원망스러울 수가 없었다. 그 당시는 내 나이가 많지 않은데다 너무 철저히 살려다 보니 남의 잘못을 이해하고 용서하며 관용을 베푸는 것이 부족했다. 어리석게도 세상사가 내 생각대로 되어나가리라 여겼던 것이다.

그러나 우선 집안식구가 먹고 살아야 했고, 당시 여자 나이 24세면 노처녀 취급받는 시대였으니 나이 찬 누이동생을 여의야 했다. 예산을 짜고 비용을 마련하기 위하여 시작한 것이 비닐 채소재배였다. 마침, 순천에서 우리 마을로 이사온 사람이 비닐하우스를 하고 있었다. 돈이 없으니 하우스 재배는 할 수 없고 온상육묘하여 노지 재배를 했다. 가만히 가서 온상 설치방법을 보고 귀찮을 정도로 물어보면서 봄배추·가지·수박을 육묘하여 소형 터널을 만들어 심었다. 적은 면적이지만 잘 되었다. 또 땅콩도 심었는데 날이 가물어 날마다 물지게로 물을 길어다 주면서 키웠다. 가을에 수확한 것을 볶아서는 비닐봉지에 담아 시골의 작은 상점들에 자전거로 배달하면서 팔았다. 이렇게 직접 소매를 하니 꽤 돈이 모여 누이동생을 결혼시킬 수 있었다. 나는 항상 돈을 모을 겨를은 없었지만 집안에 위기가 닥치면 이를 돌파해나가는

데 주저하지 않았다. 그래서인지 가장 성질이 나쁜 나를 부모님은 제일 믿었다.

원래 기계에 소질이 있던 형님은 장흥의 어떤 오지인 면소재지에서 다시 기계수리를 해볼 작정으로 나더러 같이 가서 도와달라고 했다. 결국 결심을 하고 4대째 살던 집과 남아 있던 논 7마지기를 팔아 빚쟁이들을 찾아다니며 일일이 사정 얘기를 하고 원금 정도만 갚고 나니 겨우 쌀 30여 가마가 남았다.

어머니 아버지는 고향에 계시고 싶다 하여 쌀 4가마짜리 돼지막 같은 집을 한채 사서 계시게 하고 형님과 나는 10가마 정도의 돈을 주고 점포를 내어 자전거·발동기·경운기·우마차 등 닥치는 대로 고장수리를 했다. 처음 한달간은 10원짜리 일거리도 없어 큰일이구나 싶어 나는 빵기계를 하나 장만하여 군빵장사로 나서 찬값 정도는 마련할 수 있었다. 그런데 몇달이 지나자 형님의 기술이 인정받았던지 각종 기계가 들어와 희망이 보이기 시작했다.

1년 정도 장사를 하고 나니 어느정도 안정이 되었고 나도 내 길을 가야겠다는 생각을 하고는 고향으로 돌아와 친구와 농장을 시작한 것이 하우스 재배였다. 오이·가지·고추·무·배추 등 갖가지 채소를 재배했다.

60년대의 첫 집단항거

1967년 채소 재배를 다시 시작하고 보니 자연히 시장 출입이 잦아졌다. 당시 배추값이 똥값이라 한 리어카를 새벽같이 끌고 나가면 겨우 500원에서 1000원 정도 받을 수 있었다. 그러나 시장사용료는 300원을 받아갔다. 시장사용료를 주고 해장국에 술 한잔 먹고 나면 딱 맞아 농민들은 기가 막혀 그저 "어허" 하면서 하늘만 쳐다보고 탄식할 뿐 호소할 곳조차 없는 형편이었다. 더러는 돈이 몹시도 아쉬워 텃밭에 심어놓은 부추를 베어 몇다발 곱게 묶어 이십여 리 새벽길 찬바람을 맞으며 팔러 온 나이 먹은 아줌마들도 있었다. 아마 아이들의 학용품값이라도 마련할 요량 이었던 것 같다.

시장에 막 내려놓기만 하면 사용료 징수원이 곧 나타나 사용료 를 내라고 했다. 돈을 넣고 올 리도 만무하지만 터무니없이 비싼 사용료 요구는 어이없는 일이었다. 뼈빠지게 일해서 부추 팔아야 단돈 일이백 원도 못 받은 사람들이 있는가 하면, 어떤 놈들은 가만히 앉아서도 50원, 100원을 꼴깍 가져가는 세상이니 부아가 나지 않을 수 없었다.

이때 순순히 당해주기라도 하면 '얌전한 한국의 부인상'이 될 터인데 꼭 그렇지만은 않은 것이다. 때로는 앙칼지게 대들면서 욕을 하는 사람도 있었다. 불량배 같은 징수원들은 갈고리를 들 고 좌판을 뒤집어엎거나 떼거리로 달려들어 이년저년 하면서 행 패를 부리곤 했다. 결국은 시장을 사용하면서 응당 주어야 할 것 을 주기 싫어 욕을 하는 배운 것 없는 악질 여자로 변해버린다. 그리고 당연히 주어야 할 사용료를 주지 않으면 그렇게 혼쭐이 나야 하는 법이라는 어처구니없는 공식을 성립시키는 판이었다.

모두의 가슴에 불덩이가 끓었지만 "내민 돌이 정 맞는다"고 속 으로는 적개심을 품고 있어도 겉으로는 친한 척하고 징수원들에 게 값싼 친절이라도 베풀어야 했다. 아니, 그것은 친절이 아닌 아부였고 굴복이나 다름없었다. 나 역시 분했지만 어쩔 수 없이 말 한마디 못하고 가슴속 한을 씹는 긴 한숨을 내쉴 수밖에 없었 다.

1968년 봄 원예협회의 정기총회에서 나는 시장사용료 징수의 문제점을 설명하고 다른 농민이 당하는 억울함은 내가 당하는 것 과 똑같다, 이대로 한없이 당할 수만은 없다, 우리가 함께 나서

서 시정하자고 강력히 제안했다. 역시 이심전심이요 초록은 동색
이었다. 모두 분개하여 일어서자고 했다. 부락별 연락 체계를 세
우고 어떠한 공갈 협박이나 회유에 넘어가서는 안된다는 약속을
단단히 해두었다. 그리고 우선 시장사용료 징수 근거를 알아보자
고 하였다.

강진군청 세정계에 확인해본 결과, 지방세징수조례라는 규정에
의하여 시장 땅은 '갑'지, '을'지, '병'지 등으로 구분되어 있었고
사용료도 평당 120원, 80원, 60원을 받게 되어 있었다. 그런데
농민들이 사용한 시장 땅은 주로 '을'지나 '병'지였고 사용한 평수
가 불과 반 평도 되지 않았다. 좋은 말로 하면 과다징수도 보통
과다징수가 아니고, 솔직한 말로 하면 착취도 보통 착취가 아닌
합법을 가장한 강도짓이었다. 또 한가지 중요한 것은 시장사용료
는 지방세라는 개념으로 해당관서에서 직접 징수해 지방금고에
차질없이 입고하는 것이 원칙이라는 것이다. 이 세금을 거두어들
여 국고에 넣지 않고 개인이나 기관이 중간에서 가로챘다면 이는
분명히 국고금 횡령이 되는 것이다. 또 납세의무자는 자기가 낸
세금이 확실히 국고로 들어갔는지 확인할 권리가 있는 것이다.
그럼에도 불구하고 영수증 한장 써주지 않고 시장세만을 받아갔
으며, 게다가 목조로 만든 장옥은 다 쓰러져가고 사람들이 아무
데나 대소변을 보아 시장은 말할 수 없을 정도로 불결한 상태였
다. 세금은 국민을 위해 쓰여야 하고 지방세는 지방민을 위해 쓰
여야 하듯이, 시장사용료는 시장의 개보수 및 환경미화를 위해
쓰여야 '사용자부담의 원칙'에 합당한 것이다.

그러나 당시 강진읍 시장사용료 징수의 경우는 이러한 원칙을
무시한 사례였다고 할 수 있다. 우선 군의 직접 징수가 아닌 이
중도급 형식의 징수였다. 강진읍 의용소방대의 재정 자립을 돕는
다는 그럴싸한 명분을 내세워 세금에 해당하는 시장사용료의 징

수를 소방대에 도급을 주었고 소방대는 또 직영을 할 수 없다는 이유를 들어 다시 하도급을 주었는데, 시장에서는 좋은 말로는 사용료가 걷히지 않는다는 명분을 내세워 성품이 고약하거나 자질이 좋지 않은 사람들을 징수원으로 고용한 것이다.

그러니까 세금을 군에 조금만 내놓고 소방대에서 요령껏 알아서 받아쓰라고 하니까 소방대에서는 깡패 같은 사람들에게 소방대에 적정액을 내놓고 알아서 긁어먹으라는 식이었다.

알고 보니 결국 "만만한 게 홍어×"이라고 농사꾼과 보따리 장사꾼들만 울며 겨자 먹기로 강도질을 당하고 있었던 것이다. 사용료 50원이 도급이라는 뻥튀기 기계를 통과하여 500원으로 커져서 나오는 셈이었다. 그나마 거두어들인 세금마저 한군데 지나면 한도막 떼어먹고 또 한군데 지나가면 또 한도막 떼어먹어 나중에는 갈치꼬리 정도만 남는 것이었다.

우리는 원예협회를 중심으로 수차례 비상회의를 가졌는데 그때마다 40~50명씩은 쉽게 모일 수가 있었다. 우리가 모이기만 하면 우리 낯을 잘 아는 공무원들이 나타나 회유와 협박을 하였다. "그래 보았자 득 될 것이 없다. 우리 일에 협조하지 않으면 우리도 당신네들 일에는 일절 협조가 없을 것이다. 내 낯을 보아 없는 일로 하자"는 등 말할 수 없을 정도였다. 그래도 우리가 끄떡도 하지 않고 당당하게 나가자 안절부절 못하는 모습이 역력히 나타나기 시작했다. 우리는 당시 국회의원 선거 시기라는 점을 감안하여 특정 정당에 편파적인 영향을 주는 것은 정치적 개입이라고 할까 보아 조심스럽게 시장사용료 문제만을 가지고 행정기관을 상대로 싸웠다.

당시로서는 시위라는 것은 생각지도 못했고 우리의 의견을 적어 묵사지로 복사하여 서명을 받아 탄원서를 제출하기로 했다. 그래도 '회'라는 조직이 있었기 때문에 지역별로 책임자가 있어

서명작업은 어렵지 않게 이루어졌다.

탄원서는 청와대, 상공부, 농수산부, 내무부, 국회, 지방검찰청, 도지사 등 모든 기관에 보냈다. 행정기관은 워낙 잘못이 많았던지 결국 협상을 요청해왔다. 수차례의 협상을 거쳐 그해 연말까지만 기회를 주기로 하고 이듬해부터는 읍 직영으로 한다는 안에 합의했다. 우리도 불만은 있었지만 회원들이 약간 힘에 겨웠던지 회의 결과는 협상을 하자는 데로 의견이 모아져 결국 이 싸움을 정리하게 되었다.

그후 지금까지 강진읍에서 직영은 하고 있지만 아직도 많은 문제점이 있는 것은 사실이다. 그러나 60년대 농민운동의 부재시기에 순수한 농민만의 힘으로 조직적인 싸움을 통해 농민의 공동이익과 권리를 다소나마 찾았다는 점을 생각하면 자부심도 생기고 이런 것이 농민운동이지 않나 싶기도 하다.

하지만 우리 사회의 본질적 모순을 해결하기 위한 전국적 조직도 없었고 운동도 지속적이지 못했다. 그저 울분에 쌓인 항의에 불과했다.

그렇지만 나는 이 일을 통해서 여러가지를 인식하게 되었다. 그때의 소방대장은 절대권력인 공화당의 지구당 부위원장을 겸하고 있었다. 따라서 세금징수 도급행위는 지역의 정치권력과 행정기관의 주역들이 그것이 불법이라는 지극히 상식적인 사실도 모르고 저지른 과오만은 아니었을 것이다. 기득권을 가진 사람들은 그것을 안전하게 유지하기 위해 민중의 이익을 돌보지 않는다는 점과 억압은 반드시 수탈을 전제로 하며 착취와 수탈은 반드시 억압을 수반한다는 점, 소수의 단결된 조직은 다수의 비조직대중을 지배한다는 점 등을 깨닫게 되었다.

그리고 수천 명의 장꾼들이 불만에 차 있으면서도 일방적으로 당한 것은 그 불만스러운 일들을 해결할 만한 조직역량이 전혀

없었던 탓으로, 원예협회라는 작은 조직의 힘으로도 문제를 어느
정도 해결할 수 있는 것을 보고 조직이 아니면 아무것도 되지 않
는다는 것을 알게 되었다.

나는 이후 73년경부터 농민운동을 하면서 이 일이 농민문제를
인식하는 데 많은 도움을 주었다는 생각을 하게 되었다.

아내와의 만남

내가 중학을 졸업할 무렵, 지금 나의 아내는 국민학교 2학년생
인 코흘리개였다. 그때에는 유난히도 작아 내가 "개미"라는 별명
을 붙여놓고는 항상 "개미야, 개미야" 하고 부르면 그 소리가 듣
기 싫었던지 돌멩이를 들고 쫓아다니며 구슬 같은 눈물을 뚝뚝
흘리곤 했다. 나는 그것이 더 재미있고 신이 나서 슬그머니 골목
길에 나가 기다리고 있다가 자주 곯려주곤 했다. 마치 삼촌이 조
카가 귀여워서 놀려먹는 듯한 기분이었다.

나는 중학을 졸업하고 나서 바로 객지생활을 하게 되었는데 그
녀 역시 국민학교를 졸업하고는 중학을 갈 수 없는 형편이었던지
부산으로 갔다고 한다. 부산에는 그녀의 고숙과 작은아버지가 국
제시장 부근에서 의류장사를 하고 있었고 그 어수선한 세상에서
꽤나 돈을 잘 벌었던 모양이다. 그곳에 있는 작은아버지와 고숙
은 조카가 기왕 진학은 못했으니 장사라도 가르쳐 장사 잘 하는
참한 총각이 있으면 짝을 맺어줄 요량이었다고 한다.

나는 그동안 그녀를 한번도 보지 못하다가 설에 고향에 들렀다
가 역시 집에 다니러온 그녀를 골목길에서 한번 마주친 적이 있
었다. 그때는 이미 어렸을 적의 '개미'가 아니었고 스물을 앞둔
소녀의 모습이었다. 옛날처럼 곯려먹기에는 나도 이미 나이가 들
어 말 건네기조차 쑥스러웠다. 그녀는 나를 보고는 그냥 고개만
끄덕하고 지나갔다. 나도 머쓱하여 그냥 "응, 그래 왔어" 하고는

지나쳐버렸다.

나는 서른이 다 되도록 결혼을 생각할 겨를이 없었고 누군가 사랑할 여유도 가져보지 못했다. 우선 쓰러져가는 집안을 일으켜 세워야 했으므로 돈이라도 얼마 모아놓고 나서 결혼은 차차 생각해도 늦지 않을 것 같았다. 그러던 중 어느날 옆집에 살던 이가 "자네 이제 결혼도 해야지" 하는 말을 꺼냈다. 나는 "해야지요. 어디 좋은 큰애기 있읍디까" 하고 간단히 받아넘겼다. 그러자 무조건 좋은 사람이 있다고 했다. 나는 궁금하고 답답하여 "좌우간 누군지 좀 알고 봅시다"고 하자 "강애 말이시, 강애"라고 했다. 나는 뜻밖의 말에 어안이벙벙해졌다. 어렸을 적 그 작았던 '개미'가 내 아냇감이라니…… 그동안 형님으로 생각하며 장기도 같이 두고 농담도 주고받던 그녀의 아버지가 내 장인이 된다니. (그는 큰형보다 한 살 아래이며 큰형의 동네 친구였다. 나는 나이로 보면 아저씨뻘이 될 듯한 나이 많은 형님 친구들께도 으레 형님이라고 불렀다. 그래서 그때는 장인어른께 노상 '형님, 형님' 하고 불렀다. 그분은 성품이 깐깐하고 세밀하여 농삿일에도 매우 세심했다.)

본인과 맞선도 보지 않은 채 이야기는 급진전되어 부모들끼리 거의 결정을 해버렸다. 처갓집은 그래도 농삿마지기나 짓고 있었는데 무얼 보고 나이 많은 나를 사위로 삼으려 했는지 모를 일이었다. 아마 평소 내가 하는 일들을 보면서 틀림없이 돈도 잘 벌고 괜찮을 것으로 생각한 모양이다.

사성(四星)이 오가고, 택일을 하고 태상과 함이 오고 갔다. 얼굴을 서로 보지도 않은 채 부부가 되기로 결심하고 나니 앞으로 살아나갈 일이 고민되면서도 한편으로는 아내 될 '개미'의 모습을 상상해보니 마음이 설레기 시작했다. 얼마나 컸을까. 그 개미의 모습이 지금은 발랄한 도시처녀로 바뀌었을 상상도를 그려보았다. 그저 보고 싶었다.

결혼날짜를 불과 닷새 남겨놓고 나는 아내 될 사람을 볼 겸 미리 데려와야겠다 싶어 부산에 갔다. 그때 가게에서 물건을 팔고 있던 아내 될 사람은 나를 보고 고개만 끄덕하면서 "오셨어요" 하는 간단한 인사만을 하고는 고개를 숙이는 것이었다. 그녀는 이미 코흘리개 '개미'가 아니었다. 스무세살의 약혼녀는 축축히 내린 봄비 뒤의 맑은 햇살을 받아 터질 듯 부푼 개화 직전의 꽃봉오리 같았다. 나이에 비해 앳되고 수줍어하는 모습은 사랑스럽다는 말 외의 다른 수식적 표현을 할 수가 없었다.

그날 저녁 나와 중학동창인 그녀의 고숙은 둘이서 극장이라도 가라고 권했다. 우리는 일류급일 것 같은 어느 극장에 무조건 들어갔다. 「막켄나의 황금」이라는 서부영화가 상영되고 있었다. 썩 호기심을 갖게 하는 영화였으나 약혼녀의 취향에 맞나 안 맞나 신경이 쓰였다. 나는 손목도 한번 잡아보지 못하고 무슨 재미있는 이야기도 하지 못했다. 지금 같으면 별별 얘기를 다 할 수 있었을 텐데……

이튿날 부산에서 순천행 열차를 타고 여수의 누나집에 들릴 때까지도, 손목 한번 잡아보지 못했다. 지금 생각하면 나는 완전히 '숙맥'이었다. 여수 누나는 어려운 형편에도 결혼선물로 털코트와 반지를 하나 맞추어주었다. 그리고 그날 밤 나는 처음 약혼녀와 한 방에서 단둘이 하룻밤을 지내게 되었다. 나는 있는 힘을 다해서 껴안아버리고 말았다. 나중에 아내는 그때 그저 공포심 같은 것을 느꼈다고 했다.

다음날 여수에서 강진으로 오는 버스 안에서 비로소 그녀는 살며시 내게 머리를 기대면서 나의 손을 만져보았다. 손에서는 촉촉한 땀이 나오고 뜨거웠다. 나는 그때서야 슬슬 말을 꺼내기 시작했다. 우리는 차가 강진에 도착한 줄도 모르고 서로 손만 잡고 있었다.

사흘 뒤 결혼식 날이 되었다. 친구들이 어디서 깨끗하고 까만 포장을 구해와 빙 둘러치고는 차일을 쳐놓고 책상을 놓아 하객 자리를 만들었다. 신부집 마당에 신랑 친구들이 예식장을 만든 것이다. 전통혼례로서 신부집에서 대례(大禮)를 치르는, 즉 장가를 드는 것이다. 그런데 절차가 참 묘했다. 그냥 걸어서 신부집 문전에 들어서려는데 후배 청년들이 앞을 가로막고 "멈추라고 여쭈어라" 했다. 시종 격으로 따라가는 중방에게 하는 말이었다. '어디를 가느냐, 무엇 때문에 가느냐' 하는 다 알면서도 묻는 장난이었다. 남의 집 처녀를 도둑질해 간다고 과히 불쾌하지 않은 트집을 잡았다. 대답을 않고 그저 묵묵히 있으니 다 알면서도 벙어리라고 했다. 얼른 백양담배를 꺼내주면서 잘 봐달라고 하며 "야 이놈들아, 다 알면서 뭘 그러느냐. 그냥 좀 지나가자"고 했더니 "야 신랑이 건방지다, 그냥 두어서는 안되겠다"고 하면서 부채를 빼앗았다. 이런 행위부터가 시험하며 서로 친분을 맺자는 축하의 의미를 담은 것이다.

신부집 혼례청에 들어서자 곡식을 던지며 사람들이 낄낄대고 웃어댔다. 신부가 살며시 웃기라도 하면 내년 봄보리가 다 죽을 징조라며 웃지도 못하게 했다.

신식으로 신랑은 양복을, 신부는 드레스를 입고 혼례를 마쳤는데, 혼례청 가운데다 별도로 큰상을 차려 기러기를 놓아둔 채 신랑신부에게 큰절을 다시 시키고 실로 연결한 조랑박 술잔에 술을 따라 서로 마시게 하고는 첫아들 낳으라고 밤까지 먹여주었다.

이렇게 하여 나는 7살 아래의 아내와 함께 새로운 인생의 첫걸음을 내디딘 것이다.

국제시장에서의 귀향

결혼식을 마치자마자 처고숙은, 설대목이니 조카가 부산에 와서 장사를 좀 도와주어야겠다고 사정을 하면서 아내를 잠깐 보내달라고 했다. 처갓집 장사에 꼭 필요한 사람을 내가 마치 빼앗아와버린 것 같은 미안한 생각이 들어 허락을 하고는 결혼 삼일 만에 아내를 부산으로 보냈다.

헤어지기는 싫었지만 서로 돕자는 일이니까 약속을 지켜야 했고 또 갓 시집온 아내한테 바로 농삿일을 하라고 할 수도 없었다.

부산행 차를 태워 보내면서 몹시 아쉬움을 느꼈으나 아직 깊은 정은 덜 들었던지 고민 같은 것은 별로 없었다.

나는 아무일 없는 것처럼 고향에서 온상을 설치하고 씨앗을 뿌려 다시 농삿일을 시작했다. 며칠마다 아내는 편지를 보내왔는데 빨리 부산으로 오라는 내용이었다. 아마 식구들이 농삿일을 그만두고 부산에 와서 장사를 하도록 짜고 하는 것 같았다. 내가 해보지 않은 일이 없을 뿐 아니라 장사도 썩 잘한다는 것을 익히 알고 있는 처가쪽 식구들이 장사를 하면 틀림없이 성공하리라는 생각을 가졌던 것 같다.

사실 아내가 보고 싶고 아내의 희망을 들어주어야겠다는 생각도 들었다. 또한 장사를 한번 잘해서 돈도 좀 벌어보고 싶은 생각이 없지 않아 나는 결국 부산으로 갈 결심을 하였다.

부산에서의 생활은 처음이었다. 처고숙이 경영하는 가게에 나가 옷장사를 배우기 시작했다. 그러나 나는 좀체로 그 장사가 마음에 들지 않았다. 당시 부산의 국제시장 주변은 난장판 장사꾼들로 들끓었다. 지나가는 사람이 가게 물건을 한번 쳐다보기만 하면 휘파리(호객)를 치는 것이다. 손님을 부르는 정도가 아니라

아예 손목을 잡고 끌어들인다. 특히 시골에서 온 사람들은 어쩔
줄 몰라 뿌리치려고 하지만 마수부터 재수 없다고 하면서 잡아당
기고 또 당기고 하여 결국 바가지를 씌워 강매를 하는 것이다.

나는 이 비정상적인 장사 행위가 도저히 마음에 들지 않았으나
별 수 없이 다른 두 점원과 함께 일을 했다. 한 사람은 피난민이
고 한 사람은 경상도 사람이었는데 그 일을 기가 막히게 잘해냈
다. 그래도 우리끼리는 아주 친절하고 사이가 좋았다.

나는 그때 요즘 돈으로 하자면 약 30만 원 정도의 월급을 받고
있었다. 그러나 아내는 나보다 월급을 조금 더 받는 백화점 점원
을 했다. 아내와 나는 월급을 모아 곗돈을 넣기도 하면서 4,5개
월을 보낸 뒤, 나는 두 평짜리 가게를 하나 빌려 점원 한 명을
데리고 장사를 직접 시작했다.

손님에게 친절을 베풀고 바가지를 씌우지 않으면 단골이 많이
생길 줄 알았다. 그러나 옆사람들이 모두 휘파리를 쳐서 우리 가
게에는 손님이 들어올 수가 없었다. 현실에 적응할 줄은 모르고
이상만을 추구한 탓인지 장사는 되지 않고 빚만 늘어가기 시작했
다. 그러면서 장사에 대한 의욕이 떨어지고 더이상 용기도 나지
않았다. 아내는 만삭이 되어 백화점 일을 그만두고 집에 눌러앉
게 되었다. 시장에 나가 있으면 괴롭지만 그래도 집에 들어가면
만삭이 된 아내가 밥을 지어놓고 기다리고 있어 그게 그렇게도
기뻤으나 한편으로 아내에게 미안한 생각도 들었다.

아무리 좋은 생각을 가졌어도 돈 못 벌면 무능한 사람으로 취
급당하고 하다못해 도둑질을 해서라도 돈을 잘 벌면 유능하고 능
력있는 사람이 되는 세상이다. 남들이 나를 어떻게 보았는지는
몰라도, 나는 나 자신이 너무 무능하다는 생각을 했다. 더구나
초산이 임박했는데도 병원비조차 마련하지 못하고 있자니 답답한
마음이 들지 않을 수 없었다.

나는 할 수 없이 『가정의학대전』을 놓고 출산시 아이 받는 방법을 공부해보았다. 먼저 진통이 오기 시작하면 산부는 공포감을 갖지 않고 용기를 가져야 할 것과 산부가 힘을 쓸 수 있도록 호흡을 하게 하고 아기가 첫호흡의 울음을 울지 않을 때는 거꾸로 잡고 충격을 주어 울도록 하는 것 그리고 목욕을 시키는 것 등을 알 수가 있었다.

과연 아내는 나를 힘껏 껴안고 힘을 쓰면서 첫아이를 낳았다. 목욕을 시키고 오물들을 청소하고 미역국을 끓여주었다. 아무것도 넣지 않은 심심한 미역국을 한 양푼 다 먹었다. 그때 내가 끓여준 미역국을 맛있게 먹어주는 아내가 얼마나 고마웠는지 모른다. 그래서 며칠 동안 부지런히 끓여주었고 빨래도 부지런히 하여 집이 병원 못지않게 편안한 곳이 되도록 하려고 애썼다.

그러나 아기가 3주일째 되던 날 나는 부산에서 더 버틸 수가 없어 살림도구를 완전히 정리하고 옷가방 하나만을 챙겨 고향으로 향했다.

12월 초순, 난방이 되지 않는 경진선 완행열차 안에서 아이는 내내 울었다. 옆자리의 나이 든 아주머니들이 추워서 그런다고 두꺼운 외투를 벗어주며 감싸주라고 하였다.

집에 도착하여 보니 호주머니에는 동전 백 원짜리 하나가 있었고 독에는 늙은 부모가 먹다 둔 닷 되 정도의 쌀이 남아 있었다. 패잔병처럼 고향으로 돌아온 나는 논밭도 없고 아무것도 없는 처지에 누구보고 돈 꾸어달라고 할 수도 없고 땅을 좀 빌려달라 하자니 땅세 떼먹을까 보아 빌려주지 않을 것 같아 말을 꺼내기조차 어려운 형편이었다.

공교롭게도, 장흥에서 공업사를 하면서 집에 부모님 식량과 생활비를 보태주시던 형님이 장사가 잘못되어 어디론가 가버린 무렵에 내가 들어왔으니 엎친 데 덮친 격이었다.

자존심과 열등의식이 교차하는 힘든 시기였으나 불쌍하고 의지할 곳 없는 부모님과 나에게 의지하는 사랑하는 어린 아내와 아기를 생각하니 새롭게 살아야겠다는 힘이 솟았다.

마침 머리를 쓴다고 고향으로 돌아올 때 부산에서 사온 재고품 고무신을 몇가마 시장에 내다놓으니 그때 그렇게도 어려운 세상이었던지 그 짝신들을 잘도 사가 그걸로 먹을 식량을 약간 장만해놓고는 다시 원예를 시작하기로 했다.

새로 시작한 농사

누구에게 돈을 꾸어달라 할 용기도, 땅을 좀 빌려달라 할 용기도 잃은 채 계속 주저앉아 있을 수만은 없었다. 가정이 어려울 때 부모님, 형님들을 제치고 항상 내가 앞에 나서서 그 어려움을 헤쳐나갔는데도 그때는 정말 앞이 막막하고 어떻게 해야 할지 난감했다.

그러나 아버님께서 젊었을 적부터 해보았던 노지수박이라도 좀 심어볼까 하고 읍내 사람의 땅 400평 정도를 빌려놓은 게 있었다. 나는 그 사람을 찾아가 사정 얘기를 하고는 땅 1200평을 다행히 임대할 수가 있었다.

땅은 빌렸지만 농사비용과 우선 먹고 살 식량 정도는 있어야겠기에 이웃 부락에 사는 선배를 찾아가 단도직입적으로 솔직히 얘기를 해보았다. '물질적인 면에서 당신이 나를 신용할 수는 없을 것이다. 그러나 내가 이제 막다른 길에서 죽어도 실패해서는 안된다는 긴박한 상황에 처해 있다. 내가 이 현실을 이겨내리라는 것을 믿어달라. 그리고 지금까지 내가 불성실하게 산 적은 없다. 또 내가 남에게 피해를 준 적도 없다. 그러한 나를 믿고 한번 벼 10섬만 빌려달라'고 하였다. 말을 듣고는 그렇게 하자고 하여 일년 50%의 현물이자로 계산하여 이듬해 가을 15섬을 주기로 차용

증을 썼다. 나의 장인의 보증을 받아오라 하여 창피했지만 보증
을 받아다 주었더니 벼 10섬을 내주었다. 벼 10섬을 판 돈이 6만
원이었다.

그 돈으로 다시 농사를 시작했다. 우선 빌린 땅에 채소를 심으
려고 삽으로 파보니 돌멩이가 꽉 차 있어 반 삽도 들어가지 않았
다. 도저히 작물이 될 것 같지는 않았지만 땅을 빌려준 것만도
고마워 아내와 나는 아침 일찍 나가 하루종일 돌멩이를 주어 지
게로 져다 버렸다. 좀 과장해서 말하면 손으로 주어다 버린 돌이
작은 산더미를 이룰 정도였다.

비닐하우스를 지을 형편도 못 되어 무와 배추·호박 등을 온상
에서 묘만 길러 노지에 옮겨 심는 노지재배를 할 수밖에 없었다.
그래도 다른 노지재배보다 열흘 이상 일찍 출하할 수 있게 연구
를 했다. 온상에 양열물을 충분히 넣고 육묘(育苗)거리를 넓게
잡아 대묘정식(大苗定植)을 한 것이다. 육묘기간 중 저온을 받으
면 화아분화(花芽分化)되어 결구(結球)를 하기 전에 꽃이 피는
무·배추의 특성을 감안하여 최저기온이 10도 이하로 내려가지
않도록 거적을 이중삼중으로 두껍게 덮어 보온에 힘썼다. 화아분
화 전에 일정한 엽수를 확보만 하면 그 이후에는 화아분화를 해
도 일단 결구는 하고 속에서 장다리가 트고 나오니 육묘기 보온
은 철저히해야 했다.

하우스도 없는 노지온상에서 보온은 그리 쉽지 않았다. 더구나
대묘(大苗)로 키우자니 가식(假植)거리를 훨씬 넓게 해야 하고,
거의 상토(床土)가 한 되 정도 들어가게 신문지를 소주 됫병에
말아 무 포트도 만들고 산더미같이 상토를 만들어놓았다. 그걸
하고 있는 꼴을 남이 보았으면 미련한 곰 같은 짓으로 여겼을 것
이다. 그러나 하우스나 터널을 할 수 없는 형편이니 어쩔 수가
없었다. 보통 적당한 기후조건에서 조생종 무나 배추는 60~70일

이면 속이 차고 알이 드는 법인데 육묘를 50일 이상을 했더니 묘상에서 배추의 속잎이 약간씩 구부러지기 시작하였다. 무 역시 뿌리가 연필 굵기로 커지고 포트가 터지며 알이 차기 시작했다. 그러나 무는 뿌리가 구부러지면 안 되겠기에 정식(定植)할 골을 괭이로 깊이 파야 했다.

그해 겨울부터 봄 내내 아내와 나는 그 일들을 다 해냈다. 허리가 뻐근하고 팔다리가 무거웠으며 얼굴이 붓는 것 같았다. 농삿일을 하지 않고 도시에서 살았던 아내는 날마다 나와 함께 삽질, 괭이질을 하며 나보다 일을 더 잘해냈다.

50일 동안 대묘로 길러 관행 노지 정식보다 약간 일찍 심었던 무·배추는 다른 사람들 것보다 10여 일 정도 일찍 출하할 수가 있었다. 새벽같이 리어카에 싣고 십리쯤 되는 장터에 나가서 직접 소매를 하면 그래도 제법 짭짤하게 팔려나갔다. 벼농사와는 비교가 되지 않는 소득이 생겼다.

주위 사람들이 나에게 차차 관심을 갖게 되면서 칭찬도 했고 자기 논을 빌려줄 터이니 해보라고 하기도 했다. 돈도 빌려줄 사람들이 생겼고 이젠 살 수 있겠다는 확신이 들었다.

봄 수확을 마치고 선배한테 빌린 벼 10섬을 현금으로 갚으려고 했다. 불과 5개월 정도 이용했지만 이자는 50%를 그대로 주고 빌릴 당시의 시중가격으로 갚으려고 하였으나 그는 도무지 받지 않았다. 그래도 수고했다고 하면서 오히려 감사하게 받을 줄 알았으나 선배는 가을에 신곡(새로 나온 벼)으로 주든지 가을에 추곡수매값이 15% 이상은 인상될 것이니 그 가격으로 계산해달라는 것이었다. 그렇게 계산을 해보니 빌린 돈 6만 원이 단 5개월 만에 13만 원 이상이 되었다. 기가 콱 막히고 자리를 벌떡 차고 일어나고 싶을 정도로 화가 치밀어 올랐으나 꾹 참으면서 사정을 했다. 내게 돈이라도 있을 때 형님께 갚으려고 한다, 내가 어려울 때 형님이 도와주었는데 지금 갚지 않고 있다가 써버리면 오히려 형님에게 배은망덕한 꼴이 되니 받아달라고 하였으나 끝끝내 듣지 않았다. 그때는 그 돈으로 입도선매(立稻先買)를 하면 헐값에 사서 돈을 눈덩이처럼 불릴 수도 있었다.

며칠 후 다시 그 선배를 읍내 식당으로 모셔다가 식사와 술을 대접하면서 나를 좀 보아달라고 사정을 했다. 겨우 절충하여 현금 10만 원으로 타결을 보았다. 인간적으로 호형호제하는 사이였지만 물질이 사람의 생각을 좌우한다는 말이 확실히 맞는 것 같았다. 나는 돈을 갚으며 그 형께 감사하다는 말을 몇번이고 되풀이했다. 미운 마음은 없었지만 이 일은 두고두고 기억에서 사라지지 않으며 이 사회의 또 한면을 바라보는 시각을 갖게 해주었다.

새마을의 기수가 되어

채소 재배를 2년 정도 하고 나니 돈도 융통이 잘 되고 땅도 마음대로 빌릴 수 있었다. 나는 부모를 모시면서 중학생 조카를 데리고 있었고, 둘째딸을 낳게 되어 가족도 늘어나 자연히 씀씀이도 커지고 활동 범위도 넓어지기 시작했다. 돈은 꽤 버는 것 같은데도 빚이 조금씩 늘어났다. 그러나 마을 사람들은 내가 꽤 많은 돈을 버는 줄 알고 앞다투어 온상을 만들고 비닐을 씌워 마을 앞은 하얀 들판처럼 되어갔다.

돈 몇푼이라도 벌어야 사람노릇 하고 사는 세상이기에 누가 좀 괜찮다는 말만 나오면 너도나도 따라서들 하였다. 하기야 아무것도 없이 맨몸으로 시작하여 다섯 식구가 먹고 쓰고 살아가고 있으니 남들이 돈을 잘 버는 것으로 여기는 것도 당연했다.

그러던 중 농협 강진군 지부에서 '당신 같은 사람이 자조·자립·협동의 정신으로 농촌 잘살기운동을 하는 새마을 기수다'라고 나를 추켜세우며 새마을전진대회에서 성공사례를 한번 발표해 보라고 하였다. 물론 새마을작목반이라는 것을 구성하고 작목반 지원 특수영농자금이 배정될 것이라고 덧붙였다. 우리끼리 하는 것을 농협이나 행정기관에서 갑자기 지도·지원하는 꼴이 마땅치 않았으나 사채에 의존하던 당시로서는 낮은 이율로 영농자금을 꾸는 것이 가장 시급히 해결해야 할 문제였기에 공채를 얻어 쓸 목적으로 그에 응했다.

성공사례 원고는 농협에서 준 자료를 이용해 썼다. 부지런히 일한 결과 부락이 연간 얼마의 소득을 얻었고 농토 확장은 물론 지붕 개량까지 하게 됐다고 과대 선전을 했다. 그리고 이렇게 된 것은 위대한 대통령 각하께서 주창하시는 새마을정신에 의한 새마을운동의 결과요, 농협·행정기관의 아낌없는 지도에 의한 것이라고 터무니없는 소리들을 늘어놓았다. 군농협의 김계장(현 국회의원)은 원고 검토를 하고 나서 대체로 잘되었지만 몇군데만 표현을 좀 바꾸면 좋겠다고 했으나 나는 거절했다. 그러나 내가 알아서 비위를 맞추는 데 신경을 썼기 때문에 별 수정 없이 통과될 수 있었다.

'강진군 새마을전진대회'의 플래카드가 펄럭이고 벽보들이 나붙었다. 드디어 그날이 다가온 것이다. 강진극장의 높은 단상에 경찰서장·군수를 양쪽에 두고 내가 중앙에 앉았다. 기관장·유지들이 내빈으로 참석하였고 군내의 많은 이장·새마을지도자·독농가·유지들이 자리를 꽉 메웠다.

처음으로 대중 앞에 서본 나로서는 약간 가슴이 두근거리기도 했으나 내가 마치 군수나 서장과 동격이라도 되는 듯한 느낌을 받고 돈 끼호떼와 같은 자가당착에 빠졌다.

그러나 며칠간 외우다시피 연습을 해놓았던 터라 손짓·몸짓을 해가면서 제법 연설가답게 사례를 발표할 수가 있었다. 청중들의

우레와 같은 박수가 터져나왔고 나는 마치 승전의 영웅처럼 손을
흔들어 답례하였다. 지금 돌이켜보면 실로 어처구니없는 연극의
한 장면이었다.

그후로도 군수는 농민들을 모아놓고 말할 때마다 일본의 어느
성농(聖農)과 같은 사람이라고 공개석상에서 나를 추켜세웠다.
나는 더욱 우쭐해져서 더 자주 낙후마을 새마을전진대회, 하계
새마을영농학교에 나가 강의하였다. 이듬해는 농협에서 제정한
새농민상 수상자로 추천까지 받았다.

나는 가만히 있어도 영농 규모가 몇천평인 것으로 문서에 기록
되고 돼지막 같은 우리 집 대신 상당히 큰 처갓집이 우리 집으로
둔갑되어 사진 찍혀갔다. 옆사람들 이목도 두려워 않고 나는 일
신의 줄타기에 여념이 없었다.

제 2 부

민중에 채워진 족쇄를 풀고자

1. 새로운 출발

자기 변혁의 동기

73년 새농민상 수상자로 추천되어 한창 열을 올리고 있을 때였다. 주례를 서주셨던 선생님께서 하루는 "영근이 자네, 농민교육 한번 받아보지. 자네 같은 사람이 꼭 받아봐야 할 교육이야" 하셨다. 선생님은 수녀원 재단의 여고 국어교사로 계셨는데 외국인 여교장이 한국인을 미개한 사람으로 여기고 개화시켜야 한다는 의식을 지닌데다 인종차별 대우를 하여 불만을 품고 있다가 결국 학교를 그만두고 농사를 짓고 계셨다. 성품이 곧고 깨끗하여 내가 항상 존경하던 분이셨다. 나는 새마을 기술교육이나 돈벌이 교육인 줄 알고 추천장을 받아 교육에 참가하게 되었다.

그러나 교육의 내용은 내가 생각했던 것과는 전혀 딴판이었다. 농민문제란 무엇인가, 농민은 왜 못살고 천대받는가, 앞으로 어떻게 해야 할 것인가 하는 문제들을 거의 토론을 통해서 풀어나갔다. 나는 이 교육을 받으며 농민문제를 개인의 입장이 아니라 농민이라는 전체집단의 입장에서 보아야 한다는 생각을 갖게 되었다.

물론 게으르고 머리가 나쁘다, 농산물 가격이 싸고 불리한 조건들이 많다는 등의 얘기도 나왔지만 결론은 농민의 조직적 역량

(힘)이 부족하기 때문에 정치적으로도 불리한 조건들이 많을 수밖에 없고 그래서 경제적으로 가난하여 사회적으로도 무시·천시당한다는 것이었다. 따라서 모든 불리한 조건과 족쇄들을 풀기 위해서는 무엇보다도 조직력을 강화해야 한다는 것이었다.

나는 이 교육을 통해서 결국 농민문제는 기술노동을 최대한으로 투입하고 골목길을 포장한다거나 환경을 개선한다고 해서 해결되는 것이 아니라 인간다운 대접을 받기 위한 정치적 투쟁을 통해서만 해결된다는 것을 깨닫게 되었다. 내가 생각하는 정치적 투쟁이란 국회의원이 되고 선거를 치르고 하는 것보다는 농민을 옭아매고 있는 모든 제도적 장치와 맞서 정치적·사회적 변혁을 꾀하는 광범위한 정치활동을 의미하는 것이었다.

이렇게 해서 나는 농민운동에 뛰어들게 되었고 이후 20여 년 동안 민중해방의 길목에서 서성이게 되었다.

내딛는 첫걸음

농민교육을 받고 나서 나는 내가 살아온 발자취를 뒤돌아보면서 내 삶에 대한 반성과 평가의 기회를 갖게 되었다. 나만의 이익을 위하여 했던 모든 일…… 그중에서도 내가 잘난 척 날뛰면서 새마을 성공사례라는 것을 발표하여 얼토당토 않은 감언이설로 농민의 현실을 왜곡하고 문제의식을 흐리게 만들었던 일을 생각하면 나 자신이 저주스럽고 괴로웠다. 그러나 막상 무엇을 어떻게 해야 할지 막막하기만 했다.

그러던 중 우연히 그해 보리농사의 경비를 산출해볼 기회가 있었다. 과연 수지가 맞는가 맞지 않는가 점검하는 것이었다. 보리농사 한 마지기(200평)에 들어간 퇴비 15짐 값, 기비(基肥)용 복합비료 1부대 값, 추비(追肥)로 들어간 요소 1부대 값, 경운비, 종자대, 파종노력비, 복토 노임, 수확탈곡비, 조제 포장비, 제초 제값, 농약비, 임대료 등 실제로 들어간 비용만을 계산한 뒤 수확량을 산출해보았다. 그러나 수확량은 개인별로 다소 차이가 있어서, 신빙성이 있다는 통계사무소의 강진군 보리 수확량 평균치를 가지고 2등값으로 쳐서, 수지 타산을 해보았다. 그 결과 한 마지기에서 8000원씩이나 적자를 보고 있었다. 그저 땅을 놀려서는 안된다는 심정으로 수지야 맞든 안 맞든 곡식을 심어야 한다고 여겨온 내가 시장경제의 질서에 얼마나 뒤떨어졌는가를 알 수 있었다.

그러나 생산의 당사자인 농민이 자기가 생산한 농산물에 대해서 싸든 비싸든 가격을 결정할 아무런 권한도 없는 것은 그때나 지금이나 마찬가지다. 마치 자기의 목숨을 남에게 죽이든지 살리든지 알아서 하라는 식이다.

이래서는 안되겠다 싶어 정부에 호소문이라도 보내기로 결심하였다. 호소문에는 우선 보리 생산비와 수확량(소득액)을 비교하여 수지계산서를 만들어 넣었다. 그리고 정부의 농업정책이 식량 자급을 달성하고 농가소득을 높이는 데 있고 새마을운동의 목표 역시 잘살기 위한 것이라면 수지 타산이 맞아야지 그렇지 않고서 농민들이 어떻게 잘살 수 있겠는가, 기술지도도 중요하지만 생산비가 정책적으로 책임있게 보장될 때 농민은 산꼭대기라도 물을 끌어올려 쌀을 생산할 것이고 저습답에도 배수시설을 갖추어 보리를 심어 식량자급을 달성할 것이다, 또한 수지맞는 농업, 윤택한 농촌이 돼야 공산품의 구매력도 높아져 농업과 공업이 상호 안정되고 균형있는 발전을 이룩할 수 있을 것이라는 요지의 호소문을 만들었다. (나는 애석하게도 이 자료를 비롯한 많은 문건을 농민운동 탄압 때 소각해버리는 우를 범하여 여기에 소개하지 못함을 독자들에게 송구스럽게 생각한다.)

호소문을 쓰고 나서 나 혼자의 의견은 별로 설득력이 없을 것 같고 많은 사람의 서명을 받아 제출하면 그래도 좀 반응이 있으리라 여겨져 서명작업에 들어갔다. 지금은 흔하지만 그때는 신사용 자전거도 한대 없어 짐을 싣고 시장에 다니는 무거운 운반용 자전거를 타고 산골짝 오르막길을 비비고 올라가면 온몸이 땀으로 목욕한 듯 흠뻑 젖었다.

어느 마을이나 대개 부락의 정자나무 그늘에는 사람들이 모여 있기 마련이다. 나는 이런 사람들을 만나 보리값 문제를 얘기하고 함께 계산을 해보면서 농민의 정치·경제·사회적 문제를 우리 스스로 해결하는 데 앞장서자고 호소하였다. 대개는 음료수라도 한잔씩 사주면서 "잘하는 일이다", "자네 같은 사람이 있어야 농촌이 산다"는 격려와 칭찬을 아끼지 않으며 호소문에 도장을 꼭꼭 찍어주었다.

과연 농민들은 똑같은 생각을 갖고 있었다. 초록은 동색이다, 농민은 다 같은 동지다라는 생각을 하면 감격스럽고 그까짓 고통쯤 충분히 잊어버릴 수 있었다. 마을마다 돌아다니면서 5일 만에 300여 명의 서명을 받을 수 있었다.

그런데 나는 정치적으로 여야의 어떤 쪽에도 서지 않은 입장이었고, 그 일을 농민 이외의 어떤 정치인이나 지식인 들이 자기 일로 여기고 해결해주리라고는 믿지 않았다. 그리고 정치적으로 위험한 일을 하는 것도, 또 못할 짓을 하는 것도 아니었기 때문에 정부에서도 긍정적으로 검토해줄 것이라는 순진한 생각을 가지고 있었다.

그러나 뜻하지 않게도 읍장 주재하의 이장·새마을지도자 연석회의에서 정보경찰이 직접 나와 '보리값 생산비보장 서명운동을 한다는데 불순세력이 개입되어 있을 수가 있다. 순수하게 농민을 위한 것처럼 하지만 반국가적 음모가 있을 것이다. 이장·새마을지도자는 이런 일을 방지해야 할 것인데도 함께 서명을 하다니

경거망동이다. 주의하라'는 명령조의 훈시를 했다고 한다.

아닌게아니라 그동안 나를 칭찬하고 격려해주었던 이장·새마을지도자·유지들이 찾아와 서명부에서 자기 이름을 삭제해달라고 했다. 모대학 법대를 나와 사법고시에 몇번이나 응시했던 이 (부산에서 고향으로 돌아왔을 때 벼 10섬을 꾸어준 이)조차 자기 이름을 지워달라고 해서 과연 법이라는 게 무엇이고 법 공부를 하면 무엇을 알게 되는가 하고 놀라지 않을 수 없었다.

나는 그분들을 설득하거나 따돌리는 방법을 쓸 수밖에 없었다. 그러나 그것은 서명을 받기보다 훨씬 힘들고 고통스런 일이었다. 농협에서는 그런 일을 하려면 새농민상 수상 심사나 끝난 다음에 하라고 권했으나 나는 "이 일은 나보다 농협이 앞장서서 해야 할 일이 아닌가, 당연하게 해야 할 일을 못하도록 방해하면 되겠는가, 이제 상도 포기하겠다"고 했다. 당당하게 대응을 하고 나니 갑옷을 벗어버린 것처럼 마음이 홀가분해졌다.

며칠 뒤 어느 날, 정보과 형사가 찾아와서는 서명운동 내부에 "불순세력이 끼여 있을 수 있는데, 당신이 책임질 수 있는가" 하고 추궁했다. 나는 내가 하는 일이 보리값을 좀더 올려달라고 사정조로 호소하는 것이지 무슨 불순세력 끼이라고 하는 일이냐, 내가 책임을 지고 안 지고 할 의무가 있느냐, 단 건의서의 내용에 법적인 책임을 져야 할 부분이 있다면 그것은 책임지겠다고 답변했더니 아무 말도 못하고 그냥 가버렸다.

그러나 다음날 또 찾아와 "당신이 서명을 받고 있는 사실이 북한의 방송이나 신문에 보도될 수도 있다. 그렇게 되면 반국가적 행위가 된다. 책임질 수 있는가" 하고 겁을 주었다. "내가 뭣 때문에 북한 방송이나 신문에 나오게 하겠는가. 물건 만든 사람이 물건을 팔 때 한푼이라도 더 받으려고 하는 것은 당연한 일인데, 만약 그런 방송이 나온다면 그것이 왜 내 책임인가? 오히려 제값을 주지 않은 정부에 책임이 있지 않은가?"라고 맞섰다.

처음 당하는 일이라 약간 떨리기도 했지만 죄가 될 것이 없어 침착하게 대답했다. 결국 문제는 되지 않았지만 부락 사람들은 '경찰이 나한테 와서 이래저래 했다네' 하고 수근거리면서 겁 먹는 표정들이었다. 경찰로서는 이런 심리적인 효과를 노렸는지도 모른다.

70년대 초창기의 농민운동은 이처럼 작은 일까지도 막무가내로 탄압을 받았다. 그럼에도 불구하고 나는 국회와 정부의 해당부처, 각 대학의 연구소, 몇몇 민간 농민단체 등 10여 군데다 서명부를 첨부하여 호소문을 발송하였다.

당시 『농촌근대화』라는 민간 잡지에 그래도 건의서의 내용이 실렸는데, 정부의 답변은 "귀하의 뜻은 참작하겠으나 현재 정부에서 일반물가를 감안하여 적정가격으로 수매가를 결정하였으니 양지하시기 바람"이라는 간단한 회신뿐이었다. 차라리 당신의 건의서 내용 중 이런 부분은 틀렸다든지 계산이 맞지 않다든지 하는 답변이라도 있었다면 그래도 이해는 되었을 것이다.

그후 나는 집회 시위를 할 때마다 "건설적인 차원에서 건의를 해야지 이렇게 사회가 소란스럽게 투쟁적으로 하면 되는가?"라는 말을 들으며 "양지하시기 바람"이라는 답변이 선한 양의 가죽을 쓴 간교로운 여우의 홀림수임을 알게 되었다.

건의라는 말 자체가 건의를 받는 사람의 입장에서 보면 해주든지 말든지 알아서 하라는 소극적인 의미밖에는 되지 않는다. 나는 이 일을 겪고 나서 부당한 문제에 대한 우리의 요구가 권력에 의해 묵살될 때 사회적으로 여론을 환기하여 사회·정치적 힘으로 해결해야 한다고 생각하게 되었다.

나는 그때 서명에 동참해주고 노력을 아끼지 않은 분들에게 기대만큼의 만족할 만한 성과를 안겨주지 못한 것은 사실이다. 그러나 그 서명운동을 통해서 우리 사회의 모순과 실체를 서서히 알기 시작했고 그때 많은 사람들과의 만남과 대화는 그후 농민운동의 정지작업이 될 수 있었다고 자위도 해본다.

근로협동반 조직

70년대만 해도 마을회의에서 자기 마을의 농업노동에 대한 품삯을 결정하는 관행이 있었다. 마을이라는 지역집단은 내부에 재난이나 불행한 일이 일어나면 함께 해결하고 극복하는 지역협동의 생활공동체이다. 이웃 사람의 죽음을 같이 슬퍼하며 초상을 치르고 화재가 나면 조건 없이 물동이를 들고 나간다. 물사태가 나면 누가 시키지 않아도 가마니며 삽과 쇠스랑을 챙겨들고 나간다. 그러지 않고는 지역이 온전할 수가 없기 때문이다.

그러나 대농과 중농, 소농, 소작농, 농업노동자의 이해관계는 미묘한 대립이 있을 수밖에 없다. 그중에서도 임금을 주고받는 관계가 가장 큰 문제이다. 대농은 타인의 노동에 의존해야 하기 때문에 임금이 싸기를 바랄 수밖에 없고 중농은 사실 별 이해가 없다. 그러나 남는 시간에는 품을 팔아서 생활비를 보태야 하는 소농 이하 농업노동자는 임금을 많이 받아야만 한다.

한 마을에서 임금을 결정하여 협약을 체결할 필요가 있을 때 가장 존중되어야 할 원칙이 있다. 그것은 대다수의 일하는 사람이 자기 노동력의 값(품삯)을 얼마라고 제시하는 것이다. 그러나 이때 턱없이 높은 품삯을 요구할 수도 있으므로 상호 이해하고 공존할 수 있도록 적정 수준에서 조정할 필요가 있다. 중요한 것은 100원이 되었든 1000원이 되었든 노동력을 파는 일꾼들의 의사가 반영되는 것이다.

그러나 그때 우리 마을의 가난한 사람들은 이미 겨울부터 부잣집에 가서 식량을 꾸어다 먹거나 노동력을 제공할 것을 전제로 돈을 빌려다 쓰는 처지에 있었다. 그런데 마을회의에서 만약 품값을 많이 올리자는 주장을 하면 배고프다고 해서 도와주니까 배은망덕하다고 대농의 미움을 살까 두렵고 못할 짓을 하는 것만 같아 심리적 부담도 갖게 된다.

그래서 누구도 품삯을 얼마로 하자고 제안하는 사람이 없고 그러다 보면 결국 대농들이 숙의하여 금년 품삯은 600원 정도면 된다든지 800원이면 적당할 것이라든지 하고 동의를 구하게 된다. 그러면 으레 일하는 사람들은 "우리가 무슨 품삯 보고 일하는가. 부락 일을 처리하기 위해 하는 것이지" 하고 논의를 종결해버리기 일쑤였다. 그러나 이 말에는 "살려니까 어쩔 수 없다"는 의미도 있으나 한편으로는 좋든 싫든 할 수 없다는 뜻도 담겨 있다.

그때는 땅 없고 가난하다는 것이 불만스럽지만 자기 강제를 당해야 하는 원인이 될 수밖에 없었다. 만약 대농에게 미움이라도 사면 보리끌(벼농사 이후의 보리 농사를 노동력 지대로 짓는 소작의 형태)도 얻지 못할 수가 있었다. 그렇지만 노동은 반드시 그 대가인 삯을 보고 하게 마련이다. 그래서 농번기가 되면 삯을 조금 더 주는 이웃 부락으로 일을 나가버린다('친한 관계'라든지, '사전 약속' 때문이라고 궁색한 변명을 하면서). 노동력의 대가를 제대로 받지 못해 부락 일에 최선을 다하지 못하는 결과가 빚어지는 것이었다.

아무튼 지금은 약간 바뀌었지만 그때는 대농이 거의 일방적으로 부락을 이끌어나갔다. 나는 대농 중심의 부락 회의와 운영들을 보면서 '부락은 하나의 소국가이다, 부락이 민주화되지 않고서는 나라도 민주화될 수 없다'는 생각을 갖게 되었다.

그런데 똑똑한 사람이라도 부락의 임금결정, 경비나 잡부금의 할당방법, 노역부담 등에 대해서 강력히 이의를 제기하면 '협동심이 없는 사람', '자기 이익만 생각하는 사람', '아무것도 모르면

서 말썽만 많은 사람' 등등의 낙인이 찍히게 된다. 그러면 심정
적으로 뜻을 함께했던 사람들조차 "아이쿠, 내민 돌이 정 맞는
법인데 가만히 있는 것이 좋지"하고 침묵이 미덕이라는 생각을
갖게 된다.

그래서 소농들이 조직을 만들어 누가 문제를 제기하든지 공동
으로 함께 관철하려 해야 하고 어떤 개인이 경제적 약자라고 부
당한 억압을 당했을 때는 공동대응하는 조직적 단결력만이 부락
민주주의를 이룩하는 방법이라고 생각했다.

그래서 나는 개별적으로 소농들을 찾아다니며 이런 문제들을
놓고 얘기를 함께 나누기 시작하여 모임을 자주 갖게 되었다. 그
랬더니 소농들끼리는 못할 말이 없었다. 대농들 앞에서 듣기 좋
으라 하는 말은 없어지고 그야말로 한 맺힌 사연들이 터져나오기
시작했다. 장시간의 토론 끝에 장전리 근로협동반이라는 것을 만
들기로 합의했다. 일종의 경제적·정치적인 권리를 행사하는 노
동조합 비슷한 것이었다.

곧바로 정관이 만들어졌다. 주된 요지는 첫째로, 우리의 오랜
가난을 벗어나기 위하여 내핍절약의 정신으로 저축생활을 한다.
매월 또는 수시로 기금 또는 저금을 통하여 서로 어려움이 생길
때 저리로 이용할 수 있는 자금을 마련한다. 둘째로, 모든 농업
노동에 대한 요청에 개인적으로 임할 수 없고 본반에 요청해야
하고 본반은 부락의 전반적인 일을 최대한 신속히 처리할 수 있
도록 노동력을 배정한다. 셋째로, 개인간의 임금교섭을 일체 금
한다. 넷째로, 농한기 유휴노동력을 이용하여 소득사업을 전개한
다(파묘 破墓 자리에 수박을 심기로 함). 다섯째, 부락의 중요한
일은 사전 협의하여 안을 제출하고 관철되도록 함께 행동한다.
기타 조직의 구조, 상벌규칙까지 정했다.

처음으로 당한 경찰서 연행

근로협동반을 조직한 다음날 아침이었다. 우리 집 마당에 느닷없이 검은 지프차가 들어섰다. 정보과 형사 두 사람이 들이닥쳐 다짜고짜 차에 타라고 하였다. 나는 가슴이 덜컹 했으나 내가 무슨 죄가 있을까…… 어제 저녁 근로협동반을 조직한 것이 떠올라 경찰서에 가서 족치면 답변할 궁리를 했다.

동네 사람들은 집에서 내다보고 영근이가 잡혀 간다고 하면서도 나와보지를 못했다. 상황을 엿보기 위해 나온 사람들도 모르는 척 동정만 살피는 눈치였다.

정보과 사무실로 들어서자 다짜고짜 "당신이 장영근이야. 당신이 빈민조합을 만들었다는데 무슨 목적으로 만들었어?" 하고 다그치기 시작했다. 가슴이 두근거렸으나 침착해지려고 애를 썼다. 나는 "말을 함부로 하지 마시오. 내가 무슨 죄인이요 뭐요? 남의 말은 들어보지도 않고 왜 반말조로 말하요. 내가 죄가 있으면 바로 넘기면 될 것 아니요" 하고 나서 근로협동반에 대해 설명하였다.

마침 연말이라 불우이웃돕기 캠페인이 한창일 때였다. '요즘 연말을 맞아 대통령도 불우이웃돕기 운동을 제창하고 언론방송도 날마다 불우이웃돕기를 부르짖고 있다. 나는 어려운 내 이웃들을 보면서 내가 경제적으로 도울 수 있는 힘도 없고 돕는다 해보았자 소농들이 잘살 수 있는 것도 아니라고 생각했다. 그래서 같은 처지에 있는 사람들이 함께 잘살 수 있는 방법을 모색하는 것이 내가 할 수 있는 최선이라고 생각했다. 그래서 마을금고와 같은 형태의 자금계 역할을 하고 협업소득사업계획, 그리고 당시 정부 장려의 공동노력반(물론 노동의 가치를 보장하는 것보다는 노동수탈방법이었지만)처럼 부락의 농삿일을 원활히하면서 정당한 임금은 받으려 한 것이다. 나는 이렇게 하면 틀림없이 조금은 잘살 수 있으리라 생각한다. 그래서 바로 이 일이야말로 내가 할 수 있는 불우이웃돕기라고 생각했는데 이것조차 해서는 안되는 것인지 불우이웃돕기를 제창한 대통령에게 내가 질문서를 보내겠다'고 당당히 맞섰다. 내 말에 과장이 기가 조금 꺾인 것 같았다.

과거의 새마을 성공사례 탓인지 어쨌는지 곧바로 사과조로 얘기가 돌아갔다. "장선생님의 평소 뜻을 우리가 모르는 바가 아닙니다. 그야말로 좋은 뜻입니다. 그러나 아무리 좋은 뜻이라도 부락에서 고발이 들어올 정도로 부락의 합의 없이 하는 것은 총화의 정신에 어긋납니다" 하고 달래었다.

기가 막혔다. 부락 사람이 고발을 했다면 바로 우리 내부에 반민주적·반농민적(반민중적) 사람이 있다는 말이다. 생각해보니 대략 짐작가는 사람이 있었으나 경찰도 이름을 밝히지 않았고, 결국 고발은 없었던 것으로 했다.

그날 저녁 늦게 돌아와 나는 건재하다는 것을 알리기 위해 부락을 한 바퀴 삥 돌았다. 그러고는 다시 회의를 소집했다. 그러나 겨우 서너 사람만 나왔고 그들 역시 내가 아무개 논을 부치고 있는데 논을 내놓으라고 한다면서 난색을 표시했다. 일종의 금력과 권력이 결탁하여 양면으로 협공 탄압하는 우리나라의 정치행태를 보는 것 같았다.

나는 대농까지도 한 국가 안에서 본다면 다같은 빈민으로 민중과 동일선상에 있다고 보았고 지금도 그렇게 보고 있다. 그러나 어떤 구체적인 일에 부딪힐 때는 반드시 이해관계의 대립이 나타난다는 것을 알았다.

2. 강제출자거부운동

전국의 모든 농협에서 벼 수매 한 가마에 출자금을 300원, 비료 한 포대 사는 데 출자금을 100원씩 떼었고, 어떤 조합에서는 벼 한 가마에 500원 혹은 200원을 떼기도 했다. 아무튼 전국적으로 추곡수매대금에서 출자금을 떼고 비료를 사러 가면 출자금을 보태어 받는 이른바 강제출자 거출이 시작되었다.

왜 그렇게 강제로 떼야 하는지, 주어야 하는지 안 주어도 되는 것인지 알지도 못한 채 낮눈 못 보는 올빼미 × 견디듯 견뎌야 했다.

전국 도처에서 강제출자거부운동이 일어났다. 우리 강진에서도 일단 농민들이 알아야 싸움이 될 것이라는 생각으로 농협에 대한 부락 단위의 사랑방 교육을 실시하였다.

교육의 효과는 상당히 나타났지만 싸움으로 연결되지는 않았다. 역시 농협 강제출자를 "거부하자"는 구호 한마디로는 사람들을 행동으로 나서게 할 수 없었다. 조직으로 묶여야 책임의식이 생길 것 같았다. 농민회가 있는 부락은 싸우지만 농민회가 없는 부락 사람들은 어떻게 해야 할지 몰랐다. 그저 구경만 하면서 마음속으로 손뼉을 치며 농민회가 통쾌하게 이겨 그 대가가 자기에게도 돌아오기만을 바라고 있었다. 속으로는 농민회 편이면서도 겉으로는 아닌 척했다.

그래서 문제의 해결방법을 부락민 자신들이 찾아야 한다고 생각했다. 내가 아무리 강의를 잘해도 '저렇게 잘 아는 사람이 나서서 좀 해결해주었으면' 하는 생각을 심어주게 되면 안되겠다고 여겼다.

우선 마을에서 올바른 생각을 가졌거나 강제출자에 대해 불만을 가진 사람들을 모아 농협이 어떻게 하면 농민들이 잘살 수 있겠는가에 대해 토론을 벌여보았다. 그런데 토론은 주제에 어긋나게 불만만 털어놓거나 삼천포로 빠지기가 일쑤였다. 그도 그럴 것이 농민들이 언제 민주적인 회의를 해본 적이 있는가. 지도자는 이런 때 가만히 길 안내를 하는 것이 임무인 것이다. 서툴고 어려운 토론이었지만 강제출자를 거부하자는 데로 의견이 모아졌다. 그런데 어떤 방법으로 할 것인지가 중요했다. 어떤 용감한 쥐 한 마리가 고양이 목에 방울을 달 것인가? 수백 마리의 쥐가 한꺼번에 고양이에게 달려들어 물어버리면 된다는 말이 나오자, 누군가 점잖게 고양이는 쥐한테 한번만 물리면 살지 못하는 법이라는 이치도 말했다. 사실인지 아닌지는 몰라도 힘을 얻는 데 좋은 말이었다.

방법은 이러했다. 일체의 개인행동은 하지 않는다. 출자금을 떼면 수매대금 수령을 거부한다. 수매당국은 정부이니 군수에게 가서 추곡수매대금을 달라고 요구한다.

사실 추곡수매대금은 정부에서 주는 것이지 농협에서 주는 것이 아니다. 농협은 수매대금 지불을 위촉받은 것일 뿐, 출자금을 안 낸다고 수매대금을 지불하지 않을 권리가 있는 것은 아니다.

드디어 공판날이 왔다.

마을 사람들은 수매증을 받고도 다른 사람들의 검사가 끝날 때까지 기다렸다 한데 모였다. 서로 가만가만 연락들을 하면서 수매대금을 찾는 창구 앞으로 줄을 섰다.

맨 앞에 선 김씨가 돈을 받고는 세어보았다. 그리고 돈을 내주는 농협 직원에게 "돈이 부족하다"고 했다.

직원이 다시 세어보고는 "맞지 않느냐"고 하자 시치미를 떼고는 벼 20가마 값이 ○○원인데 부족하지 않느냐고 하자, 직원은 "아, 그 돈에서 출자금을 생각하지 않으셨군요. 출자금 6000원을 떼면 딱 맞지 않습니까" 하고 웃었다.

김씨는 다시 모른 척하면서 "출자금! 무슨 출자금? 나는 모르는 일인데" 하자 직원은 "아, 출자금은 다 떼게 되어 있는데 아직 잘 모르시는군요" 했다.

김씨는 속으로 하, 요놈 봐라. 모르기는 ×을 몰라 하면서 여유있게 나갔다.

"그런가. 그러면 출자금을 안 내면 수매대금을 안 주게 되어 있는가?"

"그럼요, 내줄 수가 없지요."

그러자 김씨는 "그럼, 나 돈 안 찾아갈라네" 하고 나와버렸다. 그 다음 사람도 역시 돈을 내주자 세어보고는 그대로 나와버렸다. 세번째로 나선 박씨는 돈을 세어보더니, 돈뭉치를 집어던지 다시피 하면서 따지기 시작했다.

"먹으려면 아주 송두리째 씹어 먹어버려라. 뭣이 어쩌고 어째 이 자식. 정부에서 수매하고 정부에서 내주는 돈을 네놈 맘대로 내주고 안 내주고 해. 이런 건방진 놈의 새끼가 있는가 여."

이렇게 소리를 지르자 직원도 안 지려고 "다른 사람들은 다 아무 불만 없이 잘 내는데 장전 사람들은 뭣이 어쨌다고 불만만 많고 이러느냐"고 하면서 "에이, 더러워서 못 해먹겠다"고 했다.

그러자 뒤에 줄을 서 있던 마을 사람들이 모두 앞으로 나오면서 삿대질을 하고 욕을 해대기 시작했다.

"야, 이놈의 새끼야. 네가 뭣인데 돈을 내주고 안 내주고 해."

"저런 나쁜 놈의 새끼, 제가 수매대금을 안 줘."

"요놈의 새끼, 배아지가 따땃한께 못 해먹겠어?"

"언제 우리가 네놈보고 그 일 하라고 하드냐."

"하이, 이 자식이 우리 위해서 일한 것처럼 말하네."

"지 에미 애비가 등골 빠지게 일해가지고 공부시켜논께 저 따위 버릇 배웠는가배."

"오히려 우리가 더러워서 공판 못 해먹겠다."

"도둑놈의 새끼들, 농민 등골 빼먹고 사는 놈들."

말들이 거칠어지고 오만 욕이 다 나왔다. 다른 동네 사람들은 뒤에서 불만들을 늘어놓으면서도 앞에는 나서지 못하였다. 사전에 두 부락 사람들이 행동을 같이 하자고 약속하고 나왔지만 다른 부락 사람들은 조직적인 훈련을 못했던지 일사불란한 행동을 하지 못하고 뒤에서 불만만 터뜨리고 있었다. 조직훈련이라는 것이 얼마나 중요한가를 알 수 있었다.

결국 누군가가 "자, 우리가 이러고 있을 것이 아니라 군수한테 직접 가서 돈을 달라고 합시다. 우리가 정부에다 나락을 주었제 언제 조합에다 주었습니까. 그러니 나락값을 정부한테 직접 받으면 될 것 아닙니까" 하고 소리질렀다. 그러자 모두 "그럽시다" 하면서 군청으로 몰려가려고 모여, 빠진 사람이 없는가를 확인하고 있었다.

그때 마침 수매장을 둘러보러 왔는지는 모르지만 조합장이 급히 택시에서 내렸다. 조합장은 침착하게 "장전 분들이 왜 이러시는고" 하면서 미소를 띄웠다.

부락 사람들은 조합장을 앞에 놓고 따지기 시작했다. 조합장은 장전부락 사람들만 별도로 저쪽에서 만나자고 하였다. 유연한 성격의 조합장은 그때그때 상황판단을 썩 잘하는 편이었고 별로 모가 나지 않아 조합원들로부터 그렇게 나쁜 평은 듣지 않는 사람이었다.

조합장은 재정자립을 위해서 불가피하게 전국적으로 출자하지 않고는 조합 자산을 확보할 수 없다는 얘기와 장전부락은 자진 출자해주리라 믿고 수매대금에서 출자금을 공제하지 않겠다고 했다. 그러고는 직원을 불러 전액을 다 지불토록 하였다. 어떤 사람은 수매장에서 공개사과를 시키고 다시는 이런 강제출자를 하지 않겠다는 각서라도 받아내야 한다고 했고, 어떤 사람은 우리 마을이 나서서 가만히 보고만 있는 다른 부락 사람들 것까지 다 해결해주고 나면 항상 그 마을은 체면만 지키고 눈치만 보다가 말 테니 싸워야 찾는다는 것을 보여줘야 한다며 우리가 해결사가 되어서는 안된다고도 하였다. 그런데 강제출자를 중단한다는 조합장의 각서를 받아내기에는 현실적으로 우리의 역량이 모자란다는 의견이 다수였다. 그렇게 일이 쉽게 해결되리라고는 생각지 못했고 또 각서 문제까지는 미리 논의해보지 못한 상태여서 그날은 수매대금을 수령하는 것으로 끝내었다.

그러나 조합은 또 작전을 바꾸었다. 다음 공판부터는 공판장에서 직접 수매대금을 주지 않고 전표만 내주면서 아무때나 조합 사무실에 가서 찾아가라고 하였다. 이렇게 되자 돈이 급히 필요한 사람들은 수시로 한두 사람씩 조합 사무실에 들러 돈을 찾아다 썼다. 그들은 출자금을 떼이면서도 개별적으로는 싸울 용기가 나지 않았던 모양이다. 그러니 또 강제출자를 당할 수밖에 없었다.

그러고는 부락에 와서 항의를 했다.

"아무리 해보았자 소용없고 사무실에 가니까 또 떼더라."

그렇게 된 것은 우리 자신들의 책임이지만, 운동하는 사람들에게 좀 똑똑히 해보라는 채찍질의 의미가 있었을 것이다. 다시 회의를 소집했다. 그때까지 돈을 찾지 않은 사람은 내일 한꺼번에 사무실로 가서 출자금 없이 찾자고 하였다.

미리 계획한 대로 그날은 일부러 다 떨어진 허술한 일복들을 입고 머리도 빗지 않은 채 어떤 사람은 한쪽에는 장화를 다른 쪽에는 고무신을 신고 조합 사무실로 몰려갔다. 부락별로 돈을 내주고 있었는데 출자금을 떼려고 하였다. 그때는 경험도 있고 해서 겁날 것이 없었다. 욕을 하고 대드는 사람, 좋은 말로 하자는 사람, 좋은 말로는 안 된다는 사람 등 자유롭게 말들을 하면서 사무실 바닥에 발을 탕탕 구르기도 하고 침을 탁탁 뱉기도 하고 괜히 천장 쪽을 쳐다보면서 "도둑놈의 새끼들" 등등의 별의별 말을 다했다.

이렇게 느닷없이 당하자 점잖은 척하던 부장들은 듣기가 거북했던지 살며시 뒷문으로 나가버리는 사람도 있었고 누가 옆에서 대꾸라도 한마디 했다가는 열마디 스무마디의 욕을 듣고 항의를 받았다.

역시 조합장은 유연하고 침착했다. 그는 오히려 미소를 띠우면서 태연스럽게 장전리는 자진출자가 되어 있는데 직원이 잘 모르고 그런 모양이라고 하면서 밖에서 이럴 것이 아니라 조합장실로 모두 들어오라고 하였다. 조합장은 따뜻한 차 한잔씩 대접하고는 "장전리는 수매대금에서 출자금을 공제하지 않을 터이니 부락에서 상의하여 어느정도 자진출자를 좀 해달라"고 했다. 우리는 "농협이 농민 편에 서서 일을 잘한다고 생각하면 언제든지 우리가 솔선해서 자진출자의 시범을 보이겠다"는 약속을 해주었다.

그후로도 비료출자 때문에 개별싸움을 많이 했다. 출자금 안 내면 비료 안 준다는 규정이 있는가. 비료를 안 주면 농사짓지 말라는 말이다. 군청에 가서 미식지(유휴지)가 나와도 우리 책임은 아니니 미식지가 나와도 알아서 하라고 했다.

우리는 비료를 한꺼번에 사러 갈 일이 별로 없어 개별투쟁을

했었으나 함평 등지에서는 비료 구입을 공동으로 하면서 집단투
쟁을 하기도 하였다. 이 불법적인 강제출자는 농민들의 전국적인
저항에 부딪혀 중단되었다. 별로 많지 않은 농민들이 합친 힘이
었지만 강제출자 문제를 해결할 수가 있었다. 농민이 뭉치기만
하면 못할 일이 없을 것 같았다. 그래 농민이 뭉치면 농민이 살
고 농민이 흩어지면 농민이 죽는다. 민중이 뭉치면 주인이 되고
민중이 흩어지면 노예가 된다.

맞다 맞어 이승만씨의 그 명언이……

3. 관의 횡포, 관료주의의 청산을 위해

민주주의의 적 관료주의

우리는 오랜 세월 동안 관존민비 즉 관리는 높고 민은 천하다는 윤리를 강요받아왔고 거기에 길들여져왔다. 민이 주인인 민주주의 사회라지만 민중은 주인 노릇 하기는커녕 복종의 질서밖에 아직 모르고 있고 관리는 민의 머슴이라 생각하기는커녕 자기가 민의 위에 서 있다는 생각을 버리지 못하고 있다. 바로 이것이 관료주의 사상이고 이제 청산해야 할 민주주의의 적인 것이다.

나라의 체제를 떠나 어떤 나라든지 먹고 쓰고 사는 문제는 어느정도 해결할 수 있을는지 몰라도 이 주인 노릇을 할 수 있도록은 억지로 가르치지 않는다. 어떤 집단이 정치권력을 장악한다 해도 자기들이 잘못한 일에 대해서 백성들이 들고일어나면 '이현령비현령'격인 법질서라는 말로써 탄압을 하게 되어 있다. 그러나 관의 횡포를 막고 민주주의를 이룩하는 것은 억압받는 민중이 스스로 쟁취하지 않으면 안되는 것이다. 관의 횡포에 맞서 싸우고 관료주의를 청산해가는 민중의 훈련이야말로 진정한 민주주의의 토대를 만들어가는 것이다.

훌륭한 주인 노릇을 하기 위해서는 우선 당당해야 한다. 자기의 이익을 위해서 심부름꾼과 야합을 한다든지 그들의 비위를 맞추려 하는 비굴한 모습을 보여서는 안된다. 심부름꾼이 길을 잘 못 가거나 심부름을 잘못하면 반드시 올바른 길로 가도록 바로잡되 인간적으로는 애정을 가져야 한다. 즉, 공적으로는 엄격하고 사적으로는 따뜻해야 한다. 그리고 사물의 이치를 깨치려고 노력해야 한다. 사물의 이치란 지식만으로 얻어지는 것이 아니다. 세상일을 무심코 보지 않고 깊이 관찰하고 생각하는 데서 나올 수 있는 것이다. 사물을 깊이 관찰해 이치를 깨달으려 하지 않고 의식이 없으면 불의를 보고도 정의라 하고 억압을 보고도 사랑이라 하고 독재를 보고도 민주라 할 수 있는 것이다. 그 반민중·반민주적인 사례들을 들어보고자 한다.

새마을객토사업이라는 미명의 강제노역

우리 마을의 농경지는 자갈이 많고 척박하여 소출이 떨어지는 형편이었다. 1976년 초봄부터 마을 사람들은 자율적으로 "우리가 이러고 있을 것이 아니라 객토라도 조금 해서 땅의 지력을 높여보자"고 의견을 모았다.

그러나 마땅한 취토장이 없었다. 그래서 읍장을 찾아가 우리의 뜻을 얘기하고 적당한 취토장을 하나 선정해줄 것을 부탁했다. 심부름을 시킨 것이다. 읍장은 "아주 좋은 뜻"이라고 하면서 서성리 공동묘지 부근의 움푹한 곳을 한 군데 선정해주었다.

경운기가 있는 집은 경운기를, 그렇지 못한 집은 리어카를 끌고 나왔다. 길도 좋지 않았고 흙도 자갈이 조금씩 섞여 있었지만 자기 논에 깔 흙이라 일일이 돌을 주어내면서 부지런히 흙을 퍼날랐다. 누가 강요하는 것도 아니요 자기 일은 자기가 알아서 하도록 했다.

마을 사람들은 너도나도 부지런히 흙을 실어다 자기 보리밭에 뿌렸다. 그런데 갑자기 군 산업과에서 직원이 한 사람 나와 "아

니 흙을 그렇게 막 논에다 즉시 뿌려버리면 어떻게 합니까" 했
다. 자다가 홍두깨 같은 말에 내가 "아니, 그러면 어떻게 뿌린답
니까" 하고 물었더니 "흙을 가져다가 밭이나 논에 그대로 쌓아놓
았다가 사진을 찍은 다음에 뿌려야지요"라고 했다. 나는 또 "아
니, 우리가 무슨 사진 찍기 위해서 객토하는 겁니까. 농사 잘 되
라고 하는 것인데 보리밭에 흙을 쌓아놓으면 보리가 다 죽어버릴
터인데 뭣 때문에 쌓아놓아요?" 하고 말했다.

우리끼리 우리가 필요해서 객토를 하고 있는데 갑자기 자기 머
리로 하는 것처럼 권위를 부리면서 이래라저래라 하고, 사진이나
찍어 높은 사람에게 잘했다는 실적을 보이려 했다.

부락 사람도 다들 "사진을 찍든지 개×을 하든지 우리가 무슨
상관이여", "즈그놈들이 우리 밥을 먹여주어 옷을 입혀주어, 다
즈그들 낯 낼려고 하는 수작이제" 하는 말들을 하면서 응하지 않
았다. 아마 객토사업 보조금이라는 것이 약간 있었는데 마을 사
람들이 말을 고분고분 듣지 않는다 하여 중단된 모양이었다.

그래서 새마을객토사업 시범을 보이고자 했던 것 같다. 갑자기
국도변에 객토를 한다고 한 부락에 40명씩 출역에 나오라는 지시
가 내려왔다. 우리 마을회의에서는 "반별로 출역을 나가자"는 유
지들의 제안을 그냥 받아들이지 않았다. "우리는 우리 힘으로 우
리 논에다 객토를 하고 있는데 거의 읍내 사람의 논이고 소작이
나 주는 땅이 많은 국도변에 무슨 이유로 나가서 객토를 하느냐"
"헌법정신에도 어긋나는 강제노역이다" "기본권 침해다" "우리가
무슨 노예인가" 하고 저항하였다.

뜻을 같이한 몇몇 사람들이 부락 사람들을 설득하여 어떤 일이
있어도 강제노역에 나가지 말자고 했다. 아무도 나가는 사람이
없으니 관변 유지들도 자기들만 나갈 수가 없었던지 안 나가고
말았다.

어느 부락에나 어용 관변유지가 있기 마련이다. 그 사람들은 "우리 마을이 큰일이야. 이렇게 관에 대하여 무조건 반대만 하니 찍히게 되었고, 이제 부락에 손해가 올 것이다"라고 했으나 "그까짓것 얻어먹으면 무엇을 얼마나 얻어먹을 것인고", "얻어먹을 생각 말고 빼앗기지 않을 생각이나 하자"고 맞섰다.

사실 알고 보면 그 얻어먹을 생각이 우리를 이 모양 이 꼴로 만들고 거지근성을 심어놓았지 않은가. 당연히 줄 것은 주고 안 줄 것은 안 주는 것이지 잘 보이면 주고 잘못 보이면 안 준다는 식으로 사람들을 길들여 지배하고 있는 것이다. 결국 우리 마을은 그 강제노역에 나가지 않았다.

그때는 헌법정신보다 새마을정신이라는 알지도 못할 도깨비 같은 정신이 앞섰던 모양이다. 당연히 강제노역이라고 표현해야 할 말도 새마을객토사업이라고 그럴듯하게 말하니 '새마을'자에 힘을 쓰지 못한 것이다.

다른 부락 사람들은 자기 부락과는 아무 상관도 없는 수킬로미터나 떨어진 마을에 강제로 동원되었다.

나는 부락의 친구 몇사람과 작업현장을 일부러 가보았다. 40명의 인원이 하루에 8차의 흙을 실으면 책임을 완료하는 책임제 노역이었다. 그런데 취토장의 토질은 객토할 수 있는 흙보다는 돌이 더 많이 섞여 있었다. 돌을 주어낼 수 있는 정도가 아니었다. 사람들은 8차의 책임을 완료하자니 목표만 채우기 위하여 돌이고 뭐고 그냥 실었다. 심지어는 바윗돌도 그냥 실어버렸다. 그도 그럴 것이 자기 논도 아닌데 좋게 하면 뭐할 것인가. 산업계 직원이 나와 감독하고 있었으나 그도 실적만을 생각했던지 그냥 실으라고 했다. 지금 이런 말을 하면 시치미 떼고 오리발 내밀는지 모르겠다. "그런 일은 있을 수도 없고 있어서도 안되는 일"이라는 그럴싸한 말로……

하여튼 그렇게 하여 매일 사람들이 동원되어 국도변 양쪽으로 거의 2km 가량을 흙 아닌 돌을 부어논 셈이 되었다.

인근 논 주인들에게 한 차에 운임 8000원씩만 내고 논에 깔라고 하였으나 까는 사람은 아무도 없었다. 아니, 깔 수가 없었다. 나중에는 4000원만 내라고 하다가 그래도 안 되니까 공짜로 가져가라 해도 가져가는 사람이 없었다. 어떤 고진한(착실한) 사람이 얼개미(철망채)를 가지고 와서 하루 흙을 쳐보더니 안 되겠던지 포기하고 말았다. 나중에 농사철이 가까워질 무렵 도에서 부지사가 온다고 하니까 똥줄이 탔던 모양이었다. 영세민 노임사업으로 옆부락 제방 막던 사람들을 새벽에 동원하여 도로변 옆의 배수로 부근에다 처넣고 말았다.

소속입건의 강요

1976년 초가을이었을 것이다. 수확도 많고 병충해에도 강하며 미질(米質)이 뛰어난 신품종이 나왔다고 했다. '노풍'이라는 신품종을 군동면 안풍부락에서 전시포를 해놓고 연시회를 한다는 연락을 받았다. 부락의 독농가로 구성된 자원지도자협의회 회원인 마을 친구 세 사람과 함께 참석하게 되었다. 나 역시 '혹시나 좋은 품종이면 남보다 조금 일찍 공급받아 농사지어 종자용으로 비싼 값에 팔아먹을 수 있을 것 같아 우선적으로 혜택 받으려는 마음으로', 솔직히 간사한 욕심을 갖고 참석했다.

들판에 텐트를 치고 만든 연시회장에는 나와 비슷한 생각을 가졌던지 상당히 많은 사람들이 참석하였다. 절차에 의해서 식이 진행되고 나와 안면이 있는 종씨 성을 가진 부지사의 당부말이 있었다. 부지사는 그동안 다른 도에서 근무를 하다가 고향인 전라남도 부지사로 부임하면서 느낀 소감을 말했다.

"다른 도에서는 벼품질을 높이기 위해서 전부 소속입건(小束立

乾, 벼를 베면서 작은 다발로 묶어 세워서 말리는 것)을 하는데 전라도에는 아직도 벼를 논바닥에 말리고 있다. 그러기 때문에 호남미가 미질이 좋지 않아 푸대접을 받고 전라도 농민의 소득이 뒤떨어지고 있다. 반드시 소속입건을 하도록 지도를 해야 할 것이다"라는 게 요지였다.

일리 있는 말이지만 그것이 농민이 못사는 이유는 아니었다. 소속입건을 하지 않아서 농민이 못산다면 소속입건을 하는 경상도, 충청도, 경기도, 강원도 농민은 잘살아야 하는 법인데 사실은 그렇지 못하지 않은가?

미질이란 토양의 비옥도나 도정(搗精)과정과 큰 관계가 있다. 들리는 말로는 도정할 때 정부미를 혼합하기도 하고 물을 치기도 하고 미강유(米糠油)를 발라 좋은 품질처럼 보이려고 눈속임을 한다는 말이 있으니 그런 것도 큰 문제라고 할 수 있다. 지금 전국이 똑같이 콤바인 탈곡을 해도 호남미는 아직 경기미가 되지는 못하고 있다.

그래도 맛이 좋은 품종을 심어 자가 도정한 쌀을 서울 친척집에라도 보내보면 얼핏 보기에 좋지 않은 것 같아도 밥맛은 서울 쌀가게에서 상품(上品)이라고 사다 먹는 것보다 훨씬 좋다고 하면서 그 쌀 있으면 한 가마만 더 보내달라는 연락을 받기 일쑤다. 시골 방앗간의 도정시설의 영세성과 기술이 약간 문제일 수도 있는 것이다.

그런데 부지사는 자기의 그 소속입건 권장 생각이 특히 농민들은 생각지 못한 기상천외한 발상이고 절대적 방법이라는 듯 자신만만하게 얘기를 했다.

어떤 지역이든 농사의 방법은 전통적으로 기후나 자연환경, 노동의 조건에 따라 수백 수천년의 세월을 거쳐 자연스럽게 사람의 몸에 배게 되어 있는 것이다. 저습답이 많은 곳에서는 볏단을 땅

에다 뉘어 말릴 수 없으니까 세워서 말려야 되고, 어렵고 능률이
떨어지더라도 계속 그렇게 하다 보니까 그 일이 몸에 배어 숙달
된 솜씨로 해내는 것이다.

그러나 강우량이 많고 물빠짐이 좋은 곳에서는 벼를 능률적으
로 빨리 베어 논 바닥에 약간만 말려 큰뭇(다발)으로 묶어 논둑
에 열뭇씩 가지런히 쌓아놓으면 마르기도 하고 비가 와도 물이
잘 빠져 한 짐(열 뭇)씩 지고 다니기도 간편하다.

사람들은 기나긴 세월 동안 노동 경험을 통해 자기들의 지역조
건에 맞는 노동 방법을 몸에 익혔고 익힌 방법대로 하는 것이 가
장 손쉬운 것이다. 추수방법에 따라 탈곡방법, 탈곡기의 형태도
다르다. 사람들은 손에 익지 않더라도 소속입건을 하면 조금이라
도 낫지 않을까 하고 몇번이고 시도해보았다. 그러나 손에 익지
않아 몹시 불편하고 능률 또한 절반도 더 떨어졌다. 게다가 어느
해는 세워놓았던 벼가 일주일 정도의 가을비에 온통 싹이 다 나
오고 썩어버린 경우가 있어서 다시 전라도 벼베기 방식으로 돌아
간 적이 있었다.

그런데 부지사는 현실적인 고려나 구체적 대안도 없이 소속입
건하면 좋을 것이라는 생각 하나만 가지고 있는 것 같았다. 따라
서 소속입건을 하지 않아 농민이 못살게 된다는 주장은 설득력이
없었다. 부지사의 말이 떨어지자 참석했던 군수는 자기 지프차로
나가버렸다.

듣기 싫은 정치선전까지 다 듣고 빵과 우유를 하나씩 얻어먹고
우리는 타고온 자전거로 귀가 길에 나섰다. 이따금 초가을의 추
수하는 사람들이 보였고 그 부근에 여러 양복쟁이들이 모여서
서성대고 있는 모습도 보였다. 그런데 우리 마을 가까이 왔을 때
바로 도로변 논에 노인 내외분이 앉아서 뭉그적뭉그적 벼베기를
하고 있었고 그 옆에는 행정공무원, 지도소 직원 등 네 명의 공

무원이 뭐라고 하면서 두 노인네를 다그치고 있었다.

우리는 무슨 일인지 궁금해 자전거를 세우고, 그들에게 "무슨 일로 그러는고" 했더니 "아, 이 노인네들이 소속입건을 좀 하라고 하니까 도대체 말을 들어먹지 않는다"고 했다. 우리는 기가 막혀 "뭐, 소속입건? 지도?" 하면서 "하루 일당 6000원짜리나 될까말까 한 노인네 두 사람 일하는데 일당 만 원이 넘는(그때 공무원 봉급이 30만 원 이상) 네 사람이 감독을 하고 있어? 예끼, 못난 사람들 같으니라고" 했다. 그러나 그들은 의기양양한 기세로 "우리가 다 잘살아보려고 하는 것 아니오? 소속입건해서 쌀값 많이 받아 농민들 잘살라고 하는 것이지요" 하며 꽤나 농민을 위하는 것처럼 얘기했다.

기가 막혀 우리는 "그것은 당신들 생각인데 말 안 들으면 총을 들고 지켜 서서 시키면 될 것 아닌가? 못하겠다고 하면 총칼로 위협하면 될 게 아닌가. 그러면 농민 위해서 무기까지 동원했다고 역사에 기록되고 칭찬이 많을 것 아니어!" 하고 비아냥투로 말했다. 그래도 "그것과는 틀리지요. 우리는 엄연히 지도지요, 지도" 하면서 자기들은 "지금 엄연히 공무집행중"이라는 말까지 했다. 즉, 공무집행을 방해하지 말라는 뜻이었다.

우리는 또 "요즘 세상 참 묘하구만. 불법, 부도덕한 만행을 하면서도 그것을 말리면 공무집행 방해, 무슨 업무 방해…… 노인네들 일 방해한 것은 업무 방해가 아니고?" 하면서 다시 좋은 말로 타일렀다. "당신네들도 사람이면 생각 좀 해보시오. 당신네들 부모님 농사짓고 있으면 해보지 않은 소속입건을 하라고 하겠소, 그냥 손쉬운 방법으로 베라고 하겠소? 내가 못하는 일은 남도 못하는 법 아니요? 아, 언제 날씨가 궂을지도 모르고 사람은 없고 오죽했으면 노인 내외가 저렇게 쭈그리고 앉아 벼라도 벤다고 저러고 있겠소. 소속입건을 장려하려면 당신네들 집부터 먼저 시범을 보이시오. 그걸 보고 쉽고 이익이 되겠으면 하란 말 안 해도 다 할 것 아니오? 지도란 자기 실천을 통해 방향을 제시하는 봉사행위인 것이오".

그러나 이튿날 각 부락마다 회의가 소집되고 소속입건을 하라는 지시가 내려졌다. 아무리 그럴싸한 명분을 내세워 강제로 일까지 시키려 해도 될 수 없는 일이었다. "그런 것은 다 농민 위해서 한 것이지" 하고 관리들을 두둔했던 유지들조차 소속입건을 실천하는 사람은 하나도 없었다.

결국 공명심 많은 높은 사람의 탁상공론과 독재관료주의하의 복종심 강한 부하직원들의 창의력 없는 무사안일주의적 무책임한 행정체계가 빚은 횡포에 불과한 일이었다. 어찌 그뿐이겠는가?

사질토(砂質土)는 가을갈이를 해서는 안되는 줄 뻔히 알면서도 위에서 시키기만 하면 가을갈이 하라고 얼마나 을러댔던가. 언제는 보릿대로 논가에 퇴비 만들라고 했다가 그 다음해에는 퇴비장이 미식지가 된다고 쳐내라고 하였고 못하겠다는 농민들에게 불이라도 지르기를 은근히 권유했다가 보릿대 태우는 불길이 사방 중천을 밝히자 보릿대 태우면 소방법으로 다스리겠다고 협박이나 하고 돌아다녔지 않는가. 언제는 신품종 안 심는다고 못자리를 다 밟아버리더니 이제는 신품종 좀 그만 심으라고 타이르고 다니지 않는가. 그러면서도 농민보고 관을 믿으라는 말이 나오는가.

새마을창고사업 거부운동

1976년이었을 것이다. 신품종 수확이 많아지자 추곡보관창고가 절대적으로 부족한 사태가 일어났다. 그래서 부락에 있는 크고 작은 창고와 개인 집에 있는 재래창고까지 모두 이용해 양곡을 잠깐씩 보관할 수밖에 없었다.

그러자 창고사업은 유망한 사업으로 각광을 받게 되었고 행정당국에서는 "돈 들 것도 힘들 것도 별로 없으니 한번 해보라", "지어만 놓으면 양곡 보관을 해서 상당한 돈벌이가 될 것이다" 하면서 새마을사업으로 부락에 창고를 지으라고 권장을 했다.

그러나 마을 사람들은 별로 탐탁해하지 않았고 하든지 말든지 그저 찬성도 거부도 하지 않은 채 방관만 하고 있다가 문제가 생기고 말았다. 이장과 유지를 중심으로 새마을창고를 짓기로 하고 사업계획서를 제출하여 행정당국에서도 새마을사업으로 확정지어 버린 것이다. 다른 마을에서는 관청과 손이 잘 닿는 사람들이 정부의 지원을 받아 5개의 대형 정부양곡 보관창고를 짓겠다고도 했다.

그래서 부락에 시멘트 300포대가 도착하게 되었고 나이 많은 유지들은 300포대를 공짜로 받는다는 것만 생각했지 뒷일에 대해서는 합리적으로 계산해보지 못했던 것 같았다. 그저 "아, 시멘트 공짜로 준다는데 안 할 것 뭐 있느냐. 창고 하나 지어놓으면 손해야 보겠는가" 하고 빨리 작업에 착수하자고 하였다. 그러나 창고를 지으려고 보니 막상 창고부지도 없어 상당한 땅을 사야 했다. 그리고 목재, 슬레이트 등 기타의 부속물 구입비도 적지 않게 들어간다는 계산이 나왔다.

유지들은 "시멘트를 조금 약하게 쓰면 남는 것을 팔아 슬레이트값의 절반 정도는 충당할 수가 있다"고 했으나 그렇게 부정한 방법으로는 견고한 창고가 지어질 것 같지 않았다. 그리고 그렇게 해도 한 집에서 적어도 4만 원 정도는 갹출해야 하고 골재채취며 건축일 등 모두 10일 이상은 일을 해야 창고를 지을 수 있을 것 같았다. 있는 집이야 별것 아니라고 생각할지 모르지만(사실은 별것 아닐 수가 없다) 가난한 집에서는 당장 먹고 살기도 힘든 판에 쉬운 일이 아니었다.

읍에서 새마을계 계장이 나와 회의를 소집했다. 그러고는 "정부에서는 농촌을 잘살게 하기 위하여 이렇게 노력하고 있고, 이 부락에도 시멘트 300포대를 지원하게 되었다. 시간을 단축해 창고를 빨리 지어달라"고 당부했다.

그러나 사람들은 가타부타 말이 없었다. 빈농인 김아무개씨가 드디어 말문을 열었다. "처음에는 돈도 별로 안 들고 쉽게 할 수 있다고 하더니, 이제 알고 보니 한 집에 돈도 한 4만 원씩이나 내야 되고 열흘 이상씩 일을 해야 한다는데, 나 같은 사람은 날마다 품팔이라도 해야 새끼들하고 먹고 살 것인데 어떻게 하라고 그런다요." 그러자 계장은 "여러분의 어려움은 알지만 정부에서도 여러분을 위해서 지원을 하는 것이고 부락에서 요청한 여러분의 결정인데 이제 와서 그러면 되느냐"고 타일렀다. 이에 맞서 또 한 사람이 "그러면 처음부터 돈이 많이 들어간다고 해야지 그 말은 하지 않고 돈 낼 사람들한테는 한마디 상의도 없이 부락 유지들이 일방적으로 결정한 것은 말이 안된다"고 따졌다. 그러나 그 계장은 "한번 한다고 했으니 할 수 없다"는 말만 남기고 가버렸다.

부락에서는 돈을 걷으려고 할당을 했지만 내는 사람이 없고 "하려고 서두른 사람들이 하라"고 하면서 냉담한 반응뿐이었다.

그동안 농민문제에 대해서 수시로 토론을 해왔던 소그룹 정도의 젊은층들은 이 문제에 대해서 계속 토론을 하면서 부락민들과 대화의 범위를 넓혀갔다. 그런데 상상 외로 불만이 많았고 우리들의 의견에 반응이 좋았다. 그럼에도 어떻게 그런 일이 결정될 수가 있었을까.

부락회의는 보통 부락호수의 4분의 1 미만이 참석하는데 대개 참석한 사람들조차 자기 의사를 발표하지 않는다. 보통 5명 이내의 유지들의 의사가 발표되고 다른 사람들은 가타부타 말이 없으면 이의가 없는 것으로 되어 "그러면 그렇게 결정된 것으로 하겠습니다" 하고 끝나기가 일쑤였다.

부락 내의 약자(빈·소농)들은 자기의 의사나 요구가 관철된 적이 없었고 또 관철되지 않을 것이라는 생각으로 그저 하든지 말든지 알아서 하라고 가만 놔두었다가 나중에 가서 개인적인 불만을 터뜨리며 반발을 하게 된다. 그렇기 때문에 약자들로 하여금 그들 마음 깊이 도사리고 있는 의사를 드러내게 하고 그것을 충분히 검토하여 민주적인 절차를 거쳐 결정해야 하는 것이다. 더구나 개인이 경제적 부담을 져야 하는 문제는 거의 만장일치로 결정을 내려야 할 것이다. 따라서 소수의 의견으로 결정한 것은 다시 다수의 의견으로 파기할 수 있는 것이다.

좌우간 수차례나 공무원들이 나와 작업을 독촉하고 회의를 소집했으나 부락 사람들은 끝내 반대하고 말았다. 회의만 하면 군에서는 '새마을'이라는 절대불가침의 권위를 들먹이며 "부락이 이익이 있는 일인데 왜 안하느냐"고 했고 부락 사람은 이에 대해 새마을정신은 '자조·자립·협동'인데 자조·자립·협동은커녕 타의와 자멸·분산·반목만 가져오는 결과를 초래한다고 맞섰다.

읍내에서 정부양곡 규격창고를 다섯 개씩이나 대형으로 짓고 있는데 설령 내가 양정 담당자라 해도 이런 재래식 비슷한 창고에다 쌀을 보관할 수는 없다는 생각이 들었다.

양곡 보관이란 온·습도 조절은 물론 환기, 기타 쥐피해 방지 등을 감안해야지 이런 새마을창고에다가 양곡을 보관한다는 것은 임시방편에 불과하다고 맞섰고 만약 정부양곡을 보관하지 않았을 때 부락에서 어디다 쓸 것인가를 연구해보았으나 아무데도 쓸모없다는 것이었다. 바로 "산중의 거문고"가 될 것이라는 반론이었다. 더구나 이동(里洞)조합 육성 당시 우리 부락에서 어렵게 창고를 하나 지어 몇년 동안 한번도 써보지 못하고 있다가 읍면조합으로 합병되면서 단위조합으로 주어버린 경험이 있었기 때문에 창고를 써먹기 힘들 것이라는 점은 뻔히 알고 있었다.

새마을 계장이나 공무원들 앞에서도 "한번 부락에서 한다고 했으면 해야지 이제 와서 안한다 하면 어떻게 할 것인가" 하고 말하는 어용적인 유지들도 있었으나, "그러면 사람 좋다고 해서 약혼했는데 나중에 알고 보니 술주정뱅이에다가 사기꾼, 도둑놈인데 한번 결혼한다고 약속했다고 꼭 해야 할 것인가? 파혼할 수도 있듯이 우리 부락일도 마찬가지다." "또 내일 모레 관광가기로 약속했다 하여 그날 억수 장마비가 쏟아지고 큰 피해가 우려되는데도 꼭 가야 할 것인가? 그 여행은 마땅히 취소되어야 하듯이 우리 마을의 새마을사업도 우리 힘에 겹고 손해가 뻔하고 우선 살아가는 데 지장이 있고 해서 부적절하다는 판단이 나오면 취소해야 한다"고 당당하게 나오기 시작했다.

뜻있는 사람으로 자처하는 이들의 뜻이 고작 "부락이 이러다간 큰일이다", "관에 찍혀가지고 앞으로는 도와줄 것도 안 도와줄 것이다"였고, 우리의 뜻은 "얻어먹지 말고 찾아먹자"는 것이었다.

결국 그렇게 부락에 이익이 될 것이라 생각되면 부락 생각하지 말고 부락 이름은 빌려줄 테니 "지지하는 사람들끼리만 개인사업으로 해서 이익을 가져가라"고 했으나 한 사람도 나서지 않았다.

그때 새마을지도자는 부락이 분구(分區)되기 전 옆 부락에 거주하였고 우리 본 부락과는 사실상 별 이해관계가 없는 분이었으며, 개인적으로는 내가 부산에서 고향으로 돌아왔을 때 벼 10섬을 꾸어준 고마운 분이었다. 대학을 나온 그는 권위적 사고 탓인지 회의 도중 갑자기 언성을 높이더니 나를 가리키며 "한번 한다고 했으면 해야지 무슨 놈의 잔소리야" 하며 "반식(半識)이 우환"이라는 문자까지 써가면서 욕지거리를 하기 시작했다.

내가 지금 같으면 유연하게 어린아이 달래듯 했을 텐데 그때는 그 정도의 여유를 가지지 못했다. 화가 불끈 솟았다.

"뭐 반식이 우환? 그래 나는 반식도 못 된다. 그러면 너는 온식이냐, 너는 온식이어서 뭐 군대까지 기피하면서 공부하더니 사법고시를 일곱 번이나 떨어졌냐? 이 자식아 사람이 세상에 태어나면 젖먹는 것부터 배우기 시작해서 죽을 때까지 배워도 다 배우지 못하고 죽는 법인데 너는 그래 다 배워서 온식이고 전지전능한 귀신인 줄 아느냐? 그것도 모르는 것이 아는 척하고 있네" 하면서 대들었다.

그분도 성질이 나서 호드락호드락 했지만 합리적이지 않고 권위적일 뿐이었다. 회의는 깨지고 말았고 그 다음부터는 회의에 나오는 사람들이 없자 별 수 없이 하루는 읍사무소에서 인부들이 차를 가지고 와서 시멘트를 실어가고 말았다. 부락민이 결국 이긴 것이다. 유지들은 그래도 지어놓으면 써먹을 데가 있을 거라고 아쉬워했다.

우리 뒷마을에서도 부락 사람들이 반대하자 7명의 유지들이 공동소유로 지었다가 이듬해 한달간 양곡 보관을 해주고는 빈 창고가 되어 팔아먹으려고 애를 쓰다가 결국 한참 지나서야 부락 청년에게 싼값으로 넘기고 말았다.

ㄷ부락 역시 심혈을 기울여 지었으나 단 두 해 동안 본보기로 잠깐 양곡 보관을 해주고는 역시 빈 창고로 있다가 요즈음은 읍내에서 가구점 하는 사람이 가구 몇점을 넣어놓고는 부락에다 몇 푼씩 주고 있는 실정이다. 아쉬울 것도 미련 가질 것도 없는 그 야말로 "빛 좋은 개살구요, 산중의 거문고"가 되어버린 셈이다.

부락 주민의 의사를 관철하는 것은 민주주의를 실천하는 훈련이고 행동이다. 권력이 바뀌는 것만 가지고 민주주의는 이룩될 수가 없다. 주인이 주인자리를 차지하지 않고는……

4. '노풍'피해보상투쟁

노풍, 朴NO豐

'노풍.'

남방형 통일계 신품종의 약점은 밥맛이 떨어진다는 것이었다. 그러나 그 신품종의 약점을 보완하고 수확량이 많으며 병충해에도 강한 품종이 개발되었다고 지도소나 행정기관이 총동원되어 선전을 해댔다. 그 품종이 바로 노풍이었다.

도처에서 채종밭 시범단지가 당국의 지원을 받아가면서 조성되었고 '연시회'까지 개최하면서 권장하였다. 신품종 개량을 통해 단위면적당 수확량을 높이고 쌀자급 목표량을 거의 달성한 것은 정말 칭찬받을 만한 일이었다. 그 신품종의 약점을 보완했다는 노풍 권장에 아무도 이의를 제기할 사람이 없었고 농민들은 새로운 기대를 하게 되었던 것이 사실이다.

그래서 너도나도 노풍 종자를 찾게 되었고 1977년 나 역시 똑같은 생각으로 노풍을 심게 되었다.

소작논 9마지기에다 심어서 다수확을 목표로 비배관리(肥培管理)를 하였다. 일모작 논에 일찍 심었던 '노풍' 벼는 7월 하순이 되자 하나씩 둘씩 개꼬리 같은 모가지가 튀어나오기 시작했다. 씨앗을 뿌리면서 쏟았던 정성과 땀을 알기라도 하는 듯 쑥쑥 솟아나오는 그 벼모가지 !

그것을 보는 농부의 마음은 돈으로 따질 수 없는 환희와 경탄
으로 가득 찼다. 그러나 그 기쁨도 안도의 한숨도 한순간이었다.
신품종에 거의 완벽할 정도로 강하다는 목도열병이 퍼져 벼가 벌
게지기 시작한 것이다.

도처에서 농민들이 어쩔 줄 몰라 발버둥쳤다. 아무리 농약을
쳐보았자 "송장에 침질하기" 식이었다. 그래도 나는 도열병 약을
계속해서 치면 제까짓 게 병을 거두겠지 하는 생각을 하고 매일
한번씩 농약을 뿌려댔다.

멍청해서 그랬는지 순박해서 그랬는지는 몰라도 나는 7~8월
무더위 속에서 동력기계도 없이 수동식 분무기로 매일 농약을 뿌
려댔다. 그것은 보통 독심을 먹지 않고는 해내기 어려운 일이었
다. 그래도 농약 중독은 피하고 싶어 땡볕에 비닐옷을 입고 마스
크를 쓰고 장화를 신고 농약을 뿌리고 나면 완전히 땀으로 목욕
을 한다. 숨이 막힐 듯 가슴이 답답해서 금방 열사병이라도 날
것 같으면 옷을 입은 채 냇물 속으로 첨벙 들어간다. 잠시후 또
농약통을 짊어진다.

저녁때 집에 들어오면 설탕물을 타먹거나 그래도 기분이 이상
하면 링거수액을 사다가 이웃집 친구에게 놓아달라고 하여 맞고
는 이튿날이면 또 논에 나가 농약통을 짊어졌다. 그 목도열과 싸
워 내가 이겨보자는 오기도 있었고 어떻게 하든지 폐농은 면해야
했다.

그날도 역시 비닐옷 속으로 빗물처럼 땀을 흘리면서 농약을 치
고 있었다. 갑자기 어떤 양복쟁이 공무원이 논에 찾아와 나를 불
렀다. 일손을 멈추고 논둑으로 나간 나에게 그는 "재해지 조사를
나왔다"고 하면서 대뜸 첫마디가 "그래도 금년 농사치고는 쓸 만
하네요" 했다.

사람이 몸이 피곤하면 오만가지가 싫어지고 막다른 길에서는 좋은 말도 욕으로 들리는 법이다. 나는 기가 막히고 화가 복받쳐 올랐다.

"뭣이 나락이 쓸 만해? 이 자식아 내가 나락이 좋다고를 하냐 나쁘다고를 하냐? 너보고 봐주라고 사정을 하냐 살려달라고 애원을 하냐? 재해지 조사고 ×이고 이 삼복더위에 내 몰골을 보고 그래도 고생한다는 말이라도 하고 나서 재해지 조사고 뭣이고 얘기를 할 일이지, 불난 집 부채질한다더니, 뭐 나락이 쓸 만해!"

갑자기 기습을 당한 그 양복쟁이는 말을 못했다. 나는 계속해서 "재해지 조사 기준은 어떻게 되어 있고 이 정도라면 내 생각에는 몇퍼센트 정도인 듯한데, 당신의 의사는 어떤지 순서를 밟아 얘기할 일이지, 첫마디가 뭐 나락이 쓸 만해? 그래 니놈 눈깔에는 나락이 쓸 만하게 보이냐. 니놈 눈깔은 며루(멸구)가 먹었는 모양이니 니놈 눈깔부터 며루약을 쳐야겠구나" 하고 독한 말을 해댔다.

무안했던지 그 공무원도 미안하다고 사과했다. 나도 화를 풀고는 그래도 농민들이 이렇게 애를 태우고 있으면 우선 위로라도 하고 자초지종 얘기를 하는 게 도리이지 않느냐, 공무원은 그래도 지도적 입장에 있는 자로서 자질을 갖추어야 하지 않느냐고 좋은 말로 했다.

지금 같으면 아마 그렇게 막말을 하지는 않았을 것이다. 그러나 내가 그 몰골로 양복쟁이 앞에서 "잘 좀 봐달라"고 애걸을 하면서 굽실굽실했다면 거지나 노예처럼 비참했을 것이다. 차라리 당당하고 떳떳한 행동이었다고 생각한다. 아무튼 혼신을 다해 기울였던 노력도 '노풍' 벼는 받아주지 않았다. 벼는 끝내 말라 죽어갔고 이삭은 고개를 숙이지 않았다.

노풍이라는 품종은 진흥원 작물시험장의 종자개량 담당인 박노풍이라는 연구관이 개발한 품종으로 그 사람의 이름을 따서 자신 있게 내놓은 모양이었다. 사람의 일이란 실수도 있을 수 있고 예상대로 되지 않는 일이 있는 법이다. 그러나 과실치사를 해도 책임이 있고 실수로 남에게 손해를 끼쳐도 책임이 있는 법이다.

사람들은 '노풍'을 'No豊'으로 부르며 빈정조로 No풍, No풍했다.

노풍피해보상요구

전국 도처에서 노풍피해보상요구가 시작되었다. 가톨릭농민회에서도 노풍피해보상을 요구하는 성명서가 나오고 집회가 시작되었다.

그러나 정부에서는 "자기 농사 안 되는 것까지 정부에다 떼를 쓴대서야 되겠는가. 일종의 천재지변인데 보상은 무슨 보상이냐. 언제 어느 정부가 병충해로 인한 피해까지 책임진 일이 있느냐" 했고 공무원들은 부락회의에까지 나와 이런 내용을 홍보하기 시작했다.

우리 강진에서는 우선 농민들이 공무원들의 이 조직적인 홍보작업에 현혹되지 않고 피해보상요구를 당당히 할 수 있도록 하기 위하여 부락교육을 실시했다. 물론 강진농민회의 활동이었지만, 그때까지만 해도 농민보다는 비농민으로서 양심적인 교인이 농민회의 지도부를 상당정도 형성하고 있었기 때문에 자연히 당사자인 내가 주도하지 않으면 안될 처지였다.

농민교육은 노풍피해보상요구의 당위성을 설명하는 것이 핵심 내용이었지만 농민문제 전반을 다루어야 했고 같은 뜻을 가진 사람들을 조직으로 묶으려는 목적도 있었다.

"농민이라는 환자를 정부라는 약국이 치료한다고 하면서 노풍

이라는 약을 준 것이다. 그런데 노풍이라는 약이 환자에게 맞지
않아 치명적인 부작용을 일으켰다. 그렇다면 그 약국은 책임이
있는가 없는가" 하는 문답식 토론이었는데 그 약국에 아무런 책
임이 없다고 한 사람은 하나도 없었다. 환자 자신이 자기 집에서
자기 손으로 약을 먹었다 할지라도 약국에서 약을 먹인 것이지
환자가 스스로 약을 먹은 것이 아니라는 이야기까지 나왔다. 더
군다나 일반벼 재배농가의 못자리를 밟아 뭉개고 강제농정을 실
시한 것은, 감기 환자가 "아스피린" 좀 달라 하니까 약국 주인이
"아스피린"으로는 안 된다 하면서 자기가 다른 약으로 처방을 해
주어 그 약을 먹고 부작용을 일으킨 것이나 다름없다.

잘하려고 하다가 실수로 농민들이 피해를 보게 됐다는 말로는
책임이 면제될 수 없는 것이다. 천재지변이라는 이유도 성립될
수 없다. 다른 품종은 이상이 없었기 때문이다.

주곡자급이라는 정책목표를 달성하기 위하여 거의 강제에 가까
울 정도로 노풍 재배를 권장했는데 피해를 당하게 되니까 정부는
오리발을 내밀면서 쏙 빠지고 피해당사자인 농민들에게 책임을
돌리려고 한다면 그것은 정부로서 취할 바가 아니다.

결국 정부는 노풍피해를 보상하겠다는 발표를 하게 되었고 농
민들 기대 또한 대단히 컸다.

형식적 보상과 정실보상에 맞서

나는 논 아홉 마지기에서 60Kg짜리 72가마 이상의 생산목표를
가지고 농사를 지었으나 결국 17가마니의 쭉정이 나락을 수확하
고 말았다. 그나마 세게 풍구질이라도 하면 몇가마 남지 않을 정
도였으나 그해에는 정부에서도 검사등급에 '잠정등외'라는 임시등
급을 정해놓고 쭉정이 나락을 수매하였다. 1등품, 2등품, 3등품
과 등외(等外)가 있었는데 그 등외감도 못 되어 잠정등외라는 이

름을 하나 더 붙여놓았으니 얼마나 나락이 많이 죽어서 그렇게까지 했는지는 생각해보면 알 것이다.

정부에서는 역사 이래 처음으로 병충해로 인한 농작물 피해를 보상하게 되었고 이는 평소 농민을 아끼고 사랑하는 박정희 대통령의 뜻깊은 배려라고 선전을 해댔다. 아마도 그 말에는 '천년에 하나 나올까 말까 하는 영웅적 정치인'이라는 정치적 함의도 있었을 것이다.

그러나 속담에 "말로 × 잘하는 놈 자식 못 낳는다"고 하더니 꼭 이를 두고 하는 말이었다. 말로는 인심 쓸 대로 쓰고 주는 것은 병아리 눈물만큼도 되지 않았고 거지 동냥 한주먹 주는 것만도 못했다.

그나마 그 적은 양으로는 고루 나누어줄 수도 없는 형편이었겠지만 피해 정도를 어떻게든 보상기준에 미달되게 조작했으니 정실(情實)보상이라는 결과가 초래될 수밖에 없었다.

우리는 신자 회원들과 상의하여 '노풍피해보상을 위한 농민기도회'라는 집회를 갖기로 하고 우선 조사사업과 더불어 대농민홍보에 들어갔다.

우리 마을에서는 그때 두 개의 자연부락이 하나의 행정구역으로 묶여져 130호 정도 되었는데 정부미로 40가마 정도가 나왔다.

소농가의 피해는 거의 치명적이어서 일어날 힘마저 없었다. 그런데 어느 집 할 것 없이 피해를 본 상황에서 부락민과는 아무런 상의도 없이 당시 이장과 대농가인 새마을 지도자의 형제, 그리고 다른 한 사람이 슬쩍 타먹어버렸다.

또 다른 한 마을에는 40호도 되지 않는데 무려 80여 가마니가 나왔다. 그 마을은 지력이 좋아 오히려 피해가 적었으나 소위 봐준 마을이었다.

칠양면은 1개 면에 100가마 정도밖에 나오지 않았고, 아예 벼를 베지 않은 채 그냥 보리를 갈아버린 어떤 과부댁에는 쌀 한 톨 보상해주기는커녕 공무원들은 나락꼭지를 낫으로 베어버리라고 위협하기도 하였다. 참으로 속 들여다보이는 한심스러운 촌극이었다.

또 병영면과 작천면 경계에서 양쪽의 농사를 짓는 김노인은 이 면에서는 보상을 받고 저 면에서는 보상을 받지 못하였다. 이 말은 보상의 기준을 담당공무원이 마음대로 조작·결정할 수 있도록 합법적으로 만들어놓음을 뜻한다. 심지어 우리 마을의 김아무개씨의 경우, 도에서는 80% 정도 피해라고 했으나 읍 당국에서는 30% 피해라고 조사하여 보상대상에서 제외되었으나 감사에서 아무런 지적을 받지 않았다. 그것은 감사의 목적이 정확한 조사를 했는지를 밝히기 위한 것이 아니라는 증거였다.

보상기준도 피해 정도가 70% 이상은 얼마, 80% 이상은 얼마라고 정해놓아 70% 이상이 되어야 하는데다가 수확량 기준도 평년작이나 전국의 총생산량을 기준으로 한 것이 아니라 농지세부과 수확량기준인 등급별 기준수확량을 기준으로 하였다. 이렇게 되니 네 섬이 나올 논도 두 섬만 나오면 100% 수확을 본 셈이 되어버렸다.

그리고 조사 일시도 피해가 가장 적은 병 발생 초기를 기준으로 해놓았으니 갈수록 피해가 심해져 나중에는 100% 피해를 입었으나 "조사 당시는 20% 정도의 피해밖에는 없었다"고 피해 정도를 억지로 줄여버렸다.

정부가 실제로 농민의 피해를 보상해주려는 의지가 없었고 동정해주는 척하는 요식 행위에 그쳤으니 어찌 말단공무원인들 성의를 가지고 할 수 있었겠으며 정실배정을 하지 않을 수 있었겠는가.

노풍피해보상을 위한 농민기도회

노풍피해보상을 위한 농민기도회가 열리던 날이었다.

그날은 강진읍내에는 물론 강진읍 교회 부근에 경찰이 삼엄한 감시를 펴고 있어서 꼭 무슨 큰일이 벌어질 것 같은 분위기였다. 모처럼 읍내에까지 나온 농민들 중 그 공포 분위기에 짓눌려 되돌아간 사람도 많았다. 그래도 300여 명의 농민들이 모일 수 있었던 것은 그 삼엄한 유신독재 치하에서도 농민의 요구가 얼마나 강렬했던가를 보여주는 것이다.

경과보고, 악독한 자가 회개하기를 바라는 기도에 이어 규탄구호들이 외쳐졌고 우리는 피해전량 보상을 요구하기 위해 군수 면담을 요청하러 군청으로 가려고 하였으나 경찰은 교회 입구를 철통같이 가로막고 있었다. 몇시간 동안 몸싸움을 벌였으나 뚫지 못했다. 화가 난 어떤 여성회원이 던진 작은 돌이 경찰의 이마에 정통으로 맞기도 하였다.

결국 우리는 교회당 안으로 다시 들어가 "농민의 정당한 요구마저 묵살하고 탄압하는 독재권력의 타도"를 다짐하면서 집회를 끝낼 수밖에 없었다.

그후 경찰이 즉시 비리사실을 조사한 결과 40호에 80여 가마니가 나간 부락에서는 이장 및 유지들이 담당공무원과 개까지 잡아먹으면서 피해상황을 조작했음이 드러나 담당공무원과 이장이 구속당하는 사태에 이르렀다. 그 정도의 비리는 있을 수밖에 없었다. 그런데 그 공무원은 우리 회원들과 상당히 친한 교인이었고 그 부락 이장 역시 내가 형님처럼 여기던 사돈 되는 분이었다.

우리가 그들을 구속하기 위해서가 아니라 오직 노풍피해보상을 위해서 한 일이었지만 이렇게 되니 그들은 매우 섭섭하게 생각한 모양이다. 그러나 그것은 정부가 자기 책임을 은폐하고 말단공무원에게만 책임을 뒤집어씌운 셈이어서 그들은 희생양이었다.

결국 나중에 풀려나고 아무런 인사조치도 받지 않아 다행이었지만 사사로운 개인의 이익만을 생각하고 농민을 배반하는 행위는 있을 수 없는 일이다.

5. 빼앗으려는 땅을 지키고자

70년대에 제기된 토지문제들

1978년은 이곳저곳에서 땅문제가 제기된 해이다. 전남의 벌교에서는 해방후 농지개혁 때 분배받았던 농지에 대하여 상환액을 완납하고 등기권리를 취득한 농민들의 땅이 당시 분배농지에 들어갈 수 없는 땅이었다는 이유를 들어 원래의 지주인 서모의원의 자제들이 원인무효소송을 제기하여 원고승소판결을 받았다. 즉 농지분배에 해당되는 농지가 아닌 잡종지였는데 농지분배를 당하였으니 그것은 그 당시의 농지개혁법상에 없는 원인무효라는 것이었다.

처음에 농민들은 "뭐 그런 법이 다 있어, 등기가 다 있는데" 하고 가만히 있다가 일심에서 패소판결을 받았다. 농민들은 그때서야 '이러다간 안 되겠다'는 생각이 들어 변호사 비용을 염출하여 고등법원에 항소하였다. 고법에서는 땅을 파보고 모포기를 확인하고 증인들로부터 증언을 청취하여 당시 그 땅은 지목 자체가 답(畓)은 아니었으나 실제로 농사를 짓고 있어 농지였고 그래서 농지분배에 해당될 수 있었고 원고는 농지개혁법에 의한 보상을 받았다는 이유를 들어 원고패소판결을 내렸다. 즉 등기권리를 가지고 있는 농민들이 이긴 것이다. 농민들은 "그러면 그렇지, 그럴 리가 있나" 하고 안심하고 있었다.

　그러나 원고는 항소심 판결에 불복하고 대법원에 상고를 했는데 원고·피고 당사자가 출석하지 않은 상태에서 대법원은 다시 원고승소판결을 내렸다. 이 땅이 접도구역으로 들어가면서 용지 면적에 대한 보상이 원고측에 돌아가자 농민들이 들고일어났다. 설령 대법원의 판결이 정당했다 하더라도 피고는 정부와 농민이고 농민은 땅을 빼앗겼는데 정부라는 피고는 패소한 책임을 어떻게 져야 할 것인가. 엄격히 말하자면, 정부는 남의 땅을 몰래 농민들에게 팔아먹은 사기꾼이 분명한 것이다. 그러나 그때 보상을 요구하던 보성 농민들은 늙은이들 이까지 부러뜨리는 폭도들 앞에서 처절한 아우성을 쳐야 할 정도로 극심한 탄압을 받았다.

　그후 나주와 광산군에 걸친 삼도단지의 대단위 경지정리지구에서는 경지정리사업과 하천확장공사사업을 동시에 실시함으로써 하천 확장에 필요한 용지매입대금은 지불하지 않은 채 경지정리로 인한 감보(줄어든 땅)로 처리한 사건이 있었다.

　농민들은 이 하천확장공사를 별도로 시행하였다면 당연히 용지매입을 해야 할 것인데도 경지정리 감보라는 이름으로 농민들의 땅을 수탈해간 처사에 항의하였으나 전 행정력을 동원하여 탄압은 물론 은폐조작까지 일삼았다. 전남 구례에서도 경지정리로 인한 피해보상을 요구하며 일년 이상의 기나긴 싸움을 해야 했다.

　땅의 주인인 농민과 시행청인 농협이나 군청 그리고 돈벌이하려는 시공자 사이에서 정작 농민의 권리는 최대한의 제한을 받게 되어 있고 돈밖에 모르는 시공자는 최대한의 부실공사를 하게 되어 있는데도 시행청은 시공자의 편을 드는 묘한 일이 벌어지게 된 것이다. 권력과 돈의 힘이 작용하는 사회의 모순이었다.

폐천부지 매각통지서를 받고

우리 마을은 큰 하천을 가운데 끼고 양쪽으로 가옥과 전답이
늘어서 있는 부락이다. 그렇기 때문에 하천부지의 땅을 개간하여
경작하고 있는 사람이 많았고 그 하천에 제방을 쌓아 안전지대로
인정되면 그때부터는 하천이 아닌 폐천부지(廢川敷地)라는 이름
으로 바뀌게 되었다.

강진군에서는 "군재정상 군유지인 이 폐천부지를 매각하겠다"
며 주변 농지의 정부고시가격으로 연고권자가 불하받으라는 통지
를 보내왔다.

그러나 대부분 형편이 어려운 사람들이 이 하천땅을 경작하고
있어 실제로 다시 살 만한 여유가 있는 사람이 없었다.

우리도 빚에 쪼들려 형제가 고향을 떠나고 없을 때 고향에 남
아 있던 칠십이 넘은 부모님이 날마다 호미로 돌무더기를 치워내
고 20평 남짓한 밭을 만들어놓은 땅이 있었다. 콩이나 팥이 아니
면 고구마 정도를 심어도 가뭄만 들면 수확을 제대로 할 수 없는
척박한 땅이었고 소득이라고는 품값의 절반도 나오지 않았다.

그러나 땅을 그렇게도 소중히 여기며 갖고 싶어한 늙은 부모님
의 손끝에 피멍을 들이고 밭고랑에 핏자국을 남겼을 그 땅은 경
제적 소득 이전의 귀중한 의미를 지니고 있었다. 그런데 그 주변
의 땅까지 합쳐 사라는 통지와 만약 불하받지 않을 경우 제삼자
에게 매각하겠으니 경작포기서에 서명날인하라는 통지를 받은 것
이다.

불하받을 돈도 없었지만 돌무더기를 손끝이 다 닳도록 주워내
밭을 만들어놓고 나니 이제 송두리째 가져가겠다는 것은 인정도
도리도 없는 철면피한 처사가 아닐 수 없었다. 더구나 우리 부락
에서는 나 혼자만이 아니라 열세 집이나 느닷없이 똑같은 일을

당하게 되었다. 고민 끝에 하루는 이 문제를 가지고 공식적으로
의논해보기로 했다.

열세 집이 한 집도 빠지지 않고 모였다. 우선 "그 땅이 없어도
살아나갈 수 있는가 그리고 매입할 수 있는가"를 확인해본 결과
"지금 형편으로는 살 수도 없고 그 땅이 없으면 살아가기도 어렵
다"는 대답이 나왔다. 더구나 그 땅에 집을 지어 사는 사람들은
당장에 거지 신세가 될 수밖에 없다는 결론이 나온 것이다.

그러면 어떻게 할 것인가. 결과는 그 땅을 사수해야 한다는 것
이었다. 그래서 우리의 형편을 국회, 청와대, 관계부처에 매일
개인 민원으로 제출하기로 했다. 한 문건으로 진정 등을 하면 형
식적 답변으로 회신해버리면 그만이니까 개인적으로 수십 통의
민원을 보내기로 한 것이다. 그러면 귀찮아서라도 잘 봐주리라는
생각이었다.

그러나 개인사정을 얘기하되 모두가 우리의 요구를 당연하게
쓸 수 있도록 하기 위하여 하천부지의 땅이 농지로 되기까지의
경위를 밝혀보는 학습 형태의 토론을 하게 되었다. 그 결과 우리
는 많은 공부도 하였고 싸울 수 있는 힘도 얻게 되었다.

황무지를 농지로 개간해놓으니

한반도에 사람이 살기 시작하면서 조선시대까지 땅의 개인소유
제도는 없었다. 농경사회가 시작되면서 개간이 편리한 자연적 조
건을 지닌, 거주지에 가까운 곳부터 조상들은 농지로 개간하였
다. 농지로 바꾸는 데는 피눈물나는 노동을 해야 했고 비록 소유
권은 없었지만 그 노동의 대가 때문에 경작권(사용권)은 인정되
어 경작권을 사고 팔기도 하였다. 조선시대까지만 해도 지적도도
지번도 등기도 없는 국유지를 수확량에 따라 1결분, 2결분 하고
사고 팔았으니 그것은 소유권을 팔고 산 것이 아니라 경작권의

매매였고 따라서 개간에 들어간 노동력의 대가를 사고 판 행위였다.

땅을 개간하여 농사를 지어온 농민에게는 자연적인 조건만이 고통을 안겨준 것은 아니었다. 조선시대에는 수조권을 가진 양반 관리들에 의해, 일제하에서는 식민지배권력에 의해 직간접적인 착취를 받아야 했다. 땅 때문에 가난한 농민이 얼마나 많은 눈물을 흘려야 했던가.

고율의 소작료와 억압은 결국 소작쟁의라는 농민운동으로 번져나갔고, 경작권만 가지고는 소작권 강제이동을 통한 소작농민 지배의 합법성이 부족했던지 소유권이라는 것을 부여하기에 이르렀다고 보아야 할 것이다.

일제는 1921년 전국적으로 토지조사사업을 하게 되었고 세부측량을 통해 지목과 지적을 확정지어 자기 소유의 땅을 신고하면 등기권리를 주는 형식을 취하였다.

많은 사람들이 글을 몰라 신고도 못했으며 관청이라는 곳 자체가 두려움의 상징이었기 때문에 신고를 하지 못한 사람들을 구제할 식민지정권은 아니었다. 일본놈과 친일적인 사람들에게 땅을 빼앗기고 소작농으로 전락한 농민은 소작료와 공출이라는 이중수탈로 생존의 위협을 받으면서도 살아 남을 수밖에 없었다.

그러나 여기서 지적하고자 하는 것은 그 악랄했던 일제조차도 국유지였던 땅을 개인의 소유라는 등기권리를 주면서 불하대금은 받지 않았다는 사실이다. 신고를 하면 등기권리를 주었던 것이다. 그러나 그때까지 개간이 불가능하고 무가치한 땅들은 아무도 자기 소유로 하려고 하지 않았다. 전혀 활용이 불가능했기 때문일 것이다. 그래서 하천부지 또는 국유지로 남게 된 것이다.

사유권이 부여된 토지조사사업 이후 우리 마을은 땅이 없거나 빼앗긴 사람들이 그 버려진 천변의 땅이나마 개간하여 농사지어

보자고 죽을 힘을 다하여 돌을 치워내고 흙을 져다 부어 간신히
모포기라도 꽂을 수 있게 만들었다. 식량을 생산하여 민족의 명
줄을 이어왔으나 이윤도 실현하지 못한 무상노동은 누군가의 자
본을 축적하게 해주었고 그 자본으로 새로운 산업이 건설되지 않
았던가.

그렇기 때문에 버려진 땅을 개간하여 식량을 생산한 농민들은
당연히 국가로부터 상이라도 받았어야 했다. 속담에 "동냥은 주
지 못할지언정 쪽박까지 깬다"는 말이 있듯이 포상은 하지 못할
망정 천신만고 끝에 개간하여 토지의 가치를 높여놓으니까 이제
는 논값 내고 사든지 아니면 빼앗겠다는 강진군의 처사는 가난한
사람들의 피땀을 무상으로 앗아가는 것이 아니고 무엇이겠는가.

그러나 토지사유제도가 엄존하는 현실에서 연고권이야 빼앗기
는 한이 있어도 황무지를 농지로 가치증식시킨 개간비는 받아야
한다는 데로 의견을 모았다.

그래서 우리는 "우리에게 불하할 경우 논밭의 가격을 기준으로
하지 말고 하천 상태의 값을 기준으로 할 것", "제삼자에게 매각
할 경우 개간비용을 보상할 것" 등을 주장하였다.

이에 대해 청와대는 "관계부처에 이관하였으니 양지하시기 바
람"이라는 무책임한 답변을 해왔고, 농수산부·내무부는 "전남도
에 이관하였으니 전남도와 협의 바람"이라는 답변이었고, 전남도
에서는 "귀하의 민원은 강진군의 소관사항이므로 강진군과 협의
조정하기 바람"이라는 회신과 함께 강진군에 "강진군 강진읍 송
전리 거주 ○○○의 민원에 대하여 협의 처리할 것과 이러한 민
원이 야기되지 않도록 할 것"이라는 민원 내용까지 보냈다는 회
신을 받았다.

그러나 강진군에서는 날마다 부락에 찾아와 민원이 처리된 것
으로 해달라고 개인적인 설득과 강요를 일삼았다. "당신들의 요

구는 일리가 있다. 그러나 현행법상 개간비를 보상해주게 되어
있지 않으니 우린들 어쩔 수 없다"는 것이었다.

이치에 맞지 않는 법이다. 몹쓸 법은 지키지 않으면 없어지게
되어 있고 또 악법은 좋은 법으로 만들어야 하는 것이다. 사람
잡는 몹쓸 법도 법은 법이니 지키라고 했던 소크라테스의 말이
무엇이 그렇게도 옳아 그가 영원불멸의 성인으로 지금까지 추앙
받고 있는가 하는 생각마저 들었다.

그러나 우리의 요구와는 상관없이 강진군은 우리들에게서 경작
포기 각서를 받기 위해 혈안이었다.

부락 내에서도 가난한 사람들은 심정적으로나마 우리를 동정하
고 있었지만 어떤 유지들은 "군 땅을 벌다가 군에서 판다고 하면
사야지 사람들이 이유가 많다"고 했다. 어느 시대에나 지배자의
편에서 기생하려는 사람이 있기 마련이다.

극한적인 상황에서 우리는 한판 싸움을 치를 각오를 하지 않으
면 안되었다.

농민생존권을 위한 기도회

우선 폐천부지를 경작하는 열세 농가가 똘똘 뭉쳐 부락 내의
동조지원을 얻어내는 데 성공했다. 그러고 나서 교회에 찾아가
우리의 사정을 이야기하고 기도회를 열어줄 것을 요청하였다. 강
진읍 교회의 많은 교인들과 목사님이 우리의 사정을 딱하게 여기
고 도와주었다.

역시 그때도 농민회에서 적극 참여하기로 결정되었었고 늘어난
회원과 부락순회교육을 통해 300명 이상은 쉽게 모일 수 있었다.
더구나 인근 군의 활동가들이 동조지원을 해주어 마음이 아주 든
든했다.

우리는 그동안의 경위를 설명하고 땅을 빼앗아가려는 당국의

강도행위를 규탄하는 집회를 열었다. 그러고 나서 시국을 위한 기도가 있었다. 강사로 나온 고영근 목사는 유신군사독재를 규탄하고 박정희 정권을 비판하기 시작했다. 윤모 배우와의 관계까지를 다 말했다. 반(反)독재 반(反)박정희 내용으로 농민과 권력의 관계에 대한 설명이 부족한 듯했으나 그래도 속이 시원했다. 그러나 일반농민의 입장에서는 조금 듣기 거북한 소리들도 있었고 농민이 당면한 구체적인 생존문제를 가지고 대중을 의식화해야 한다는 우리의 방침과는 약간 차이가 있는 것 같았다.

기도회가 끝나고 많은 사람들이 문제의 폐천부지 현장을 확인해보자며 우리 마을로 몰려가기 시작했다. 경찰은 군청으로 갈 것을 우려하여 병력을 대기시켜놓고 있었으나 현장으로 간다고 하니까 막지 않고 물러섰다. 정류소와 시내를 거쳐 우리 마을로 가며 가두시위를 한 것이다. 노래를 부르고 구호를 외치기도 했다.

어느 틈엔가 어떤 회원이 "농민생존권을 압살하는 군사독재 물러가라"는 플래카드를 펼쳤다. 그러자 갑자기 경찰들이 달려들어 가로챘고 빼앗기지 않으려는 농민들과 싸움이 벌어졌다.

결국 목사님이 중재에 나섰고 시외에서 하기로 하고 우리 마을에 도착할 수가 있었다.

사람들의 입에서 "그래 이런 땅을 얼마 달라고 해" 하는 소리들이 나왔고 교인들은 기도와 찬송을 하기도 했다. 농민들끼리는 집회조차 할 수 없어서 교회의 도움을 받아 기도회라는 형식으로 집회를 하는 것이 그때의 형편이었고 우리의 역량이었다.

고영근 목사의 구속 이후

고영근 목사는 기도회 사건으로 강진에서 체포, 구속되어 장흥 검찰청으로 넘어가고 말았다. 그런데 경찰에서는 교회와 농민을

이간하려고 그랬는지 하필 나와 우리 마을 다른 두 사람을 검찰
측 증인으로 선택하였다. 갑자기 증인출두서를 받은 우리 세 사
람은 즉시 대책을 강구할 수밖에 없었다.

무슨 이유로 우리를 증인으로 출두시키는가. 농민을 위해서 기
도회를 연 목사를 구속하는 데 우리가 검찰측 증인이 되었다 하
면 그것이 무슨 꼴이 되겠는가. 증인은 증언을 거부할 자유가 있
다는 것과 만약 출두에 응하게 되면 어떻게 할 것인가에 대해서
논의를 하고 예행연습까지 해보았다.

제일 먼저 나를 불렀다. 경찰은 친절한 척 나를 데리러 왔고
여비까지 주면서 있었던 대로 얘기해주면 된다며 협조해줄 것을
당부했다. 처음 가본 검찰청의 검사실이었으나 나는 침착하게 대
처했다. 몇가지 인적사항을 물어보고는 고영근 목사가 무슨 얘기
를 했는지 말해보라고 하였다. 나는 시치미를 떼면서 모른다고
했다. 그랬더니 왜 그 자리에 있었으면서 모르느냐고 했다. 고목
사는 이북 사투리에다 말이 빨라 알아듣기 어렵고 성경구절을 가
지고 이야기한 모양인데 나는 교인이 아니라서 성경 같은 것은
알아듣지를 못한다고 딴청을 부렸다.

"그럼 한가지만이라도 얘기해보라"고 했다. 미리 세워놓은 작
전이었지만 나는 고목사가 박정희 대통령과 윤모 배우와의 관계
에 대해 얘기한 말만 기억한다고 했다. 검찰이 차마 통치권자의
여자관계를 가지고 긴급조치 위반을 들먹거릴 수는 없을 것이라
고 생각했기 때문이다. 검사가 알았으니 그만하라고 했다. 검사
는 증인 증언을 기록도 하지 않았다. 그러면서 당신 학교 어디
나왔느냐고 했다. 나는 중학을 졸업했다고 했다.

검찰은 혼자서 '이 자식들이 왜 이런 사람을 증인으로 보냈어'
(아마 경찰보고 한 소리 같았다) 하면서 그냥 가라고 하였다.

그날 밤 즉시 다른 사람들에게 검찰에서 증언한 내용을 설명하

면서 안심을 시켰다.

이튿날 김아무개와 마지막으로 간 이아무개도 나와 똑같은 답변을 하였다.

학력을 묻는 검찰 질문에 이씨는 "고등학교를 졸업했다"고 하자 고등학교까지 나온 놈이 그것도 몰라 하고는 화를 벌컥 내면서 즉각 강진경찰서 담당경찰을 호출했다는 것이다. 결국 고영근 목사는 긴급조치라는 도깨비 같은 법에 의하여 실형을 선고받고 복역을 해야 했다.

그러나 폐천부지 매각 문제에 대해서는 바람불다 잔 것처럼 다시는 괴롭히지 않고 이듬해 전남도에서 표준지가를 절반 정도로 내려버렸다. 그리고 그 값에 사라고 권유까지 했다. 마지막으로 논의를 해본 결과 불만스럽지만 그 값에 사고 싶은 사람들이 있었다. 이를 무시할 수도 없어 원하는 사람은 불하를 받되 강제불하는 불허한다는 방침에 따라 불하받는 사람이 많았다.

단순히 값을 좀 깎았다는 것보다는 이 사건을 통하여 토지문제에 대해 많은 것을 인식하게 되고 농민도 단결만 하면 큰 힘이 나온다는 것을 알게 된 것이 의미있었다.

6. 농지세 시정투쟁

'돈 나와라 뚝딱'의 농지세법

농지세 문제는 60년대 후반부터 주로 원예를 하는 사람들 사이에서 거론되기 시작했는데 70년대 중반에 들어서면서는 이 문제를 놓고 강진에서도 시정을 요구하는 본격적인 싸움이 시작되었다. 해마다 세금불납사태가 빚어져 협상이 진행되지만 싸움은 끝이 없었다.

1978년이었다. 군동면의 어느 농가는 참외 50구덩이를 심었다가 가뭄에 모두 말라죽어 단 한 개도 수확하지 못했는데도 300원의 세금이 나왔다.

박아무개는 하우스 두 동에 오이를 심어 20여 만 원 정도의 실질소득이 나왔는데 11만 원의 세금고지서가 나오자 뒷돈을 조금 찔러주면서 사정사정하여 9만 원만 물고 넘어가기도 했다.

마늘 100평만 심어도 으레 2,3천원은 물어야 했다. 농민들의 불만은 가슴에 차 있었지만 내것 잃고 병신 되기 싫어 "공무원들도 할 수 없으니까 그럴 테지" 하고 그야말로 '한데(밖에) 앉아서 의지(안) 걱정'하는 말들을 하곤 했다. 분하고 억울하지만 남에게 그런 모습을 보이기는 싫어서 하는 소리였을 것이다.

조선시대 때의 농지세는 지세(地稅)라는 말과 같이 일종의 재산세와 비슷한 의미도 되었고 권리세와도 같은 의미였다. 농사를 지어 소득이 있건 없건 상관없이 자기 땅이기만 하면 지세를 물어야 했다. 그래서 농사를 짓지 않고 '백문답'으로 논을 놀려놔도 백지세(白地稅)라는 세금이 나왔다. 만약 땅을 버리고 정처없이 야반도주를 하면 그 일가친척이 세금을 대신 물어야 했다. 일제 식민지하에서는 공출이라는 묘한 이름으로 바뀌었는데 이 공출을 피하다가 혼쭐이 나기도 했다.

해방이 되고서는 국세로 농지수득세라 하여 일종수득세, 이종수득세라는 이름으로 세무서에서 부과 징수해갔다. 해마다 수확기가 가까워지면 생산고 조사라는 어림짐작의 세금부과 근거조사를 받게 되었다. 조사 나온다는 양복쟁이(세금쟁이)에게 사정이라도 해볼 양으로 부모생일에도 아껴서 남겨놓은 씨암탉을 잡고 담배를 사다 바치고 금일봉의 촌지봉투를 준비했다가 넌지시 건네주고 세금쟁이의 고개가 끄떡끄떡해지기를 기다려야 했다.

그후 60년대에 들어 갑류(쌀)와 을류(채소, 과수 기타 소득작물) 농지세로 다시 이름을 바꾸었다. 조선시대 때의 농지세가 토지세(土地稅) 또 지대(地代)의 의미였다면 차차로 소득세의 형태로 바꾸어진 것이다.

을류작물을 심지 않으면 을류농지세가 나올 수 없으며 벼를 심지 않은 논에 갑류농지세를 부과할 수 없게 되어 있다. 그러나 이 농지세가 기쁜 마음으로 세금을 내게 했던가, 또 정당하게 거두어졌던가 살펴보기로 하자.

갑류농지세의 문제점

갑류농지세의 부과기준(1970년대)
총조수익＝농지면적×등급별 기준수확량×당년 수매 2등가
부과대상금액＝총조수익－기초공제액(44만 3000원)

부과대상금액 중 15만 원까지는 6%

15만 원을 초과한 30만 원까지는 8%

30만 원을 초과한 나머지 전액은 10%를 적용한다.

위 적용방법이 어떤 문제가 있는지, 설명보다는 직접 계산해 보면 이해하기 쉬울 것이다.

어떤 사람이 논 40마지기에 벼를 심었는데 등급별 기준수확량으로 한 마지기에 벼 5가마(가마당 54Kg)를 생산했다고 하자. 60년대 후반에는 벼 한 가마에 3000원을 했고 70년대 후반에는 3만 원 정도 하였다.

　＊ 60년대 후반

면적(40마지기)×5가마(기준수확량)×3000원(2등가)＝60만 원(총조수익)

60만 원(총조수익)−44만 3000원(기초공제액)＝15만 7000원(부과대상액)

15만 7000원(대상액) 중 15만 원×6%＝9000원

15만 원을 초과한 7000원×8%＝560원

총세액은 9000원＋560원＝9560원이 되고 현물로는 3가마가 된다.

　＊ 70년대 후반에도 이 기준을 적용했으니

40마지기×5가마×3만 원＝600만 원(총조수익)

600만 원−44만 3000원(기초공제액)＝555만 7000원(부과대상액)

555만 7000원 중 15만 원×6%＝9000원

15만 원에서 30만 원까지 15만 원×8%＝1만 2000원

30만 원을 초과한 525만 7000원×10%＝52만 5700원

총세액은 9000원＋1만 2000원＋52만 5700원＝54만 6700원이나 된다. 따라서 현물 벼로는 18가마 정도다.

도대체 세율을 올리지도 않고 똑같은 기준을 적용했는데 왜 3
가마 내던 농지세가 18가마로 올랐을까?

벼의 값이 10배로 올랐는데 농지세는 현금으로 57배나 올랐고
똑같은 수확을 했는데 현물로는 6배가 오른 셈이다. 가만 놔두기
만 하면 매년 농지세 부담은 높아지게 되어 있는 기기묘묘한 계
산법이다. 이렇게 될 줄 모르고 이런 계산법을 창안해냈다면 무
식한 놈이 농민 잡을 짓거리를 해논 셈이고, 잘 알고 했다면 여
우같이 영리한 놈이 농민 잡자고 본격적으로 머리를 짜내어 만든
계산방법이다.

100가마 수확하면 1가마라든지 2가마라든지 현물로 세액을 정
했으면 간단하고 쉽게 누구나 알 수 있을 텐데 무식한 사람은 알
지 못하도록 고의로 어렵게 만들어놓았으니, 여우치고 백년 묵은
백여우가 선녀의 탈을 쓰고 사람 간을 빼먹는 방법과 하나도 틀
리지 않는다.

과연 어떤 농민이 이 요술을 알아볼 것인가. 더구나 논 한 마
지기에서 당시는 5가마 이상이 나오는 경우가 많았다. 그러니 등
급별 기준수확량만 조금씩 올려놓으면 세금은 기하급수적으로 올
라가게 되어 있다. 그러나 현실보다 낮추어놓은 기준수확량은 농
민에게 선심을 쓴 것인 양 선전되기도 한다. 그래서 누가 농지세
비싸다고 하면 "실제로는 8가마씩이나 수확을 빼먹는 놈이 5가마
만 난다고 수확량을 잡아놓았는데도 고마운 줄 모르니 배은망덕
한 놈"이라고 할 수가 있다.

이렇게 동서고금에도 없는 못된 법을 가지고 법질서 어쩌고 하
면서 농민의 정당한 요구를 억누르고 있는 것이다.

을류농지세의 경우

1978년 봄, 나는 비닐터널 봄배추를 1000평 심었다. 농지세 자

료를 조사한다고 나온 담당직원이 배추를 세어보더니 1만 포기쯤 된다고 했다. 시장에서 한 포기에 200원 정도 한다면서 200만 원의 큰 돈이라고 하였다. 200만 원의 조수익일 때 도에서 정한 소득표준율이 40%이면 80만 원의 순수익을 얻게 되는 셈이고 이 80만 원에서 7만 8000원의 기초공제를 하면 72만 2000원의 부과대상액이 남게 되어

처음 15만 원×10%＝1만 5000원

다음 15만 원×15%＝2만 2500원

나머지 42만 2000원×20%＝8만 4400원

따라서 세액합계액은 12만 1900원이 된다.

나는 그때의 값으로 직접 소매를 하더라도 약 120만 원 정도 받을 수 있지 않을까 생각하고 있었으나 시간이 갈수록 값이 떨어질 것 같고 또 봄배추는 밭에 오래 놔두면 꽃대가 올라올 가능성도 있어 80만 원만 나오면 중간 상인에게라도 팔려고 생각하고 있는 판이었는데 200만 원이 나오면 80만 원이 남는다는 세금계산이니 80만 원이 나오면 120만 원 비용에 40만 원 손해를 본다는 계산이 된다.

그래서 나는 "당신 계산으로 200만 원이 나온다면 당신이 직접 80만 원만 내고 사라"고 하면서 "당신 한 달에 삼사십만 원 받고 월급생활 하느니 80만 원에 사서 200만 원 받으면 공무원생활보다 나을 것 아닌가" 했더니 고개를 갸웃갸웃하면서 할 말이 없는 모양이었다.

직원은 "그러면 을류농지세 소득신고를 하라"고 하면서 소득신고서 용지를 한장 주었다. 신고서의 내용대로 면적과 주수 값을 쓰고 수입액을 100만 원으로 넉넉히 기재해주었다. 필요경비(사실은 생산비라고 해야지만)는 임차료·자재대·인건비·비료대 등을 기입하고 별첨으로 인건비내역표, 비료대 산출근거(지도소

의 영농교본기준) 등 누가 보아도 객관성이 있을 정도의 필요경비 산출근거를 붙여놓았다. 작성하라는 문서는 아니지만 확실성을 증명하기 위한 조치였다.

나의 소득신고서대로라면 약 3000원 정도의 세금을 물면 될 것 같았다. 그러나 읍사무소에서는 수입액은 그대로 인정하고 필요경비는 신고의 내용이 타당치 않다는 이유를 들어 소득률 40%를 적용하여 4만 원 정도의 세금을 부과하였다.

도대체 민의 문제를 어떻게 수용하고 해결할 것인가 하는 자세는 조금도 없고 어떻게 하면 세금을 더 물릴 수 있을까 하는 것만 궁리하고 있으니 결국 '산중 농사지어 고라니 좋은 일 시키자는 것뿐'이라는 생각도 들었다.

농지세불납운동

농지세는 이의신청이라는 것이 없다. 재조사신청만을 해야 하는데 재조사 나오면 인건비나 비료대 등의 영수증을 내라고 하였다.

농사짓는 사람들은 비료를 한꺼번에 사두었다가 벼·보리농사에도 쓰고 배추농사에도 쓰는 법인데 어디 가서 배추에 쓸 비료라고 영수증을 뗄 것인가. 뗀다 한들 어떤 쓸개 빠진 놈이 인정할 것인가. 하루종일 일한 사람보고 오늘 일한 영수증을 써달라고 받아놓고 농사짓는 사람이 있겠는가. 불가능한 줄 뻔히 알면서도 영수증을 제시하라고 하는 것은 어떻게든 재조사 민원을 묵살하려는 처사라고밖에는 볼 수 없었다. 더구나 내가 별첨으로 제출한 필요경비 산출내역서는 영수증 이상의 신빙성을 갖는 자료였는데도 무엇이 어째서 타당하지 않다는 이유 한마디 없는 것은 있을 수 없는 일이다.

단지 순수익이 도의 소득표준율 40% 미만이라는 이유뿐이었다. 200만 원이 나오면 40%였는데 100만 원이 나와도 순소득이 40%, 10만 원이 나와도 순소득이 40%라는 자기 모순에 스스로 빠져 있었다.

나는 재조사에 불복하고 재조사에 대한 장문의 이의신청서를 작성해 군수에게 보냈다.

한편 원예협회에서도 이 을류농지세 때문에 억울한 사람이 많아 논의 끝에 나에게 정기총회에 나와서 농지세법에 대한 강의를 좀 해달라고 하였다.

나의 강의를 듣고 나서 자기 소득과 세율을 비교 계산해보고는 다들 펄펄 뛰었다. 만 5000원만 물어야 할 것인데 30만 원이나 물었다는 등……

바로 3개 읍면이 모여 을류농지세 불납운동을 전개하였다. 권투경기를 할 때 보면 최대의 방어는 선제공격이듯이 우리도 선제공격을 하였다.

각 면에서 발급한 고지서를 수집해서 군의 할당액과 비교해본 결과 ㄱ면은 다른 면에 비해 몇십만 원이 많았다. 그때는 펜으로 써버리면 고지서가 되는 시기였으니까 가짜 고지서를 만들어 보낸 모양이었다.

화가 난 농민들이 면사무소를 찾아가 거세게 항의했다. 지서에서 경찰이 나왔지만 면에서 없는 일로 덮어두자고 오히려 사정을 했다. 사건이 되면 자기들 모가지가 위태로워지리라 여겼기 때문인 것 같았다.

재무계장이 무릎을 꿇고 농민들에게 한번만 봐달라고 사정을 하는 촌극까지 벌어졌다. 강진읍에서는 세금불납을 하는 사람들을 각개격파하기 위하여 개인적으로 만나 선심쓰는 척 별별 수작을 다했고, 그중에 신아무개와 김아무개에게는 갑류농지세를 면제해주겠다고 하면서 영수증도 아닌 보관증을 써주고 받아갔다.

이를테면 갑류농지세를 면제시키지 못하면 책임지고 다시 내주겠다는 식이었다.

그러나 대부분의 사람들은 징수원이 나오기만 하면 욕을 하고 증을 내기 시작했다. 이아무개는 쇠스랑을 들고 마당을 쾅쾅 찍으면서 "×도 못살겠다. 즈그놈들은 좋은 술담배에다가 좋은 고기반찬 먹고 사니까 농민을 아주 ×으로 알고…… 어떤 놈이고 우리를 못살게 하는 놈은 즈그 죽고 나 죽을 것인게 두고 보자"고 호기를 부렸다.

과거에는 세금쟁이 나가면 무서워했고 대접해주었는데 가는 곳마다 욕이요 저항이니 공무원들은 세금 받는 일이 골치깨나 아팠던 모양이었다. 이런 공무원들의 약점을 잡고 어떻게 할 것인가를 다시 의논하여 "우리가 공무원들 모가지 짜르자고 한 일이 아니다. 우리 말 잘 듣고 우리의 요구를 관철시키려면 약점 있는 공무원이 그대로 있는 것이 낫겠다는 판단을 했고 이런 사실들에 관한 질문서를 감사원에 보내겠다"는 통지를 했다. 그러자 공무원들이 협상을 요청했다.

10분의 1을 주장하는 우리와 절반을 내라는 협상은 결렬되어 계속해서 불납을 강행했다. 요즘 식으로 말하면 삼자개입까지 하였다. 경찰은 나에게 당신 세금이 많으면 당신 세금이나 해결할 일이지 왜 농민들을 선동하고 다니느냐고 협박을 했다. 선동, 선전, 교육도 분간 못하는 정보형사였다.

"이 사람들, 해방된 대한민국의 민주경찰이라는 사람들이 식민지시대에 써먹었던 방법으로 농민들이 농지세법을 알면 안된다는 소리를 하고 있구면. 농지세법에 대해 교육한 것을 선동이라고 해" 하면서 따졌다. 그리고 "국민의 재산과 생명을 보호한다는 경찰이 지금 국민이 도둑질을 당하고 있는데 도둑놈은 잡으려고 하지 않고 도둑 잡자고 하는 사람에게, 당신 도둑이나 맞지 왜 도둑 잡자고 나서느냐는 말 아니냐"고 반문했다.

통일주체국민회의 대의원들이 중재에 나서 우리 면 대표 3명이 군수와 직접 면담하게 됐다. 우리는 군수실에 가서 지킬 몇가지 사항을 정해놓았다.

첫째, 좋은 옷을 입고 가지 말고, 가서 점잖은 척하거나 권위를 세우려고 하지 말 것, 둘째 담배를 함부로 피우면서 떠들 것, 셋째 최종결정은 하지 말고 전체회의로 미룰 것, 넷째 혼자 얘기하지 말고 나누어서 얘기할 것 등이었다.

군수실에 들어가 우리는 다리를 포개고 앉아 담배를 사정없이 피워대기 시작했다. 공보실의 비서격인 직원이 자꾸 우리 옆구리를 찌르면서 담뱃불 끄라는 시늉을 했으나 말을 들을 리 만무했다.

우리 얘기를 다 듣고 난 군수는 세정계장을 불러 을류농지세 자료를 가지고 와서 설명을 해보라고 했다. 기립자세로 서서 보고하는 세정계장의 손이 마치 풍기 있는 사람처럼 떨고 있었다. 농민들 앞에서는 그렇게 목에 힘주고 다니던 사람들이 군수 앞에서 떠는 꼴을 보니 초라하기 짝이 없었다.

누가 보아도 우리의 요구와 세정계장의 변명 중 어느 것이 진실이고 어느 것이 거짓인지는 너무나 분명했다. 말을 듣고 있던 군수가 "거 얼마 되지도 않구만. 결손 처분할 수 없나" 하고 말하자 계장은 "예, 그렇게 하겠습니다" 했다. 한마디로 싱겁게 끝났다. 하기야 그 정도는 다른 세금에서 보충하면 될 것 아닌가 하는 말이었을지도 모른다.

결국 비공식적 징수유예 형식으로 흐지부지되고 세금은 거두지 않았다.

본질적으로 고쳐야 할 농지세법

나라살림의 재정을 대부분 세금으로 충당하고 있다. 세금 중에서도 간접세가 그 대부분을 차지한다.

한 달 50만 원 벌이도 못하는 농민이나, 수십억을 버는 재벌이나, 돈장사·땅투기꾼이나 똑같이 치약 하나를 사면 세금을 똑같이 내라는 것이다. 직접세인 소득세 종류를 대폭 줄이고 부가가치세를 대폭 적용하는 것은 과연 누구에게 유리한 세제인가? 지방세인 취득세·재산세, 원천세인 교육세·방위세만 해도 그렇다.

강진에만 해도 평당 800만 원짜리 땅의 과표가 불과 70만 원으로 되어 있었다. 그런데 내가 십여 년 전 120만 원 주고 산 집은 380만 원의 과표에 의해 취득세가 매겨졌고 70만 원 주고 산 이웃집도 140만 원의 과표에 의해 취득세가 부과되어 크게 싸운 적이 있었다.

도대체 이게 무슨 짓이란 말인가? 모든 것이 가난한 사람에게는 불리하게 짜여진 사회구조 아닌가? 부모상을 당해도 돈 잘 버는 자식은 초상비용을 많이 내고 돈 못 버는 자식은 비용을 못 내더라도 똑같은 자격으로 제복을 입도록 해야 하는 법이다. 똑같이 경비를 내야 한다고 하면 돈 없는 자식은 불가피 자식 노릇을 포기할 수밖에 없어 집안이 화목해질 수 없는 법이다.

극빈자, 보호대상자쯤 되어버린 농민들이 물건 살 때는 똑같은 세금을 내고 농가나 농토를 살 때는 더 많이 내고, 거기다 아직도 소득이 있다고 농지세라니…… 농민은 속고만 있으란 말인가.

강진의 농지세 싸움은 5년 이상 계속되었고 나는 전국을 돌아다니면서 강의도 하고 사례도 발표하였다.

농지세 싸움은 전국으로 확산되어갔으며 전두환의 국가보위비

상회의라는 칼날 시퍼런 군사정권하에서도 일어났다. 그중 대표적인 것이 충북 음성의 고추재배농가들이 수십 대의 경운기까지 동원하여 벌인 대규모 투쟁이다. 그 싸움은 단순한 농민운동의 차원을 넘어 움츠리고 있던 민주화운동에 물꼬를 터주는 역할을 했다고 할 수 있다.

아무튼 많은 사람들이 우리를 보고 계란으로 바위 치는 격이라고 했지만 우리는 조그마한 정으로 큰 바위를 쪼아내듯 지속적인 싸움을 전개했다. 그 결과로 농지세 기초공제액을 대폭 인상하고 갑류, 을류가 통합된 농지세법으로 개정하였다.

그래서 지금은 웬만한 농가는 농지세가 면제되는 형편이지만 그래도 해마다 아니면 2~3년 만에 한번씩은 기초공제액을 올려야 지금의 수준을 유지할 수 있는 모순을 안고 있다. 즉 농지세법 자체의 본질적 모순은 그대로 놔둔 셈이다. 과연 세계 어느 나라에 이 따위 법이 아직도 존재하고 있는가?

지금 농민은 국가가 그 생존마저 책임지지 않으면 안될 상황에 놓여 있다. 지금의 농지세법은 완전 폐지되고 기업영농에 대해서나 다른 소득과 합산해 현물세로 부과하는 제도로 바뀌어야 할 것이다.

7. 내가 겪으면서 보아온 농민운동의 변화

어렵고 험난한 길

일제의 극심한 탄압 아래서도 농민운동은 광범하게 일어났다. 그런데 5, 60년대는 농민운동이 거의 전무하다시피했다. 6·25라는 전쟁을 거치면서 일체의 민중저항은 좌익으로 탄압받았으니, 분해도 참을 수밖에 없었을 것이다. 해방이 되고서도 일본인 밑에서 졸개 노릇을 한 사람들은 여전히 높은 자리에 앉아 그들한테 되로 배운 포악한 행실을 말로 풀어먹기에 혈안이 되었다.

그러나 70년대에 들어서면서 농민운동이 서서히 일어나, 부락 민주화를 통한 민주주의에 대한 인식이 나타나기 시작했다. 농협 민주화 투쟁, 강제농정과의 싸움은 독재권력이라는 거목의 하부구조와의 싸움이었다고 볼 수 있다. 말하자면 전주를 버티고 있는 줄을 자르는 일이었을 것이다. 그중에서도 함평고구마사건은 관료화된 반농민적 농협과 업자, 그리고 감독기관이 삼위일체가 되어 농민의 이익은 외면한 채 기업과 농협의 이익만을 챙긴 사례였고 그 지역의 문제로만 볼 수 없는 한국사회의 구조적 문제였기 때문에 광범한 농민 저항을 받았던 것이다. 그리고 부실경지정리에 대한 저항, 잃어버린 땅을 찾기 위한 투쟁, 쌀값보장을 위한 투쟁 등이 전개되었다.

유신 군사정권하의 살벌한 분위기 속에서 이렇게 농민운동이 일어날 수 있었던 것은, 박정희 정권부터 본격적으로 시작된 민중수탈, 즉 저농산물가격정책과 저임금을 통해서 자본을 축적하려 했기 때문이고 이를 위해 관료적 민중지배의 수단을 동원했기 때문이다. 이는 강제농정이라는 형태로 나타났다. 그야말로 "재주는 강제로 곰이 넘고 중절모 쓴 놈이 돈을 추심하는" 격이었다. 이러한 과정에서 이농이 시작되고 고리채 정리라는 당근을 먹었어도 새로운 형태의 농가부채가 생겨날 수밖에 없었다. 이 심각한 농민문제를 인식한 양심적인 지식인과 종교인들은 농민을 의식화하는 데 큰 기여를 했다.

민중저항에 부딪힌 독재권력은 지식인과 농민의 결합을 막기 위해서 탄압하기 시작했다. 크리스챤 아카데미 사건(1979년)이 그것이다. 그러나 그것은 오히려 당국자의 계획대로 되어서는 안된다는 결심을 하도록 우리에게 촉구하는 결과를 가져왔고 농민운동은 현장활동가들에 의해서 더욱 발전해나갔다. 상대적으로 가톨릭농민회의 조직이 확대되기도 하고 기독교농민회를 육성해야 한다는 소리도 나오는 시기였다. 이에 당황한 독재권력은 한편으로는 현장활동가들과의 결합을 차단하기 위해 공포분위기를 조성했다. 그 대표적인 것이 오원춘 납치사건이었다(1979년). 그러나 이 사건은 "죽어도 우리가 뭉쳐야 한다"는 동지애를 더욱 길러주었다.

다른 한편으로, 독재정권은 비농민운동 계열의 농민조직을 육성했다. 부락마다 청년회, 부녀회가 조직되고 자원지도자연합회, 새마을지도자회 등등 오만가지 어용조직들로 농민을 묶으려 했다.

유신독재권력의 말기적 발악은 급기야 부마사태를 낳았고 그 기회를 틈타 새로운 독재권력을 노리는 기회주의자들의 개싸움은 자기 주인을 물어죽이는 10·26사태를 낳았다. 이들 신군부세력은 민주화에 대한 국민의 열망을 무력으로 누르고 정권을 잡기 위해 온갖 수단을 동원했다. 국내의 지지기반이 취약한 이들은 미국의 귀여움을 받지 않으면 안될 입장이었으니 친미를 넘어선 대미종속은 한층 심화될 수밖에 없었다.

그러나 인간답게 살기를 희망하는 민중은 독재정권의 억압과 대미종속을 그냥 묵과할 수만은 없었다. 이에 저항은 필연적이었다. 그런데 집권자들은 저항하는 민중을 폭도로 매도하고 잔인무도한 만행을 저지르면서 어느 누구도 대항하지 못할 공포 정권을 창출하려 했다.

그리하여 그저 일밖에 모르며 정치의식도 없던 노동자들이 이에 대항해 장비를 끌고 공장문을 박차고 금남로로 나오게 되었고 사납금 채우기에 여념이 없던 운전기사들이 총을 겨눈 군인들을 향해 목숨을 걸고 돌진할 수밖에 없었다. 광주항쟁은 이렇게 시작되었다. "적지를 탈환하는 최후의 병사는 장군이 아니라 다수의 보병이다"라는 말과 같이 역사변혁의 주체는 위대한 개인이 아니라 다수의 민중이라는 것을 실제로 보여주는 것 같았다.

80년대는 광주항쟁을 통해 반미 감정이 급속도로 확산되면서 민중 주도의 민주 실현과 자주·민주·통일의 이념을 실현하기 위해 몸부림친 시기였다. 그런데 70년대에서 80년대로 가는 이 시기 농민운동의 현장활동은 소강상태로 접어들었다고도 볼 수 있다.

그러나 80년대는 쌀과 쇠고기 과다수입으로 인한 농가의 몰락이 가속화되면서 1985년에는 이른바 소몰이투쟁이라는 대중적 가두투쟁이 최초로 벌어지기도 했다. 전라북도 농민들의 소몰이투쟁에는 경운기나 소가 동원되어 이를 막는 경찰의 최루탄에 놀란 소들이 시위현장을 뛰어다니는 광경까지 빚어졌고, 이는 농산물 수입저지 싸움으로 바뀌게 되었다.

더구나 일본인들이 도둑질해가기 위해 만든 수리조합법을 계승한 농지개량조합(농업근대화촉진법에 의해 설립됐음)은 농민들에게 한과 분노를 심어주었고, 담배수입 자유화는 잎담배경작농가의 몰락과 전작으로 인한 고추농가의 피해로 번져 고추값 파동으로 나타났다.

결국 1988년에는 전라도의 쌀농가와 경상도·충청도 고추농가가 하나로 뭉쳐 여의도에서 수세폐지와 고추피해보상 투쟁을 함께 전개했고 끝내 단보당 20Kg을 넘어섰던 물세를 5Kg으로 내리는 데 성공하였다. 그때도 야당은 10Kg 정도를 주장하였고 항상 농민운동이 문제를 제기하고 나서면 뒤따라 비위 맞추는 역할 정도를 할 뿐이었다.

아무튼 80년대는 농민운동이 정부의 농가부채 탕감을 촉구하는 투쟁, 반농민적 의료보험제도의 개선을 위한 투쟁 등 전국단위의 운동으로 전환하면서 우루과이 라운드 다자간 협상에 의한 농산물시장 개방이라는 위협에 직면하게 되었다.

이제 한없이 "쌀값 보장하라", "쌀수입을 막아내자"하면서 우리의 후손들에게까지 이 고난을 물려줄 수는 없는 지경에 이르렀다. 그래서 이제는 정권을 타도해야 한다고 한다. 그러나 그게 그리 쉽지 않은 일이고, 타도한다 해도 그 다음 일이 또 문제로 남아 있다. 민중의 것으로 되지 않는 정권타도는 별 의미가 없기 때문이다. "정치인, 못 믿을 정치인" "정치는 더러운 것" "이놈이나 저놈이나 다 똑같은 놈들" 하는 불신과 무관심이 높아가고 있다.

그러나 대중은 얼마 가지 않아 그 무관심이 자신을 더욱 어려운 처지에 몰아넣음을 깨닫게 될 것이다. 좋든 싫든 모든 사람은 정치라는 영역을 벗어날 수 없고 이해관계가 왔다갔다 한다는 것을 알아갈 것이다.

우리 앞에는 독재권력이라는 장벽만 있는 것이 아니다. 민주화의 가면을 쓴 보수세력들 또한 우리의 장애물이다. 이를 넘어서는 것이 어렵고 험난하기에 그 방법도 매우 복잡하게 제시되고 있다.

그러나 90년대에는 그 다양한 의견들이 정리되고 하나로 뭉쳐질 것으로 확신한다. 그것은 우리의 힘이 흩어지고서는 적을 이길 수 없다는 현실이 있기 때문이다. 이 방법 저 방법 뜻은 다 좋지만 뭉치는 방법보다 더 좋은 방법은 없기 때문이다.

가톨릭농민회 감사가 되어

우리 부락에서는 7명의 회원으로 가농 마을분회를 만들었고 (1977년) 이웃 마을에도 분회를 만들도록 하여 각종 행사에 적극적으로 참여토록 했다. 그동안 쌀생산비 조사로부터 시작하여 쌀생산자대회나 함평고구마사건(1978년), 오원춘(吳元春)사건(1979년) 등에 빠짐없이 동참했다. 그러면서 새로운 사실들을 알게 되어 부락 안에서 농민문제에 대한 얘깃거리가 생겨나 대화들이 활발히 이루어졌다.

1년 만에 나는 가농 전국본부 감사에 피선되었다(1978년). 물론 감사를 한번 해보겠다는 뜻은 없었다. 그러나 임원 모두가 가톨릭의 영세를 받은 신자였고 나와 함께 감사를 맡은 정만호 선배는 유일한 기독교 장로여서 비신자인 나는 나 자신이 개밥의 도토리처럼 생각되기도 했다.

우선 행사나 모임 때마다 치러지는 가톨릭 의식이나 미사 절차가 내게는 어떤 감동을 주기보다는 오히려 지루하고 짜증나게 했다. 하루는 간부 연수 때 주교님께서 미사집전을 하고 강론을 했다. 그런데 성가를 부르면서 거의 모두가 제대 앞으로 나가서 얇은 과자 같은 밀떡을 아주 조금씩 받아먹고 또 병아리 오줌만큼의 포도주를 받아 마시기도 했다. 옆사람에게 "나도 나가야 하는 가" 하고 물어보았더니 "안된다"고 귀띔을 해주었다.

나는 이때 이렇게 어려워서야 어떻게 농민대중이 즐겁게 참여할 수 있겠는가 하는 의문이 생겼다. 그때 당시의 농민 불만은 물솥이 끓어 수증기가 솥뚜껑을 밀고 나오는 것처럼 터져나오는 시기였다. 그래서 농민운동이 대중을 끌어안아야 할 것인데 이것도 걸림돌이 될 수 있겠구나 하는 생각이 들었다.

주교님이 나가시고 나서 나는 단상에 혼자 올라가 포도주를 한 잔 가득히 부어 쭈욱 마셔버렸다. 그리고 동지들에게 여러분이 일생동안 마실 예수님의 피(포도주)를 나는 한꺼번에 마셔버렸다고 기고만장해하기도 했다.

평소 서운한 일이 있어도 그저 내색은 하지 않고 우스갯소리로 분위기를 명랑하게 했던 나를 보고 동지들도 웃음으로 그냥 받아넘긴 적도 있었다. 감사의 임무라 한다면 첫째는 총회에서 결정한 사업계획을 집행부가 잘 추진했는가, 하부조직의 실천을 위한 노력이 잘 되어 있는가 하는 것과 회계사무의 차질 여부를 조사하는 것이었다.

그런데 그해 총회에서 공소실태조사 사업이 결정되었다. 감사인 나로서는 나의 임무도 임무였지만 공소(군단위 본당 외의 신부가 상주하지 않은 면단위 작은 성당)가 무엇인지도 모르는 농민들에게 공소실태조사를 왜 시키는가 하는 의문이 들었다. 과연 교회가 농민을 불쌍히 여겨 박애운동으로 하는 것인가, 농민에 의한 농민을 위한 농민의 운동을 하는 것인가.

나는 농민대중으로부터 여론이라도 들어보기 위해서 누차 여론조사를 해보자고 하였다. 그래야 농민적 사업과제라도 잡아갈 수 있을 것이라는 생각이었다. 내 생각을 관철하기에는 나의 능력이 너무나 부족했고 조직의 구조상 비신자인 내가 가톨릭의 전통적 권위에 도전할 수는 없는 노릇이었다. 그래도 나 같은 사람이야 참고 견디며 머리를 맞대고 함께할 수 있지만 일반대중이야 그게 쉽겠느냐는 생각은 버릴 수가 없었다.

기독교농민회 창립에의 작은 기여

가농회원이면서도 나는 기독교농민회 창립을 위한 현장교육에 참여하게 되었다. 기독교농민회 창립설이 나돌면서 가농의 일부에서는 이를 섭섭해하기도 했지만 나는 이와는 좀 다른 생각을 갖고 있었다. 교회에 대한 소속감이 없는 탓인지 나는 농민들의 자생력이 부족한 실정에서 각 교단을 최대한 활용하여 농민을 깨우치게 하고 조직화만 해내면 될 일이라고 생각했다. 사실 소박하고 단순한 생각이었다.

무안의 해제·망운·현경·청계 등 각 부락을 새벽부터 돌아다니기 시작하면 그날의 일과는 보통 밤 12시가 돼서야 끝났다. 4~5일씩 계속되어도 지칠 줄을 몰랐다. 그저 농민들과 만나는 것이 반가울 뿐이었다. 이어서 해남의 옥천·삼산·현산 등을 거쳐 전북과 충청남북도까지 돌아다니며 강사의 역할을 했었다. 내가 많은 지식을 가지고 있어서가 아니라 고통스럽게 살아가는 같은 처지의 동지라는 애정이 있었기에 가능했으리라. 그리고 나의 구수한 말투는 가끔 사람들을 웃기게 하다가도 울게 만들고 분노하게도 만들었다. 그때만 해도 농민의 정서에 맞게 쉬운 말로 강의할 만한 사람이 많지 않았던지 나 같은 사람에게 이런 역할이 주어졌었고 그것은 나 개인으로서도 퍽 보람되고 다행스러운 일이었다.

강의를 시작하면 보통 4시간에서 길게는 6시간까지 이어졌다. 농민의 현실, 농민문제의 본질과 해결방법, 협동조합론, 농업세제의 문제점, 어떤 때는 농민선교론까지 했어야 했다.

생각해보면 웃기는 일이다. 신앙심이라고는 손톱만큼도 없는 사람이 얻어들은 풍월로 농민선교론을 얘기하는 것도 가소롭지만 내 강의를 듣고 기독교신자들이 "주여, 주여, 아멘"을 연발하면서 은혜를 입는 듯한 모습을 볼 때는 사이비종교의 교주가 되는 것도 별로 어려운 일이 아니겠다는 생각이 들었다. 어찌 보면 사기를 치는 것도 같았지만 사이비종교의 교주가 치는 사기와는 질이 틀릴 터였다.

나는 강의만 하고 떠나면 그만이었지만 현장에서 뛰는 기독교 농민회 창립멤버들의 피나는 노력은 정말 대단했다.

무안에서 기독교농민회 지회가 조직되고 해남과 충북의 중원군, 그리고 강진에서도 조직이 만들어지기 시작했다.

강진에서는 농민운동을 발전시키자고 하는 일이 자칫하면 조직 이기주의에 빠질 우려가 있어서 서로의 갈등과 대립을 예상하고 막지 않으면 안되었다. 그래서 바짓가랑이 같은 강진의 양 반도를 중심으로 오른쪽의 도암 · 신전면 등은 가농의 집중지역, 왼쪽의 군동 · 칠량 · 대구면 등은 기농의 집중지역으로 하자고 제안하여 서로 할당받은 것처럼 자기 조직을 키워가기로 했다.

나는 그때도 가농조직에 들어 있기는 했지만 가농을 위해서 일한다는 생각은 해본 적이 없다. 오직 농민운동의 발전을 위해서였을 뿐이다.

나는 어떤 조직의 어느 누구와도 친했고 잘 통했다. 지금 생각해보면 그때가 좋았고 보람을 느낀 시절이었던 것 같다. 부락에 강의만 나가도 경찰들이 무전기를 들고 따라다녔지만 그래도 희망이 있었던 것은 우리와 뜻이 같은 사람들이 하나 둘씩 늘어나기 때문이었다. 나의 3,40대는 정말 보람찬 젊음을 보낸 시절이었다.

자주적 농민조직 전국농민협회

우리들이 농민협회를 만든 것은 가농이나 기농의 역할을 과소평가했기 때문은 절대 아니었다. 또 개인적으로 누군가가 마음에 들지 않아 그런 것도 아니었다. 농민들이 자주적 조직을 만들어 잘하든 못하든 책임지고 운동을 이끌어가야 할 역사적 시점에 이르렀다고 생각했기 때문이다. 높은 의식수준은 아니라 할지라도 한걸음 정도만 앞선 대중적 생산자조직의 결합체가 연합체 형태로서의 농민협회를 만들면 바람직한 대중조직이 될 수 있을 테지만 그때 현실이 거기까지 갈 수도 없었고 하여 전국의 각 군에서 독자적으로 농민운동을 하는 조직의 지도부가 모여 논의를 계속했다.

당시로서는 아무런 배경도 없이 농민들끼리 조직을 만들면 자금의 확보도 어렵고 권력의 탄압에 살아 남을 수 없다는 생각들을 하기 일쑤였다. 우리는 할 수 있다는 것을 보여주는 것이 중요하다고 생각하고 있었다. 물론 우리도 그런 어려움을 예견하고 있었기 때문에 순전히 우리 호주머니 털어서 일해나가지 않으면 안되었다.

경찰의 사전 방해공작은 말할 나위 없었다. 준비모임 갖는 날을 어떻게 알았는지 사복경찰들이 우리 딸기밭에까지 따라다니면서 모임에 못 가게 잡고 있었고 심지어는 가까운 친척이 되는 경찰까지 동원하여 나를 잡고 통사정토록 하였다.

우리는 마찰을 피해가면서 창립을 준비해야 했으니 꼭 무슨 비밀결사 같기도 했다. 기관원들의 감시를 피해 장소를 옮겨 다니면서 준비모임을 착실히 가져오던 끝에 우리는 1987년 마침내 농민의 역사적 자주조직인 전국농민협회를 출범시키게 되었다.

농민협회가 창립되고 나자 조직의 규모도 조금씩 늘어나기 시작해 전남에서는 함평, 경남에서는 하동·남해·김해·의창·창녕·함안, 전북에서는 김제, 충남에서는 예산, 충북에서는 청원·보은, 경북에서는 영천, 경기의 화성·포천군 농민회가 참여했다.

그런데 강진에서는 내가 개별적으로 참가할 수밖에 없었다. 강진에는 가톨릭농민회와 기독교농민회만 있었지 독자적인 농민조직은 없었다. 기왕의 기독교농민회나 가톨릭농민회에 대한 예의로도 그렇고 이미 그 조직에서 장기간 훈련된 사람들은 그 조직의 노선이 최선이라고 믿는 상태여서 불필요한 파문을 일으키고 싶지 않았다.

기농이 창립될 때와 마찬가지로 우리는 분파주의니 모험주의니 개량주의니 하는 매도를 당하면서도 우리 할 일만 했다. 가장 어려운 문제는 역시 돈이었다. 외원이 없는 우리들로서는 거의가 회비와 약간의 사업수익으로 운영비를 충당해야 했다. 한 달에 한번씩이나마 기관지 농민신문을 발행하는 일도 벅찼다. 교육도 자비부담을 원칙으로 해야 했고 권익실현사업, 조직확대사업 역시 점심을 굶고 해도 돈은 들어가기 마련이었다.

우리 회원들은 정말 헌신적으로 회비를 자진해서 납부해주었다. 1개 군에서 기십만 원에서 백만 원 이상까지 내야 했으니 지역활동하랴, 본부운영비 부담하랴 힘겨웠을 텐데도 다들 헌신적이었다.

그래도 어렵게 자기 돈들을 내어서 조직을 꾸려나가서 그랬던지 조직에 대한 애정들도 대단했고 사무국의 실무를 담당하는 부장, 간사들의 봉사정신은 눈물겨웠다. 생활비를 받지 못하면서도 출장갔다 한 푼이라도 여비가 남으면 반납했고 그 바쁜 중에도 아는 사람들을 찾아 꿀장사며 참기름장사며 닥치는 대로 해내었다. 개인을 위해 그렇게 산다면 큰 돈 벌 사람들이었다. 사무처

리도 꼼꼼하고 철저했다. 나는 지금도 자랑하고 싶은 것이 농민
협회의 실무팀들이다. 그들은 다른 조직에서 볼 수 없는 봉사정
신과 철두철미한 실무행정이 돋보이는 이들이었다. 우리는 그 바
쁜 중에도 농가부채 현황을 조사했고, 이를 기초로 선별탕감안을
마련하여 각 정당에서 점거농성을 하기도 했고, 힐튼호텔에서 열
린 미국과일시식회에 나가 농산물수입 저지활동을 벌이기도 했
다. 의료보험제도가 시작되면서는 '건강사회를 위한 약사회' 등
의료인과도 힘을 모아 공청회를 열기도 하고 농촌 의료보험제도
의 문제점을 제시하는 소책자를 만들어 홍보하기도 했다. 수세폐
지, 고추싸움에는 농민운동연합(1989년 가농·기농이 결성한 연합
조직. 1990년 전국농민회 결성과 함께 해체됨)과 공동전선을 펴기도
했다.

나는 농민협회를 대표해 경남의 사천·김해·남해·하동, 충북
의 청원·제천·영동, 강원의 횡성 등지를 다니면서 강연이나 할
뿐이었다. 그래도 가는 곳마다 자주적 농민조직이 속속 결성되었
다. 특히 제주지역에서 조금이나마 제주농민회 결성을 지원할 수
있었던 것은 다행스러운 일이었다.

그러나 많은 군단위의 독자조직들이 전국조직의 눈치를 보면서
이에 가입하지 않고 있었으니 그것은 바로 통합된 농민조직을 바
랐기 때문일 것이다.

나는 회장이라는 자리에 조금도 연연해하지 않았고 조직 내에
서의 주도권 같은 것도 생각지 않았다. 내부적으로 개인적인 노
선 차이로 갈등이 있을 수 있다는 것을 염두에 두고 그런 문제를
해소하기 위하여 회원들에게 따뜻한 정을 주고 실무팀들에게 최
선의 위로라도 해야겠다는 생각으로 대했다. 그래서 그랬는지 서
로간에 불만이 생길 터인데도 잘 조정하고 이해하였다.

나는 그저 할 일도 별로 하지 못하면서 창립 때부터 해산 때까

지 1년 임기의 회장을 3년이나 했으니 실무진들이 얼마나 애를 먹었겠는지 짐작하고도 남음이 있다.

농민운동의 통일을 위하여

농민협회와 농민운동연합이라는 두 단체는 서로의 필요에 따라 사안별로 연대사업을 시도한 적이 있었다. 그러나 그리 잘 이루어지지는 않았다. 어떤 쪽의 홍보가 잘되겠는가, 어떤 쪽의 조직확대에 도움이 되겠는가, 누가 주도권을 잡을 것인가 하는 조직이기주의에 빠진 것 같았다. 물론 올바른 자기 노선을 관철하기 위해서라는 나름의 이유는 있을 것이다. 그러나 그것은 겉과 속이 다른 이치와도 같은 것이다.

그런데 그런 주도권 싸움과 조직이기주의는 전문운동가와 특히 소위 지식인 출신의 운동가들이 심했다. 일반대중은 오직 하나로 뭉쳐지기를 바라는 소박한 심정들이었지만 오히려 배운 사람들이 일반 농민대중에게까지도 분파성을 조장하는 점들이 눈에 띄었다.

농민운동의 통합은 분명 전문가들의 요구라기보다는 농민대중의 강력한 요구이기 때문에 해내야 할 일이었다. 그런데 실무진들끼리의 통합 논의에서는 너무 까다로운 조건과 이유들이 제기되어 많은 시간을 소비할 것 같았다. 그래서 나는 농민운동연합의 윤정석 의장과 단독으로 만날 것을 제의했다. 하룻밤을 같이 자면서 깊은 얘기를 나누었다. 그때의 결말은 이러했다. 대중적 요구를 실현하지 못한다면 우리는 각기 조직의 대표에서 물러난다. 주도권에 연연해하지 않고 통합조직에서 일체의 공식적 대표기구에 나서지 않는다. 대표자 주도의 실무팀 연석회의에서 통합준비기구를 만드는 안을 마련한다.

다시 날짜를 잡아 실무진 두 사람씩만 배석시키고 종로의 어느 조그마한 찻집에서 다음과 같은 통합안을 마련했다. 새로 탄생될 통합조직은 농민협회와 농민운동연합의 통합만을 의미하는 것이 아니므로 각 군단위의 대표자들이 모여 통합기구를 마련한다. 1개 군에 2개의 조직이 있을 시는 각각 1명씩의 대표자를 파견한다. 의결권의 행사는 군단위의 역량(회원숫자와 회비납부 의무)에 따라 의무와 권리를 부여한다. 통합기구가 구성되면 그 기구가 모든 절차를 담당해나간다는 기본원칙만을 확정했다.

대표자회의의 임시의장을 맡은 나는 그동안의 경과에 대한 보고를 끝내고 곧바로 창립준비위원회 구성계획안을 마련했다.

농민협회는 창준위가 가동되면서 곧바로 해산을 선포하고(1990년 4월) 해산정리위원회만을 두고 그동안 사용한 사무실, 집기 그리고 부채 정리작업에 들어갔다. 서운하면서도 홀가분했고 잘만 되면 꽤 큰일을 해낸 셈이라는 자부심도 들었다. 그러나 새로 통합될 조직이 농민의 입장으로 돌아가지 않고 예전처럼 파벌주의로 나간다면 큰일일 것이라는 우려도 있었다.

나는 그후 일반회원 자격으로 전국농민회총연맹 창립준비위원회 창립대회에 참가하면서 파벌의식을 버리지 못하는 모습들을 보며 안타까운 마음이 들기도 했다.

나는 그후 전국농민협회 시절의 멤버들과 몇차례의 친목모임을 가질 때마다, 모든 논의는 기구 내에서 하는 것이 좋을 것이다, 이런 모임이 자칫 잘못하면 파벌의 양상으로 보일 수도 있을 것이다는 말을 하곤 했다.

지금 농민운동은 점점 어려워지고 있다. 그러나 이 어려운 시기일수록 하나라도 더 모여 뭉쳐야 된다. 자기의 생각이 한번 옳다고 생각하면 남의 말은 소용없다고 배척해버리고 자기의 주장만을 끝까지 관철하려는 태도는 결국 운동을 침체에 빠뜨리고 말 것이다. 반대 의사를 진지한 마음으로 받아들이고 검토해야 한다. 지금은 최대한의 합의를 이루어내야 할 시기인 것이다. 다수결의 원칙이 꼭 민주주의에 바람직한 것만도 아니다. 때로는 추잡한 협잡과 기만과 횡포가 있을 수도 있다. 다수결의 원칙은 최후의 수단으로 써야 할 것이다.

활동가들은 지나치게 똑똑하게 나서거나 너무 몰라서도 안된다. 그저 평범하게 보이는 것이 좋으며, 특별나게 행동하지 않아야 활동하기도 좋고 많은 사람들을 스스럼없이 대할 수 있다. 말과 행동은 따뜻하고 부드럽게 하고 마음가짐은 강철같이 굳게 가져야 할 것이다.

제 3 부

협동조직과 생산조직

1. 농협민주화운동

문제 제기

농업협동조합은 "농협은 농민의 것, 농민을 위한 조합"이라는 슬로건을 그토록 소리 높여 부르짖었지만 정작 주인인 농민은 왜 "농민은 농협의 것, 농협을 위한 농민"이라는 역설과 비판의 소리를 지금까지 해왔던가.

농협은 잘해왔는데 농민들의 인식이 부족해서 그랬을까? 협동조합의 설립목적은 "경제적으로 가난하고 사회적으로 천시당하고 문화적으로 자기 문화를 갖지 못한 농민의 경제적·사회적 지위를 상대적으로 향상시키기 위한" 것이다. 그런데 어찌하여 빚은 산더미처럼 커지고 해볼 만한 농사조차 사라져 엿장수 말처럼 "이보다 더 못 되면 농사짓지" 할 정도가 되고 농촌총각은 결혼 상대를 구할 수 없을 정도로 사회적 천시 속에 천민으로 떨어졌는가. 농협은 한다고 했는데 도대체 무엇이 잘못되었다는 말인가.

이런 문제는 대출받으러 갔는데 직원이 좀 까다롭고 불친절했다는 정도의 문제와는 본질적으로 다르다. 나는 농협을 제3자의 입장에서 보는 단순한 비판자가 아니다. 농협의 주인으로서의 조합원이요, 당사자이다. 그러나 주인으로서의 책임도 있지만, 힘

과 힘의 관계로 인해서 주인이 주인 노릇을 할 수도 있고 종으로
전락할 수도 있는 것이 이 사회의 현실이다.

　나는 모든 농민조합원과 조합의 임직원 모두에게 우리 함께 책
임을 통감하면서 이제 올바른 농협을 건설해보자는 충정어린 마
음으로 다음과 같은 문제를 제기한다.

　농협의 본질에서 가장 귀중한 것은 자주성이다. 일제하 식민지
지배권력은 농민수탈정책을 편 까닭에 농민들의 자주적 단결을
좋아할 리가 없었다. 그래서 애국적 청년들의 농민조합운동을 불
순세력의 활동으로 규정하고 이를 탄압·금지했다.

　8·15 이후 이승만정권 역시 그 유명한 "뭉치면 살고 흩어지면
죽는다"는 명언을 남기면서도 행여 농민이나 노동자가 자주적으
로 뭉쳐 자기 권위에 도전하고 자기 권력에 위협적인 힘이 될까
보아 협동조합이란 것을 육성할 엄두도 내지 못하였다. 그래서
일제의 농업금융정책과 하등 다를 바가 없는 농업금융조합, 농업
은행 등의 농업금융업 정도로 돈장사만 하게 할 뿐이었다.

　그런데 5·16 후 대중 장악의 명수요 정치공학의 창시자격인
박정희가 등장하여 농민조직을 통해 전농민을 더욱 철저하게 장
악할 의도로 농협을 구상했던 것 같다. 그것은 농협뿐만이 아니
었다. 새마을 무슨 협회 등 여타의 농민조직을 관변조직으로 묶
어 대중을 장악하고 자주성을 말살하는 데 성공하였다.

　그래서 농협은 농민이 만든 것이 아니라 정치권력이나 정부가
만들었다는 데 이의를 제기하는 사람이 없다. 다시 말해서 농협
은 농민의 것이 아니라 정부의 것이요, 권력자의 것이라는 관념
이 박혀 있다.

　이렇게 농민의 필요와 요구에 의해서가 아니라 정치권력의 필
요에 의하여 만들어진 농협이 과연 농민을 위한 농협의 구실을

할 수 있었는가 없었는가는 농협의 올바른 진로 설정을 위해서 앞으로도 계속 따져보아야 할 것이라고 생각한다. 이는 또한 왜 농협민주화라는 현장싸움을 해야 했는가에 대한 설명이 될 수도 있을 것이다.

나는 65년도부터 이제껏 농민운동의 주요과제로 떠올랐던 강제 출자 거부, 조합장 직선제 등 수많은 농협민주화 싸움을 올바로 이해할 수 있도록 싸움에 담겨 있는 복잡한 문제들에 대해 설명하려 한다.

기능 면에서 본 농업협동조합

초기 산업자본제사회에서는 독점생산이 아닌 수많은 자유경쟁 생산이 이루어지므로 경쟁을 이용하여 약자들이 뭉쳐 공동구매를 할 때 상품생산자는 최소한의 이윤만 보장되어도 협동조합의 공동구매에 응하지 않을 수 없었을 것이다. 그렇지 않고서는 자기 자신이 몰락의 위기에 부딪힐 수도 있기 때문이다.

그러나 자본이 비대해져 독점기업 형태로 국가권력과 상보관계를 갖고 권력의 비호 아래 있게 되는 국가독점자본제 단계의 현 사회에서는 경제적 약자들이 단결하여 공동으로 구매한다고 해서 독점자본가에게 위협이 된다든지 최소의 이윤만을 실현하게 영향력을 행사할 수는 없으며 그렇게 하는 것이 오히려 독점기업의 상품판매를 촉진해주는 것이 되고 만다.

지금 육백만 농민이 경제적 기능만을 하는 농협에 모여서 비료를 공동구입하고 있다. 그렇다고 비료를 획기적으로 싸게 구입하는 것도 아니다. 오히려 독점기업은 내가 아니면 살 곳이 없을 테니 '잡아논 고기다' 하면서 위협적으로 초과이윤을 실현할 수 있을 것이다. 우리 농민이 지금까지도 비료를 국제가격보다 거의 두 배나 비싼 값으로 사 쓰고 있는 것은 너무도 잘 알려진 사실

이다. 농기계도 마찬가지다. 콤바인, 트랙터 등이 외국산에 비하
여 성능이 말할 수 없이 떨어지는데도 값은 월등히 비싸다. 이는
무엇을 의미하는가. 농협이 자본의 무제한적 초과이윤 실현에 아
무런 제동도 걸지 못할 만큼 무기력하다는 의미이다. 약간의 중
간마진을 줄일 수 있을 뿐인데, 그나마 국가의 세금 혜택 정도는
조합의 노력이 아니라 국가의 면세조치의 결과일 것이다. 농기계
용 면세류는 조합을 통하지 않고 다른 통로를 통해도 똑같은 값
으로 나오고 있는 실정이다. 담배값도 똑같고 음료수는 도매슈퍼
보다 약간 비싸다. 같은 생필품도 공무원 연금매장보다 비싼 것
이 많다. 그렇다고 농민들이 생산한 농산물을 농협을 통해 비싼
값에 파는 것도 아니다.

   요즘 농협은 농산물장터를 일회적으로 개설하여 농민과 소비자
를 함께 보호하는 이중효과를 본다고 선전하고 있다. 그렇게 좋
은 일이니 전국적으로 상설화하면 농민도 잘살고 농협운영에도
유리할 터인데 왜 일회적으로 선전효과만 노리고 있는가.

   독점 혹은 국가독점단계에 이르러서는 농협은 경제적 기능과
정치·사회적 기능을 함께 해야 한다. 비료, 농기계 등의 값을
인하하려면 정치적 투쟁을 병행할 수밖에 없다. 쌀값을 보장받고
전량을 수매케 하며 외국쌀 수입을 막아야 살 수 있다면 결사적
으로 정치투쟁을 해야 한다. 농협 주도의 서명운동도 의미가 있
지만 이것이 농민들의 서울상경투쟁, 벼적재투쟁과 같은 결사투
쟁의 의미를 희석하는 결과를 가져온다면 농협도 농민과 함께 그
결사투쟁에 동참해야 하는 것이다. 무사안일한 방법으로는 문제
를 해결해갈 수가 없다.

   이제 농협은 경제적·정치적 기능이라는 바퀴를 양쪽에 달고
농민을 싣고 가는 마차가 되어야 한다. 정치적 바퀴는 빠져버리
고 경제적 바퀴마저 펑크가 난 마차를 어떻게 타고 갈 것인가.

그래도 타고 가라고 강요하는 것은 떠메고 가라는 말밖에 되지 않는다. 결국 농민은 권리는 모르는 채 의무만을 강요당하면서 '농협을 위한 농민, 농민은 농협의 것'이라는 무식한 것 같으면서 진리인 자탄의 소리를 하는 것이다.

농협의 경제사업

농협의 경제사업은 크게 신용, 구매, 이용, 판매 사업으로 나눌 수 있다. 이러한 사업은 어느 한가지도 소홀히할 수 없고 어떤 한군데로 치우쳐서도 안된다. 상호연관성 있는 유기적 경영체인 종합농협으로서 협동조합 경영의 원칙을 지켜야 할 것이다.

이를테면 마늘농가가 있다고 하자. 마늘농사를 짓겠다는 농가를 조사하여 우선 생산량을 조절하게 하고 기술경영의 정보 및 자금 등을 제공해야 한다. 그런데 마늘농사에 필요한 농자재값, 종자값, 비료값, 기타 필요 경비가 없는 영세한 농가일수록 높은 이자의 사채에 의존할 수밖에 없다. 이 사채로부터 해방되기 위해서는 가난한 농가에 우선적으로 농사자금이 나가야 한다. 그래야 농민을 고리채로부터 해방시킬 수 있다. 다음으로 필요한 농자재를 싼값으로 들여와야 한다. 가령 비료회사에 농협한테는 좀 싸게 해주라 해도 안 해줄 터이니 쥐꼬리만한 중간마진 운운만 하고 있을 것이 아니라 정치적·사회적 활동을 통해 초과이윤을 실현하지 못하도록 압력을 가하거나 다른 수단을 통해서라도 싼값으로 사서 공급하지 않으면 안된다. 이때 한 기업에서만 구매해버리면 그 기업만 살아 남게 되어 더욱 독점력을 강화하게 될 것이므로 이를 방지할 필요가 있을 것이다.

예를 들어 올해 마늘농사가 풍년이라고 해보자. 한꺼번에 어마어마한 물량이 시장에 쏟아져나올 것이다. 돈이 급한 농민들은 개별 분산적으로 판매경쟁을 한다. "싸게 팔 테니 내것 먼저 사가시요" 하는 경쟁은 단순히 한두 사람이라면 협정도 하겠지만 수천 수만의 농민이 서로 자기 것 사달라고 아우성치는 속에서 협정가격을 매기기는 불가능하다. 독점가격과 경쟁가격의 이윤경쟁에서 농민은 참패를 당하게 된다. 이때 농협은 이 개별 분산적 경쟁을 막아야 한다. 과잉 생산된 마늘을 저온창고에 보관한다든지 마늘장아찌나 마늘농축액 등의 다른 식품으로 가공판매하고 그래도 남을 것 같으면 수출을 하든지 일부를 폐기처분하든지 하여 출하량을 조절하면 절대로 농민이 손해보지 않는 안정적인 생산비를 보장받을 수 있을 것이다.

기업이 협정·합동을 통해 독점하는 것과 같이 농협도 독점을 해야 대등하게 경쟁할 수가 있다. 개별 분산적인 농민이 생산에서 신용·구매·이용·판매까지 종합적으로 경영해야 하는 것이다. 이렇게만 하면 농협이 보증인 없이 돈을 꾸어주어도 절대 떼어먹힐 리 없다. 절대로 손해보지 않게끔 보장되어 있고 판매대금에서 차용금 상환은 약속되어 있기 때문이다. 구매·이용·판매 사업이 거의 없다시피하기 때문에 신용사업에서 조합원에게 대출해줄 때도 보증인을 세워야 하고 신용기준을 그 사람의 소유 농지규모나 재산에 맞춰야 하고 보증인 역시 차주의 재산을 보고 보증을 써줄 수밖에 없다. 이제는 부채의 누적으로 이웃끼리도 서로 보증을 꺼려하고 심지어 이것이 불신의 요인마저 되고 있다. 더구나 영세소농은 융자조차 받기 힘든 사회적 조건으로 말미암아 융자를 스스로 포기하게 돼 있는 것이다. 신용사업 본래의 목적인 가난한 농민을 고리채로부터 해방시킨다는 것과는 상반된 결과가 빚어진 것이다.

구매사업 역시 마찬가지다. 하다못해 낫 한자루, 삽 한자루도 수탁사업을 통해 싼값에 공급해준 적이 없다. 농민 스스로도 할 수 있는 비닐 공동구매 같은 것을 똑같은 값과 조건으로 농협이 끼여들어 대신하고 있는 형편에 불과하다.

단순히 농협이 지닌 공공성만을 활용하고 있는 실정이다. 기업의 초과이윤 실현 방지라는 것은 염두에도 없다. 이용사업 역시 판매사업을 위한 것이 별로 없다. 이용사업(보관·가공)없는 판매사업은 하나마나 한 격이고 결국 그것은 개별 분산적 판매로 인한 손해를 방치하는 결과다. 작목반이라는 것도 농민 혼자서 수송하기 힘든 소량의 농산물을 함께 모아 싣고 가서 파는 농민들의 자생적 공동운송반 수준을 벗어나지 못하고 있다. 그나마 빚 쓴 죄인이라는 말이 있듯이 농협의 특수영농자금이라는 미끼 때문에 농협작목반이라는 명칭 정도를 빌려주는 식이 되어 있지 않은가? 형식과 실적이 중요한 것이 아니라 내용이 중요한 것이다. 내용이 없는 형식과 실적은 변명을 위한 자료가 될 수 있는 법이다.

조합의 형태와 문제점

위와같은 종합경영의 원칙을 살리면서 농업 독점을 통해서 농민을 독점자본으로부터 보호하려면 작목별 단위조합이 구성되어야 한다.

예를 들어 딸기가 많이 나오는 강진에는 딸기조합을 만드는 것이다. 혹 강진군으로 부족하면 인근의 소량재배지인 장흥군과 해남군을 포함시킬 수도 있다.

전국적으로 구성되어 있는 개별 딸기조합 역시 조합별로 경쟁만 하다 보면 각기 나름대로 작물 재배와 관련된 통계를 내어 경쟁하는 오류를 범할 수가 있다. 그런데 딸기조합 전국연합이 구성되면 연합회가 식부면적과 생산량에 대한 통계정보를 내놓을 수 있고 시세를 조절할 수가 있다. 과잉생산됐을 때는 잼을 만들기도 하고 딸기주스를 만들 수도 있으며 폐기처분을 할 수도 있다.

딸기 가공품이 수입되어 온다든지 대항작물인 바나나·파인애플·자몽 등 외국과일류가 들어오면 딸기농가만 피해를 보는 것이 아니라 참외·수박·복숭아·배·사과·포도 등을 재배하는 농가가 모두 피해를 입게 되고 작목을 전환하면 일반작물 재배 농가까지도 간접피해를 입을 수 있다. 그래서 당연히 사과조합, 배조합 등 다른 조합과 연대하여 공동의 큰 힘으로 이를 저지해야 한다.

그러나 지금의 농협은 업종별·작목별 전문성 확보를 꾀하지 않고 있으며 광범위한 농업을 전적으로 담당하겠다는 돈 끼호떼적 사고를 가지고 있다. 쌀보리·콩·고추·소·돼지·닭·과수·고등원예, 심지어 내륙양어까지 관장하겠다는 우를 범하고 있다.

한가지도 똑똑히 못하는 주제에 전부를 도맡아하겠다는 무모하고도 모험적인 용기를 가지고 있는 셈이다. 어떻게 수십 수백 가지의 작목을 다 살릴 수가 있고 이해가 서로 다른 상업적 영농형태의 농민들을 다 보호할 수가 있겠는가? 머리가 열 개 달렸어도 못할 것이다.

우리나라의 협동조합은 크게 농협, 수협, 축협으로 나누어져 있으나 조속히 작목별 조직을 기본으로 하는 조합으로 전환하여야 하며 현실에 따라 유사작목을 합병해도 무방할 것이다. 겨우 진양·진주를 중심으로 하는 경남육우조합과 대구를 중심으로 하는 사과조합이 작목조합으로 있으나 전국연합회가 없어 유기적인 상호협력이 불가능하고 정치적 현실 때문에 실패할 수도 있는 실정이다. 이런 형편이다 보니 다른 농민이야 어떻게 되든 우리라도 살아야겠다는 생각으로 집단이기주의 또는 집단보호주의에 빠지게 된다. 그러면 물론 다른 농민보다 조금 나아질 수도 있을 것이다. 그러나 그것은 주변 여건에 따른 특수사례가 될 수밖에

없을 것이다. 그러한 특수한 경우를 가지고 잘되었다 못되었다
판단할 수는 없다.

단위농협

  단위농협은 독립법인체이다. 따라서 독립채산제에 의하여 망하
든지 흥하든지 자기 책임이다. 즉 강진농협이 거덜이 난다 해도
해남이나 다른 면의 조합이 보태줄 리가 없다. 강진조합이 흥한
다 해도 누가 보태달라고 애걸하지도 않을 것이다. 흥하면 조합
원의 것이 되고 망하면 조합원이 변상해야 할 책임이 있다. 망하
면 책임이 있는데 망하지 않도록 관리해야 할 의무가 없어서야
되겠는가?

  지금 농협의 수익 중에는 신용사업 수익이 대부분이고 그 다음
이 창고보관사업 수익이다(보관사업은 종합경영과 상관없는 것으
로 정부양곡과 비료 등을 보관하는 개인보관업과 똑같다).

  그 다음 지출내역을 보면 인건비가 제일 큰 비중을 차지하며
상여금, 퇴직적립금, 체력단련비, 건강관리비, 자녀학비보조금,
점심값, 출장비, 숙직비, 판공비 등등 머리가 혼란할 정도로 그
항목이 다양하다. 그래서 주인인 농민은 자기 직원에게 얼마의
보수를 주고 있는지조차 아는 사람이 거의 없다. 직원들끼리도
동료직원의 보수가 얼마인지를 모른다는 웃지 못할 얘기를 공공
연히 하고 있는 실정이다. 아무튼 농민과 생사를 함께한다는 농
협의 임직원이 농민이야 죽을 지경에 이르렀어도 월급과 보너스
가 공무원보다도 많은 모양이다. 결국 수지결산서를 보면 농민이
부대끼게 되니까 돈장사 빚놀이(농민 상대의 신용사업)가 잘되는
데 그 이익금은 모두 직원들 보수로 나가버린다는 답이 나온다.

  여기까지는 좋다. 앞으로 농촌인구는 급격히 감소하게 되어 있
고 그나마도 노인들만 남게 될 것은 시간문제이다. 그 소수의 노

인조합원들을 대상으로 조합 운영이 잘될 것인가? 게다가 우루과이 라운드 협상에 의하여 자본시장이 개방될 것도 뻔하다. 제국주의의 거대한 자본은 싼 이율과 좋은 조건의 써비스로 국내자본시장을 잠식할 것이다. 그때도 농협은 돈장사만큼은 잘할 것인가? 정부의 쌀 수매금 가지고는 당면의 대출금 회수 목표액에도 부족한 것은 거의 전국이 마찬가지일 것이다. 특히 산간오지의 영세조합은 앞으로 망할 위기에 놓일 것이다. 또 합병 얘기까지 나오고 말 것이다. 무엇을 어떻게 하자는 것인지 이해가 가지 않는다. 그저 가보는 데까지 가보자는 것이 아닌가?

자생적 조직인 육우협회나 오이협회 등은 작은 규모일지라도 인건비와 제반 경비의 절약을 통해서 쓰러지지 않고 그런대로 유지·발전해나가고 있다. 농협 역시 들어가는 비용을 최대한으로 절약해야 한다. 그중에는 물론 인건비도 포함되어 있다.

이러한 조합의 사업계획과 예산안을 수립하는 최고 의결기구가 대의원총회임은 말할 것도 없다. 대의원총회는 조합 및 전조합원의 운명을 책임지고 있는 기구이기 때문에 경비를 절약하기 위해서는 직급의 배정, 보수규정을 자주적으로 정해야 한다. 그럼에도 불구하고 얼토당토 않게 중앙회의 지도지침으로 독립채산제인 단위농협을 간섭하는 것은 있을 수 없는 일이다. 쉽게 말해서 중앙회가 단위조합 밥을 먹여주는 것도 아니고 운영을 책임지는 주체도 아니다.

전국의 단위조합 중에서 총회의 의결로 직원의 보수를 정해본 조합이 있는가. 물론 없을 것이다. 독립법인의 주인인 조합원이 자기 직원의 월급도 정하지 못하고 알아서 가져가라는 식이니 얼마를 가져가는지도 모르는 것이다. 혹자는 이 문제를 자본가와 노동자 간의 노동수탈 임금억제와 동일한 시각에서 볼지 모르겠으나, 이것은 그러한 계급모순이 아님을 알아야 한다. 노동자

만도 못하게 되어버린 농민과 그보다는 월등히 높은 소득수준의
직원 간의 문제인 것이다.

　혹자는 우수한 인력을 확보해야 하기 때문이라고 말할지도 모
르겠다. 그렇다면 그 우수한 두뇌가 그동안 왜 농민을 이 꼴로
되도록 방치했으며 조합이 위기에 처하도록 무엇을 했는가 묻고
싶다. 협회 등 자생적 조직의 임원들과 사무원들이 농민문제를
자기 문제로 여기고 거의 무보수로 일하는 현실과 견줄 만하다.
조금 섭섭한 얘기 같지만 너 아니라도 사람은 얼마든지 있다고
말하고 싶다. 그까짓 기능쯤이야 누구든지 조금만 연습하고 익히
면 못할 사람이 어디 있겠는가?

　또한 대의원총회는 최고의 의결기구답게 정관의 제정·변경을
마음대로 할 수 있어야 한다. 내가 총대시절에 조합정관에서 농
수산부장관의 승인을 받아야 한다는 부분을 삭제하자고 하였다가
생각은 좋으나 되지도 않을 일을 가지고 무엇하려고 시간낭비만
하느냐, 정관개정, 사업계획 예산안을 수정 없이 통과시키자고
하여 회의를 단시간에 끝내버리는 경우를 보았다.

　대의원이 아무것도 마음대로 할 수 없고 거수기 역할을 하려면
무엇 때문에 총회는 있고 바쁜 시간을 내어 회의에 참석하는 것
일까? 나는 몇번 회의에 참석했지만 조합 직원들이 기초한 안건
이 수정되는 것을 한번도 보지 못했다. 대의원총회는 조합의 최
고의결기구로서의 권위라도 좀 생각해야 할 것이다. 이사회도 그
총회의 하부에서 총회의 사업계획을 집행하는 집행의결기구에 불
과하다. 함부로 총회의 결정을 변경 집행한다면 직무유기, 권력
남용이 된다는 것을 알아야 한다.

　참고로 내가 구상한 새로운 농협기구도를 그려보겠다.

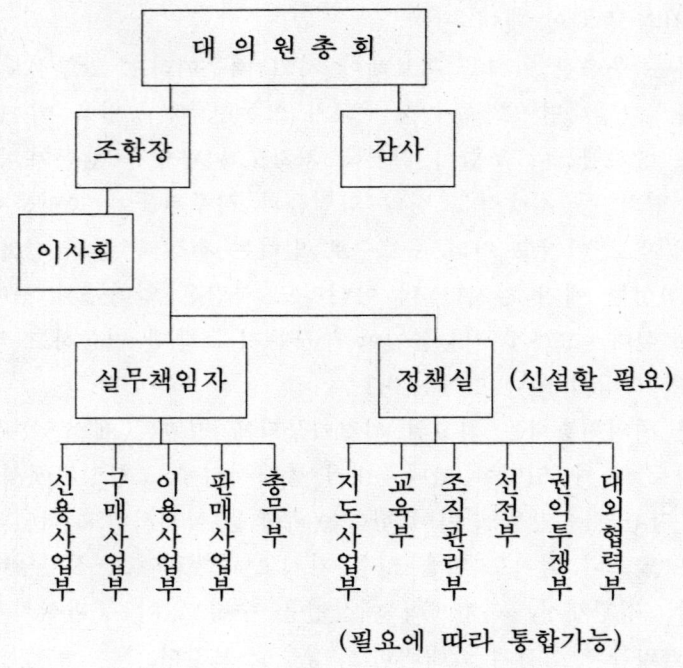

(필요에 따라 통합가능)

조합이 지켜야 할 원칙

조직은 그것이 지향하는 바에 따라 지켜야 할 기본 원칙이 있고 이 원칙에 위배되지 않는 기본법이 제정되어야 한다. 이 기본법이 협동조합 원칙에 위배되지 않아야 정관 역시 정관다운 효력을 발휘할 수 있을 것이다.

농민의 경제적·사회적 지위를 향상시켜 인간다운 삶을 추구하고자 하는 목적을 위해서는 농협은 다음 몇가지 원칙을 지키지 않으면 안될 것이다.

첫째로, 자주성의 문제가 가장 중요하게 지켜져야 할 원칙이다. 지금까지 조합장 임명에 관한 임시조치법이라는 우스운 법이 그래도 법이라고 행세를 해오지 않았는가? 만약 농민들을 정치적으로나 경제적으로 지배하고자 하는 목적이 없다면 농협의 자주성을 박탈하는 제반 음모적인 조치는 취하지 말아야 한다.

권력으로부터 임명을 받고자 할 때는 주인인 조합원에게는 잘 보여야 할 필요가 없기 마련이다. 그저 적당히 해서 본격적인 저항에만 부딪히지 않으면 그만이다. 그 대신 임명권자에게는 반드시 잘 보여야 하고, 여당 국회의원들이 임명에 영향력을 행사하고 있으니 친여적인 행동을 해야 하고, 심지어는 독재권력의 하수인이 되어 차마 보기에도 민망할 정도의 아부성 행동도 해야 하지 않았는가? 재벌의 이익을 대변하는 정치권력의 앞잡이가 된다는 것은 농민의 권리를 팔아 넘긴다는 말이 된다. 이유 여하를 막론하고 자주성이 없으면 조합이라고 할 수 없다.

둘째로, 1인 1표의 원칙이다. 조합장 임명제도가 반민주적 제도임은 말할 나위가 없으며 조합이 주식회사와 같이 투자에 따라 권리가 부여되는 것도 아니다. 약자의 인적 결합을 목표로 해야 하기 때문에 조합원 자격을 획득하면 출자액의 다소에 따라 참여권을 제한받을 수가 없는 것이다. 출자금액에 따라 대의원, 임원, 조합장의 입후보자격기준을 정하는 것은 민주적 관리의 원칙에 위배되는 것이다. 총회는 이러한 원칙에 위배되는 사항을 묵인해서는 안될 것이다. 출자액에 따른 차등권리는 주식회사에서나 있는 일이다.

셋째로, 출자배당 제한의 원칙과 이용고배당의 원칙이다. 협동조합은 어떤 자본가의 이윤동기를 실현할 목적으로 설립된 것이 아니다. 그런데 출자에 대한 배당을 원칙으로 정하면 투자를 많이 한 사람에게만 이익을 주게 되어 목적에 어긋나게 된다. 그렇기 때문에 출자배당은 제한함이 마땅하다. 그런가 하면 인적 결합을 유지하려면 참여도를 높이고 조합이용을 많이 하도록 유도해야 한다. 그래서 조합을 얼마나 이용하는가(예금·대출·구매·판매 등)의 실적에 따른 이익배당을 해주어야 한다. 조합을 많이 이용하면 그만큼 조합을 육성한 셈이 되기 때문이다. 그런 까닭에 나는 그동안 이용고배당의 원칙을 주장해왔는데 이용고 자료 작성이 복잡하고 아직은 힘들다는 이유로 묵살되었다. 결국 제한받아야 할 출자배당은 적용하고 이용고배당은 실시하지 못하는 결과를 가져왔다. 이는 분명히 원칙을 위반한 것이고 조합 발전의 장애 요소였다. 이제라도 이용고배당의 원칙을 과감하게 실시하면 조합 발전에 도움이 될 것으로 믿는다.

넷째로, 문호개방의 원칙이다. 조합은 항상 들어가는 문과 나가는 문이 열려 있어야 한다는 것이다. 그런데 우리 농민 중에 어떻게 해서 조합에 들어갔는지를 잘 아는 사람이 없다. 거의 강제로 가입한 것이다. 그러나 나오는 문은 없었다. 탈퇴의 문이 있었다고 하나 닫혀 있는 상태였다. 거의 고기를 몰듯 몰아넣어 놓고 가두어버린 것과 다름없었다. 지금은 나가려면 나가라고 할지도 모른다. 그러나 집단탈퇴를 했을 때 탈퇴가 가능할 것인가. 사실 이제는 농민들은 나가라고 해도 나갈 수가 없게 되었다. 농협이 잘해서 그럴까? 그것이 아니다. 이제는 빚 쓴 죄인이 되어버린 셈이어서 조합원의 자격이 아니면 부채를 갚아야 하는 문제가 있고 이자라도 갚고 부족하면 또 빚이라도 얻어써야 하는 빚쟁이 신세가 되어버린 때문이다.

농협이 농민을 잘살게 하여 빚더미에서 해방시켜주었어야 농민이 고마운 줄 알고 적극 참여를 할 것인데 농협은 빚놀이 하지 않으면 운영이 되지 않고 농민은 농민대로 빚이라도 빌려주는 고마운 곳으로 생각하게 되었으니 이율배반적인 모순이 첨예하게 나타난 것이다. 개인도 부잣집에서 빚을 얻어 쓰다 보면 딱 잡히게 되어 있듯이 지금 농민은 빚에 잡혀 있는 셈이다.

농협이 잘해서 농민이 나가라 해도 나가지 않고 참여도가 높다고 생각하는 이가 있다면 정신이상자라 할 것이다. 굳게 닫힌 철문을 열어도 빚이라는 철조망이 처져 있는 셈이다.

소 결

우리는 지금 재벌 우선의 극단적 농민수탈정책을 펴며 농업을 천시하고 포기하는 기막힌 역사 속에 신음하고 있다.

자주성을 상실한 농협은 농민수탈정책에 협조하는 하수인 역할을 해올 수밖에 없었다. 재벌의 막대한 자본축적과 토지취득에 대비되는, 빚더미에 올라앉은 농민, 몰락의 위기에 놓인 농민의 현실은 그것을 증명하고도 남는다. 결국 농협이 농민의 피를 빨아먹는 구조의 통로 역할을 해온 셈이다.

혹자는 정부의 지원으로 농협이 육성되고 있기 때문에 그것은 불가피하고, 재정자립을 해야 자주성을 찾을 수 있다는 궁색한 답변을 하기도 한다. 다시 말해서 종속적 관계를 인정하면서 재정자립을 못한 데 모든 잘못을 떠넘긴다. 물론 전근대적 관료독재하의 정치적 상황을 무시할 수는 없을 것이다. 그렇다고 하여 반농민적 수탈정책의 동조자가 되어 무사안일하게 이나마라도 유지하자는 말인가? 그 말은 임직원의 입장에서는 "아니꼽지만 밥 벌어먹고 살려면 할 수 없지요" 하는 자기 변명이 될 수 있다. 그러나 조합원의 입장에서는 아무런 보장 없는 내일을 바라보면서 자기 살을 깎아먹자는 얘기가 된다. "재정자립." 농민은 알거지가 되어도 농협만 부자가 되면 농민이 사람답게 살게 된다는 소리인가.

이제 농산물시장 개방이 눈앞에 다가오고 말았다. 농민들은 해

볼 만한 농사가 없어 실의와 불안에 떨고 있다. 애국심 강조하면
서 국산품을 애용하자는 말로 이 난관을 극복할 수 있을 것인
가 ?

금융시장도 개방되면 마찬가지일 것이다. 이자도 싸고 조건도
좋고라는 말이 나올 것이다. 정말 어찌할 것인가.

농민의 농협, 아무리 잘못해도 기왕지사 육성할 대로 해놓은
농민의 재산이다. 이제 버릴 수도 없는 노릇이다. 이제 힘을 합
쳐 함께 사는 길을 찾아야 할 것이다.

나는 훌륭한 지식인들이나 펴볼 만한 농협에 대한 논리를 전개
해보았다. 지식인들에게 맡겨야 할 얘기를 왜 내가 하는가 ? 농
민도 알 것은 다 알고 꽤 연구를 해가면서 살고 있다는 것이다.
정치인도 농민을 무식하게 보고 우습게 여기지 말라는 것이다.
그동안 농협민주화운동이 무식하게 자기밖에 모르면서 트집이나
잡자는 것이 아니었음을 밝히고자 했을 뿐이다.

2. 농산물 유통, 누가 담당할 것인가

실즉허 허즉실

1986년 가을에는 아시안게임이라는 국제 체육 잔치를 서울에서 벌인다고 난리였다. 사실 나는 누가 금메달을 따고 은메달을 몇 개 따고 하는 것들에 큰 관심을 두지 않았다. 임원, 선수단, 응원단, 관람객 등 많은 외국사람들이 온다니 먹거리 장만에 나도 한몫 끼여 돈이라도 어떻게 좀 벌어볼까 하는 것을 궁리하고 있었다. 외국사람들은 과일을 잘 먹는다는 생각을 했고 국내에서 마땅히 잘 익어 맛든 과일도 흔치 않을 시기이니 어느 나라에서나 흔히들 좋아하는 수박을 내놓으면 괜찮을 것 같았다.

그래서 날짜를 계산하여 아시안게임에 맞추어 출하할 수 있도록 파종했더니 영락없이 딱 제 날짜를 맞출 수가 있었다. 그런데 서울로 연락을 해서 시세를 알아보니 값이 형편없다고 가져오지 말라는 거였다. 수박이 익어는 가고 한없이 기다릴 수는 없고 하여 '그저 손해라도 없으면 팔아야지' 하는 생각으로 수확을 했다. 운임비용이라도 덜 들일 요량으로 가까운 광주 농협청과물 공판장으로 싣고 나갔다.

그런데 이게 웬일인가. 공판장에는 때아닌 수박들이 여기저기 산더미처럼 쌓여 있었고 아예 하차조차 하지 못하게 했다. 값은 고사하고 팔아먹을 수도 없다며 내리지 말라고 했다.

나만 영리한 것이 아니라 모두가 다 영리하여 죽을 꾀를 생각해낸 꼴이었다. 실즉허(實則虛)요 허즉실(虛則實)이라는 병법을 거꾸로 생각했다가 망해버린 조조의 경우와 비슷했다. 이때는 확실히 실즉은 허요 허즉은 실이었다.

그래도 차마 어디다 버릴 수도 없어 다시 집으로 싣고 올 수밖에 다른 도리가 없었다. 수박을 팔면 이곳저곳 돈 쓸 데가 있어 수박 팔기만을 기다리고 있는 판국이었으니 가족들의 마음은 실망보다는 거의 절망에 가까웠을 것이다.

내 문제는 내가 해결해야

처서(處暑)가 넘으면 수박을 거의 먹지 않는데 좁은 강진에서 어떻게 팔아먹을 수 있을지 답답하기 짝이 없었다. 강진시장의 과일가게에서도 겨우 한두 통씩 놔두고도 며칠씩 팔지 못하고 있었다.

그래도 나는 부딪쳐보는 수밖에 없었다. 다음날 경운기에다 수박을 가득 싣고 새벽부터 시장 입구로 나가 자리를 잡았다. 날이 밝아오자 부녀자들이 찬거리를 장만하기 위하여 시장으로 나오고 있었다. 그때부터 나는 길거리에서 수박을 툭툭 쪼개면서 시식회처럼 선전을 하기 시작했다.

"자—— 요즘 귀한 수박 맛들 보고 가시오. 수박은 사지 않아도 맛만 보고 가면 고맙게 생각합니다. 처서 넘은 수박, 맛이 있는가 없는가나 보시오. 사람의 몸은 수분이 70%입니다. 그렇기 때문에 사람은 물을 많이 먹어야 하는 법이오. 우리 몸에 조금씩 조금씩 남아 쌓여가는 독소와 노폐물은 배설을 통해 버리는 것이오. 담석증도 노폐물의 찌꺼기가 굳어진 것이니 맥주 같은 것을 많이 먹으면 소변과 함께 배설한다고 하지 않소. 그래서 우리 조상님들은 물왕대복이라고 하였지 않소. 그런데 맹물을 어떻게 많이 먹을 수가 있으며 술을 많이 먹어 이익 될 것이 무엇이 있겠소. 수박에는 수분이 90% 이상이고 각종 비타민과 14도 정도의 당분이 들어 있으니 사람에게 생기를 주는 그야말로 돌 하나로 세 마리 새를 잡는 것과 다름없는 과일이오. 먹고 싸기만 하면 득이 될 것은 천 가지고 해가 될 것은 하나도 없소. 비싼 것도 아니고 단돈 천 원이면 식구대로 둘러앉아 오순도순 웃으면서 맛있게 먹을 수가 있는 것을 누가 처서 넘은 수박 맛없다고 합디까?"

나도 내 말이 맞는지 안 맞는지 모르지만 무조건 떠들어댔고, 그래도 밉지는 않았던지 힐끔힐끔 쳐다보며 픽픽 웃고 지나갔다. 그 웃고 지나가는 사람들은 경험과 육감으로 보아 살 마음이 있는 사람 같았다.

나는 서슴없이 여자들을 끌어당기며 "아, 사시라고 하는 것이 아니니 부담 갖지 마시요" 하면서 수박을 쪼개 한 조각씩 나누어 주었다. 먹어보더니 "야아 참 맛있네" 하며 자기들끼리 호평을 하는 등 반응이 썩 좋았으니 선전은 성공적이었고, 시장을 보고 나오면서는 으레 "수박장수 아저씨, 수박이나 하나 주시오" 하고는 하나씩 사 가고 사 간 사람은 또 선전을 해주었다.

"남이 망건 쓰고 장에 가면 지게 지고도 장에 간다"는 속담이 있듯이 한 사람이 사면서 "수박이 참 달고 맛있네" 하니까 덩달아 사 가기 시작했다.

가게에서 하루종일 한두 통도 못 파는 수박을 나는 훨씬 비싸게 팔면서도 아침 일찍 한 경운기씩을 불티나듯 팔아버렸다. 매일 꼭 그 자리에 나가 팔고 있으니 수박 사러 오는 사람도 꼭꼭 찾아왔으며, 한 경운기를 팔면 한 차 값의 돈이 되었다.

하늘이 무너져도 솟아날 구멍은 있었던 모양이다. 그래도 내것 선전도 하고 애써 팔려고 했지 만약 남의 것을 위탁받아 팔거나 대신해서 파는 입장이었다면 그렇게까지는 못했을 것이다. 그래서인지 한 다리가 천리일 것이라는 생각이 든다.

담배독 술독 해독시키는 복숭아라고

복숭아나무는 수명이 가장 짧은 과수이다. 보통 이삼십 년 정도 지나면 늙어버리고 햇볕에 타기 일쑤다. 게다가 복숭아는 연작을 아주 싫어한다.

나는 고속버스를 타고 다니다 차창 밖으로 전주지방의 복숭아 재배단지를 바라보면서 앞으로 복숭아나무를 심으면 전망이 있을 것이라고 생각했다. 복숭아나무들이 늙었고 복숭아값이 싸니 나무를 파 없애게 되면 배나 포도, 사과 등 다른 과수로 수종을 바꿀 것이라 예견한 것이다.

그래서 10년 후 정도를 내다보면서 1982년 복숭아 묘목을 150주 가량 심었다. 4년째부터 몇개씩 착과가 되어 87년부터는 수확을 할 수 있었다. 강진·해남·완도·장흥에는 복숭아밭이 거의 없으니 나는 멀리 갈 것도 없이 그저 강진에서만 팔아도 될 것 같았다. 그런데 어디서 밀려오는지 가게라는 가게마다 거리라는 거리마다 복숭아를 쌓아놓고 다섯 개에 천 원이요 열 개에 천 원이요 하고 소리들을 지르고 있었다.

하루만 지나면 물러져버리는 복숭아는 신선도 유지에 시간을 다투는 과일이다. 그래도 나는 나무에서 막 따다가 싱싱한 채로 금방 팔 수 있는 유리한 점이 있는데다 인력도 없고 하여 화학비료를 쓰지 않은 덕분인지 유독 단단하고 맛도 좋았다.

역시 복숭아도 지난해의 수박 판매 경험을 되살려 노상에서 사람들에게 맛을 보이면서 선전하기 시작했다. 익살스럽고 구수한 입담으로 사람들의 시선을 끌어들이면 되는 것이다.

"복숭아라고 하여 다 똑같은 복숭아는 아닌 것이요, 직접 맛을 보면 알 수가 있소. 돈 내는 것 아니니 맛이나 보고들 가시오. 돈 안 내고 얻어먹는다고 미안해할 것 없소. 맛만 보아주어도 고맙게 생각할 테니 서슴지 말고 맛들 보고 가시오."

소리를 지르면서 지나가는 사람들을 불러 맛을 보였다.

"옛날부터 복숭아나무 가지나 뿌리가 동쪽으로 뻗은 것은 약이 된다고 하였소. 게다가 복숭아나무를 집에다 심으면 귀신도 침범을 못하고 문 앞에 걸어놓으면 액이 들어오지 못한다고 하였으니 병을 막는다는 말이지 않소. 실제로 담배를 많이 피우는 사람이 먹으면 담배독을 해독시킨다는 것은 누구나 다 알지요. 담배독이 올라 목구멍이 칼칼한 사람, 어제 저녁 친구들과 술을 많이 먹어 술독이 올라 속이 쓰리고 몸이 무거운 사람, 한번 복숭아를 실컷 먹어보시오. 속이 개운하고 편안해질 것이오. 사실인지 아닌지는 내 말을 들어보면 알 것이오. 복숭아에는 수분과 비타민 C와 전해질(電解質)이라는 것이 들어 있고, 유기산의 함량이 높아 해독 작용하는 것은 말할 것 없는 이치이고, 이 더운 여름철 매사가 짜증스럽고 신경질이 날 때 스트레스를 푸는 역할을 하는 것이오. 스트레스를 받으면 그 자체가 병에 대한 저항성을 약하게 하여 발병의 원인이 됨은 물론 담배를 많이 피우게 하고 술을 많이 먹게 하는 원인이 되기도 하는 것이니, 엎친 데 덮친 격으로 사람의 건강을 해치게 되는 것이오. 그러니 복숭아는 바로 과일이라기보다는 약인 셈이오. 뿌리나 나무도 약이 되는데 그 결과물인 과일이야 묻지 마라 갑자생이 아니겠소."

모든 과일에 보편적으로 해당될 수 있는 사실을 유독 복숭아에 맞추어 말하는 것이다. 물론 내 말에는 조상 대대로 전해내려오는 미신 비슷한 것도 있지만 과학적인 면도 있어 과대선전인 줄 알면서도 사람들은 믿게 된다. 게다가 "그래도 혹시 복숭아 알레

르기 반응을 보이는 사람은 조심하시오. 두드러기가 날 수 있소"
하고 주의까지 시켜주니 그것은 다 아는 약점을 감추지 않음으로
써 신뢰를 얻는 역할을 해낸 것이다.

꼭 장돌뱅이 약장수 같았다. 사람들은 킥킥대고 웃으면서 저
아저씨 또 "공갈 공갈" 하면서도 맛을 보고는 "진짜 싱싱하고 맛
있네" 하고 잘 사갔다.

몇년을 그렇게 팔게 되니 이제는 미리 "아저씨, 금년에도 복숭
아 좀 주시요 잉" 하고 부탁하는 사람도 있고 전화로 주문하는
사람도 생기게 되어 복숭아를 따다가 공판장에 보내어 다시 중간
상인, 소매인까지 거쳐야 하는 사람보다는 몇갑절 유리하게 팔
수 있었다. 신선도 유지가 시간을 다투는 종류의 과채류는 그때
그때 상황에 따라 소비자의 반응을 잘 살펴 신속히 대응해나가야
한다. 그리고 누구나 쉽게 상대해줄 수 있는 서민적 해학과 서민
대중과 주고받을 정서가 있어야 함을 나는 알고 있다.

농민 위한다는 일이 농민에게 기생하는 일이 되어서야

1977년 충남 논산에서 젊은 청년 한 사람이 강진군의 작천면에
와서 하우스 딸기 재배를 시작하였다. 아마 충청도에 비하여 훨
씬 따뜻한 지방이라 조기생산에 조건이 유리하고 딸기 재배로는
처녀지이니 각종 병충해나 연작 장해가 적으리라 여긴 듯하다.
또 잔손이 무척 많이 드는 딸기는 사람 구하기가 쉬워야 하는데
당시의 강진에는 하우스 소득 작목이라고는 거의 없었으니 인력
자원이 무진장이었다.

나는 딸기 재배하는 데 몇번을 다녀보고 나서 이듬해인 78년에
야 시작했다. 우리 마을에서는 후배 한 사람과 단둘이서 처음으
로 시작했으니 아무리 책을 보고 견학을 해도 어려움이 많을 것
은 뻔한 이치였다. 그중에서도 수송·판매를 어떻게 할 것인가

하는 것은 정말 난감한 문제였다. 당시 서울에는 용산시장과 청량리시장 그리고 몇군데의 변두리 시장이 있었다.

결국 같이 수송할 수 있는 물량을 확보하느라 각 면·부락에 산재해 있는 소수의 딸기 재배농가들을 규합할 수밖에 없었다. 겨우 작은 차 하나라도 2~3일 만에 한 번씩 출하할 수 있는 면적을 확보하게 되었고 용산 청과시장의 개인 위탁상회와 위탁계약을 하게 되었다. 우리는 내세울 만한 물량도 되지 않았지만 그래도 최선을 다했다.

딸기는 과육을 보호할 만한 과피가 없는 약한 수밀과이다. 운행차량이 도중에 급커브를 틀거나 급정거만 해도 손상되기 쉽다. 비포장도로나 고르지 못한 요철 노면을 빠르게 달려도 손상된다. 게다가 질소성분이 많고 관수(灌水)로 인한 수분함량이 높아도 손상이 더욱 심해지고 색깔까지 변해버리는 취약점이 있다.

장거리 수송의 불리한 점을 보완하기 위하여 우리는 지정된 시간 내에 작업을 완료하여 수송차량의 발차를 최대한 단축시켜 서행으로 용산시장에 새벽 3시경 도착할 수 있도록 했다. 다 자기 문제이니 작업이 늦으면 서로 돌아다니며 짐도 싣고 밧줄도 함께 묶고 하여 발차시간을 앞당길 수 있었다.

딸기 판매에서 가장 중요한 것은 선별포장이었다. 사람은 얼굴에 흉터가 있으면 화장을 짙게 하며 이마에 흠이 있으면 앞머리를 늘어뜨려 가린다. 겉보기 좋게 하려고 하는 것이다. 딸기도 잘거나 못난 것은 속에다 넣고 크고 잘 생긴 것은 겉에다 얹어 포장을 그럴듯하게 한다. 이른바 속박이를 하는 것이 대부분이다. 눈속임을 하여 서울 사람들을 속여 먹으려는 속셈인 것이다.

그러나 우리는 속박이를 철저히 방지하였다. 우리는 위탁판매 —도매—소매라는 구체적인 과정도 잘 모르고 그저 땅을 갈고 농사만 짓고 있는 처지에서 "눈뜨고 코 베어 간다"는 서울사람,

그중에서도 새벽부터 나와 돈 벌자고 장바닥을 누비는 사람들을
속여먹을 수가 있는가. 속여보았자 한두 번이지 결국은 우리만
손해볼 것이라는 생각이 들었다. 그러자면 결국 상품의 질을 높
이고 신용을 얻는 길밖에 없다.

그해에는 그럭저럭 넘어갔으나 이듬해부터는 강진 딸기를 찾는
사람이 많아져 위탁상회 주인도 팔기가 쉬웠던지 강진 딸기를 다
른 상회에 빼앗기지 않으려고 최선을 다했다. 그래서 우리는 그
에게 위탁수수료 8%를 모두 가지라고 했다(2%를 되돌려받는 예
가 많았음). 그 대신 원리·원칙을 지키라고 했으나 위탁상회는
대부분 그렇게 하지 않아 농민들로부터 불신을 받고 있었다.

대체로 상회 경합을 시켜 2~3개의 상회를 선택했을 경우 처음
몇번은 보태 띄우는 경우가 있다. 즉 물량이 적었을 때 자기가
실제 판 값보다 더 높은 가격으로 계산서를 발송하여 물건을 많
이 확보하려는 것이다. 그래서 자기 상회가 잘 판다고 하여 물건
이 몰리면 '칼질'이라는 것을 한다. 칼질은 매일 하는 것이 아니
라 날씨가 불순하여 값이 갑자기 하락할 때 실제 판매액보다 낮
추어 계산서를 발송하는 것을 말한다. 갑자기 물건값이 오를 때
도 마찬가지다. 딸기 한 차에 비쌀 때는 보통 2,3천만 원 어치가
되는데, 한 관에 500~1000원만 남겨먹어도 약 200만 원 이상의
부당이득을 볼 수 있다.

또한 '대패질'이라는 것이 있다. 그날의 평균시세에 비해서 자
기가 조금 비싸게 팔았다고 생각되는 것을 적당히 깎아먹는 것이
다. 평평하게 맞춘다 하여 대패질이라 부른다. 이른바 상회의 농
간이라고 농민들은 생각한다.

그러나 만약 농민들이 미리 농간부릴 것이라고 생각하고 요지
부동으로 물건을 보내면 상회는 자기들끼리 담합한다. 경합 상회
끼리 서로 전화로 "오늘 장기는 얼마를 끊었느냐"고 연락을 하면

서 적당히 맞추어 나가고 경우에 따라서는 며칠 간격을 두고 서
로 약간씩 올리기도 하고 내리기도 한다. 그러나 다른 상회들에
는 조금 낮추어 가격을 알려주면서도 자기는 조금 올려서 끊는
경우가 있다. 즉 완전한 담합은 이루어질 수가 없고 담합을 하면
서도 서로 밥그릇을 빼앗기 위한 경쟁은 있을 수밖에 없다.

그래도 중간상인은 물론이고 심지어 소매상인까지도 단골들은
죽어라고 강진 딸기만 찾았고 상회 역시 강진 딸기가 아니면 단
골을 다 빼앗기게 되어 있으니 상당히 주의를 하면서 최선을 다
했다. 시장이 먼 지역에서는 밤 12시부터 강진 딸기를 사려고 차
를 기다리는 중간상인들도 있고, 차만 도착하면 무조건 자기 몫
은 땅에 내리지도 않고 바로 자기 차에 실어버렸다. 검근이나 상
품확인을 거의 하지 않았다. 안 봐도 생산자 이름만 보면 다 안
다는 것이니 거의 완전무결하게 신용을 얻은 셈이었다.

위탁상회의 농간이 있었을 것이라 짐작은 하지만, 강진 딸기
아니면 딸기 위탁은 그만 받겠다고들 하는 정도였기 때문에 우리
들은 그런대로 무난한 가격을 받아냈다. 그후 용산시장이 폐쇄되
어 영등포로 옮겨서까지 딸기 판매를 계속하였다.

가락동 농협 공판장

딸기협회에서는 비료·농약·종묘·비닐 등의 공동구매사업은
했으나 수송위탁은 면별 또는 지역별로 해당농가들이 자율적으로
출하반을 운영하도록 개방했다.

1990년 딸기협회가 군단위의 모든 기능을 면단위로 이관한 다
음 강진읍 지회는 지회의 회장단에 의해서 업무가 추진되면서 사
실상 농협의 작목반 형태로 바뀌게 되었다.

구매사업으로는 비닐과 포장 개선을 위한 스티로폴 상자를 군
의 보조를 받아서 구입하게 되었다. 그리고 "중간상인의 농간을

줄이고 유통단계를 축소시킴으로써 보다 높은 가격을 받아 농가의 소득을 한층 높이기" 위하여 가락동 청과시장에 상장판매하기로 합의하였다. 결국 농협 직원과 강진읍 작목반의 대표들이 직접 거래처를 방문하여 계약을 체결하였다. 가락동 농협 공판장과 한국청과주식회사 그리고 비교의 대상으로 영등포시장 안의 개인 상회를 선정하였다.

나는 담양 등지의 선진지라는 곳을 몇번씩 찾아가 선별 포장한 것을 견학하고 돌아와 여러 사람에게 주지시켰다. 잘못하면 오히려 역효과가 나타날 수도 있다는 것도 강조하였다. 그래서 우선 빈틈이 없이 담을 것, 속박이를 하지 않을 것, 양을 많이 넣어 줄 것, 보기 좋게 담을 것 등을 주지시켰다.

특히 빈틈이 생기게 되면 딸기가 흔들려 손상이 많이 되고 보기도 싫어 꽉꽉 담고 나면 보통 8Kg 상자에 9~9.5Kg이 들어갔다. 또 8Kg을 정확히 담아 보내면 공판장에서 으레 근량 미달로 취급하여 값이 형편없이 떨어져 울며 겨자먹기였다.

그러나 처음부터 공판장 출하를 마땅치 않게 여기고 이탈하여 종전의 상회로 보냈던 사람들과 비교하면 관당 천 원 정도, 심하면 무려 3,4천 원의 시세차가 났다. 그래도 내 상품은 3개의 출하반에서는 최고의 시세가 나왔다. 그런데도 그 개인상회보다 늘 시세가 떨어졌으니 다른 사람들은 손해가 말할 수 없이 컸다.

사람들이 처음에는 상회의 농간이겠지 하고 대수롭지 않게 생각했으나 날이 갈수록 시세차가 점점 더 커졌다. 그러자 차차 불만들이 터져 나오면서 농협에 항의하기 시작하자 농협에서는 관광차를 한 대 제공하면서 작목반원들이 직접 상경하여 현실을 보고 오라고 하였다.

나는 강진읍의 작목반에서는 특별한 역할을 하고 있지는 않았으므로 아예 관여하지 않을 양으로 아내를 대신 보냈다. 출하자도 아내의 이름으로 되어 있고 아내도 한번 가보고 오는 것도 좋을 듯싶어서였다.

상경하던 날 반원들은 단단히 벼르고 있었다. "가서 한번 혼내주자", "거래를 끊고 거래처를 옮겨버리자", "손해배상을 받아내자"는 등등. 하지만 구체적으로 합의된 작전 계획을 갖고 가지는 않은 것 같아 나는 내심으로 성공을 의심하고 있었다.

그런데 다음날 돌아온 사람들은 이렇다저렇다 별로 말이 없었다. 나는 궁금하여 아내에게 "서울 가서 어떻게 되었어" 하고 물었더니 별로 할 말이 없더라는 것이었다.

"아니, 올라갈 때는 큰 난리가 날 것처럼 벼르고들 가더니 별할 말이 없다니 그게 무슨 소리냐"고 물어보았다.

아내는 "글쎄요, 공판장에 가니까 뭐 판매부장인가 뭔가 하는 사람이 큰 강당 같은 데다 모두 의자에 앉혀놓고 무슨 슬라이드 같은 것을 쭈욱 한번 보여주더니 공판장은 시세의 기복이 심하여 처음에는 좀 질 수 있으나 나중에 가서는 더 나을 것이니 결국은 개인상회보다 나을 것이라고 합디다. 그런저런 설명을 듣고는 아무도 말 한마디 하는 사람이 없이 고개만 끄떡끄떡하고 그냥 내려와버렸다"고 했다.

나는 "아니 이 사람아. 꽃띠(첫물)것 좋은 것으로 시세 좋을 때 잃고 만물(끝물)것 가지고 똥값 되면 찾아준다는 말이 가능한 말인가. 그 말을 곧이듣고 그냥 내려와버려……" 하고 말았다.

그 다음날 그 다음날도 시세는 더 형편없이 떨어졌다.

결국 일도 바쁘고 하여 단단히 따질 남자들로 정예부대를 꾸려 12명이 조합의 봉고승합차를 이용하여 또다시 상경하게 되었다. 주변에서 여러 사람이 나도 함께 다녀오는 것이 좋겠다 하여 처음으로 가락동 농협 공판장이라는 곳을 가보게 되었다.

미리 삼삼오오 각 공판장의 실태들을 점검도 해보고 공판의 과정들을 눈여겨보아두었다. 우리끼리 아침식사를 대충 마치고 공판장 측에 함께 얘기 좀 하자고 요청을 했더니 역시 종전과 똑같이 그 강당 같은 데에 의자를 놓고 판매부인가 하는 데서 직원들이 나와 단상에 올라가 다짜고짜 또 설명을 하려고 들었다. 들어보나마나 한 소리일 것이고 처음부터 기세를 꺾지 않으면 안되겠다 싶어 내가 벌떡 일어나 다짜고짜 따지기 시작했다.

"여보시오. 당신이 누구인지는 모르겠는데 우리가 바쁜 일손을 놓고 여기까지 올 때는 할 말이 있어서 올라왔는데 무슨 얘긴지 우리 얘기는 들어보지도 않고 당신이 먼저 무슨 설명부터 하려 하요. 우리는 얘기를 하려고 왔으니 의자를 둥그렇게 다시 놓고 이 아래로 내려오시오. 서로 마주보고 이야기합시다."

이렇게 말하자, 급소를 맞았는지 안절부절 못하면서 "아, 그럽시다" 하고는 단상에서 내려왔다. 다시 의자를 정리하고는 둥글게 앉았다. 나는 뒤로 빠져 모른 체하려고 했으나 자칫 하다가 두서없는 말들을 해버리면 꼴이 이상하게 될 것 같고 또 깔볼 것 같아 내가 나서기로 작정하고 침착하게 질문을 했다.

"우리가 금년에 농협 공판장으로 일괄적으로 출하하게 된 것은 개인상회보다는 훨씬 농민 편에서 공정하고 성의있게 판매함으로써 결국 높은 시세를 유지하여 더 높은 소득을 올려준다 하고 우리도 그러리라는 생각이 들었기 때문이오. 그러나 포장개선까지 하여 보내고 있는데도 개인상회와 너무 시세 차이가 나고, 오늘 아침 서울청과에 들어온 담양 딸기와 비교해도 상대할 수 없는 가격이었소. 우리가 보기에는 별 차이가 없어 보이나 그래도 우리가 뭘 잘못한 것이 있어서 그런 모양인데 그걸 알아야 시정을 할 것 아닙니까. 그러니 한 가지씩 물을 테니 답변을 해주시오."

그러고는 "첫째 강진 딸기가 혹시 속박이가 들어 있습디까" 했더니 "아니요. 아주 선별을 잘 하시던데요"라고 대답했다.

"그러면 둘째로 딸기가 무르던가요" 했더니 역시 "아니요 딸기도 단단하던데요"라고 대답했다.

"셋째로 깔(색깔)이 나쁘거나 모양이 좋지 않던가요" 했더니 역시 깔이나 모양도 좋다고 했다.

처음부터 기세가 꺾인 그이가 궁색한 변명을 하다가는 통하지 않을 것 같은 생각이 들었던지 솔직히 답변을 하기 시작했다.

"아니, 그러면 무슨 이유로 제값이 나오지 않는단 말이오" 했더니 상자가 가운데가 갈라져 있어서 적게 들어 있는 것처럼 보인다고 했다.

"그러면 중량이 부족하던가요" 했더니 중량은 거의가 초과되는데 보기에 그렇다고 했다.

나는 다시 "여보시오, 거 말이라고 하시오. 거의 1Kg 이상을 더 담았을 것인데 물건 팔고 사는 사람들이 한두 번도 아니고 날마다 하는 장사 실제 중량을 몰라 적게 보이는 것 같다니, 무슨 놈의 장사를 주먹구구로 한다는 말이오. 우리는 분매(分賣)하기 쉽게 하기 위하여 비싼 돈을 들여 상자 가운데를 갈라 2관짜리 상자를 1관씩 소매인들이 팔 수 있게 한 것인데 오히려 그것이 흠이라니, 그게 말이 되는 핑계요?" 하고 튕겼다.

그리고 다시 물었다. 물건에 아무 흠이 없는데도 제값이 안 나온다면 이곳 공판장에 문제가 있다고 생각이 되어, 첫째는 여기 판매하는 사람들이 성의가 없든지 아니면 얼굴도 모르고 잘 만나지도 않는 우리 농가 하주들보다는 매일 만나서 함께 살다시피 하는 중매인들과 더 유착관계가 깊어 농민 편보다는 상인 편에 섰을 수 있고, 둘째는 여기 중매인들이 상품(上品) 딸기는 제값 받고 팔 만한 능력이 없든지, 셋째로는 중매인들끼리 서로 담합하여 싸게 사가지고는 폭리를 취하고 있든지 무슨 이유가 있어도 있을 것인데, 당신은 이 점에 대하여 어떻게 생각하느냐고 물었다. 물론 그날 아침 김씨가 3만 2000원씩에 입찰한 상품(上品) 딸기를 자기 상회로 옮겨놓고 5만 원씩 받고 파는 현장 이야기까지를 다했다.

그러자 그 판매과장인가 경매과장인가 하는 사람은 다른 변명을 더이상 할 수 없었던지 "글쎄요. 중매인들이 문제가 있는 것 같은데요"라고 하면서 앞으로 시정하겠다고 했다.

그러나 결국 농협 공판장과는 거래가 전면 중단되고 말았다. 개인상회의 농간을 막고 유통단계를 축소함으로써 중간 마진을 줄여 농민의 소득 증대에 보탬이 되게 한다는 것은 잘 납득이 되지 않았다. 좋은 점이 있다면 우선 가짜 장기는 없을 것이라는 생각이 들었다. 경매사의 판매일지가 판매계로 들어가면 원장에 기록될 것이고 계산서를 끊게 될 것이니 사무적으로 처리하는 절차까지 못 믿을 수는 없었다.

그러나 불리한 점도 있었다. 우선 강진 딸기에 대해서 선전과 홍보가 없었다. 아니 별도로 선전할 수 없는 처지인 것이다. 전국 각지에서 들어오는 딸기를 늘어놓고 팔 수밖에는 없는 형편이었다. 강진 딸기라고 하여 특별히 선전하는 것은 불공정하기 때문이다. 개인상회에서는 그래도 최대한의 선전을 했다. 딸기를 수판에다 탁탁 때리면서 이렇게 해도 상하지 않는다고 보여주면서 소리지르기도 하고 속박이가 있으면 변상한다는 말도 하고 중량이 넘는다고도 하고 당도도 높다고 하여 '강진 딸기' 하면 으레 값이 더 높다는 인식을 심어놓기도 했다.

둘째로 경매시간이었다. 개인상회는 3시부터 판매를 시작하면 거의 6시 안에는 판매를 끝내고 소매점까지 신속히 배달되게 되어 있었다. 그러나 공판장은 6시부터 공판이 시작되어도 마지막 것은 개인상회에서 이른바 싸구려 파장을 보는 시간대인 9시가 넘어 팔리니 매우 불리했다. 실제 그날 아침에도 우리에게 싼값

으로 팔리는 것을 확인시키려고 그랬는지는 몰라도 강진 딸기를
9시가 넘도록 경매를 하고 있었다.

내 물건이라는 마음이 있다면 선전을 하면서 신속히 팔아야 할
것인데 그럴 이유가 없었고 사무적으로 그저 사고 싶은 사람 마
음대로 사라는 것이니 공정한 듯하면서도 불리한 것은 틀림없는
사실이었다.

유통단계의 축소로 중간마진을 줄인다는 것도 맞지 않은 말인
것 같았다. 중매인은 각기 또 개인상회를 가지고 있으면서 공판
수수료를 주고 사서 자기 상회에 가져다놓고 중간도매인이나 소
매인들에게 다시 팔고 있었으니 개인상회에서 중간도매인이나 소
매인들에게 파는 과정보다는 공판과정의 수수료 마진이 더 붙을
수밖에 없고 중매인 당사자들도 폭리를 볼 소지가 있었다. 상인
들은 경쟁만 하는 것은 아니다. 담합도 하고 경쟁도 하는 미묘한
관계들이 있는 법이다.

나는 각종 채소류·과일류를 직접 생산도 해보고 팔아도 보면
서 살아왔다. 그중에서 몇가지의 얘기를 써보았다. 나는 그 과정
에서 유통문제를 해결하기 위해서는 생산자와 소비자의 직거래를
할 수 있어야 하고, 작목별 협동조직체의 당사자들이 직접 팔 수
있는 훈련을 받으면서 그 담당자가 되어야 한다는 생각을 갖게
되었다. 소를 키우는 사람이 과채류를 판다든지 딸기 재배한 사
람이 정육 판매를 한다든지 했을 때는 최대의 성과가 나올 수 없
다.

그러나 현 사회구조에서 그것이 그리 쉽지만은 않은 것도 사실
이다. 제도적으로 사회개혁이 있어야 할 것은 물론 정책적 뒷받
침과 농민들의 단합된 노력이 있어야 할 것이다.

3. 강진군 딸기생산자협회

　농민회의 이름으로 부락단위 교육을 위해 사람을 모으기란 그
리 쉬운 일이 아니었다. 현장활동가들이 친지·친구들을 설득하
여 간신히 자리를 만들어놓으면 우리는 으레 막걸리병이라도 들
고 가야 했다. 참석해주는 것만도 고마운 일이었으니 진지한 토
론이라기보다는 농업정책에 대한 일방적인 강의로 끝나기가 일쑤
였다.

　농민대중과는 생활상의 시급한 요구를 가지고 만나는 것이 좋
겠다는 생각이 들었다. 그래서 우선 각종 기술서적을 뒤적이며
딸기 재배에 대해 공부하고 강의초안을 만들어 연습도 해보았다.
처음에 무조건 딸기밭을 돌아다니며 잘 안 되는 이유가 무엇인지
같이 얘기도 나누며 고민도 들어보았다. 그러다 보니 사람들과
친해져 편하게 만날 수 있었다.

　제일 먼저 작천면에서 자기 부락 딸기농가를 모아놓고 기술교
육을 실시하자고 했다. 사람들은 아주 진지하게 질문도 하고 자
기 경험도 털어놓았다. 사람들은 박사보다 낫다고 했다. 물론 나
을 리가 없겠지만 교육 내용이 쉽고 농민들이 궁금해하는 데 초
점을 맞추었기 때문에 그런 생각이 들었을 것이다. 나중에는 여
성들만 별도로 모아놓고 강의해달라는 부탁을 받기도 했다. 여자
들은 술과 푸짐한 안주를 준비해놓고 교육에 임하기도 했다. 어

떤 부락이 됐든간에 나는 염치없을 정도로 드나들었다.

어느 부락에서 하루는 한 사람이 교육중에 일어나, 말 듣자니 강사님은 농민운동을 오래 하셨다는데 왜 그 정치얘기 같은 건 한번도 하지 않느냐며 한번 얘기해보라고 하였다.

비로소 농민문제에 대한 얘기를 할 수 있었고 자연스럽게 농민단결의 필요성과 방법을 일깨워줄 수 있었다.

농민은 역시 농민들끼리 모여 있을 때 제대로 말이 나왔다. 농협이 해야 할 일을 못한 점에 대해서도 나름대로 의견들이 나오고 세금문제에 대한 불만들도 서슴없이 털어놓았다. 결국 강진읍, 군동면, 칠양면, 작천면, 신전면의 딸기 농가 98%, 280여 명이 모여 강진군 딸기생산자협회의 창립대회를 가질 수 있었다.

군단위 회장단과 면단위 지회장들이 모여 군단위의 집행의결기구를 구성하고 총회를 대신하는 대의원총회를 두기로 하였다. 감독기구로서 감사와 사무국 산하의 경제사업부, 교육부, 권익실천부를 두어 업무를 담당하도록 하였다.

공동구매사업

딸기는 비닐피복을 하면 줄기신장호르몬인 지베렐린이라는 약제를 처리하게 되어 있다. 그때 시중가격은 1병에 800원씩 했다. 그해에는 대구까지 가서 1병에 600원씩 400만 원 어치를 공동구입하여 나누어 쓸 수가 있었다. 딸기전용비료라는 것도 시중가격보다 400원씩 싸게 계약하여 200원으로는 출자 형식의 기금을 마련하고 나누어 썼다.

비닐은 약 4억 원 어치를 사게 되니 전년보다 5% 정도는 싸게 구입할 수 있었고 협회기금 마련을 위해 5%의 수수료까지 회사에서 받아낼 수 있었다.

10월에 납품받는 대신 3월말까지 대금지불을 하기로 하고 농협에 지불보증을 하도록 하였다. 농가에서 딸기를 수확하여 대금지불을 하려면 4월 하순은 되어야 했기 때문에 단위조합에서는 구매미수금으로 이자 없이 두 달간의 유예기간을 주었다. 그래서 비닐구매사업 수수료 5% 중 2%는 조합에 주고, 우리 협회에서는 3%를 수입으로 챙길 수 있었다.

계분비료라든지 종묘 역시 파격적으로 싼값에 구입할 수 있었다. 더러는 개인적으로 찾아와 상당한 액수의 활동비를 주겠다고 하면서 기존가격에 구매해달라고 흥정을 청해오기도 했으나 나는 모든 회원들에게 골고루 이익이 돌아갈 수 있도록 그런 돈에다 조금만 더 보태어 싼값으로 공급해달라고 부탁했다.

지금도 가끔 과연 그때처럼 파격적인 가격으로 물건을 구입할 수 있을까 생각하며 당시 일에 대해 자부심을 가질 때도 있다.

나는 하늘에 두고 맹세하지만 나 개인의 이해를 위하여 부정한 일은 하지 않았다. 협회의 기금만 해도 천만 원 정도는 그냥 모을 수가 있었다. 모인 기금은 개인의 출자와 같은 형태로 통장을 만들어 입금시켰다.

교육사업

교육은 주로 기술교육과 협동을 위한 의식화 교육이었다. 1년에 한번씩은 큰 예식장을 빌려 하루 종일 교육이 이루어졌다. 강사로는 보통 선진단지인 담양이나 남원 등지의 농민형제를 초빙했다. 그전에는 지도기관에서 대학교수인 박사 한 분을 모셔다 강의를 한 적이 있었다. 그때는 조는 사람이 많았고, 처음 농사를 시작한 사람들은 "뭐 알아먹지도 못할 놈의 소리를 한다", 상당한 수준에 있는 사람들은 "거 전부 책에 있는 놈의 소리나 하고 있네" 하며 강의가 끝나기 전에 절반 정도가 빠져나가버렸다.

그러나 우리 농민들끼리 하는 교육에서는 그런 모습은 전혀 찾아볼 수 없었다. 하루 종일 눈빛이 초롱초롱했고 정말 관심들이 대단했다. 거의가 회원부부들이 참석했고 교육참가비를 내고도 면단위별로 도시락까지 준비하여 다른 면회원들과도 나누어 먹으면서 하루 종일 진지한 수강 모습을 보여주었다.

농업문제의 본질과 협동조합론에 대해서는 한국농어촌사회연구소에 있는 분이 강의를 했다. 그분들도 역시 제일 신나게 강의를 해보았다고 좋아했다. 강의뿐만 아니라 「농민가」「농민의 노래」「호남농민가」「해방가」 등의 노래들도 배워서 부를 수 있도록 하였다. 각종의 구호제창도 연습했다.

그해에는 하우스피복을 완료해놓고 나서 잠깐 여유있는 시간을 이용하여 선진지 견학 및 관광여행을 하기로 했다.

우리는 미리 모임을 갖고 준비에 만전을 기했다. 인원은 350~400명을 잡고 차량은 8대를 계약했다. 1호차에서 8호차까지 각 차의 책임자와 노래지도요원, 질서요원, 배식요원을 정해놓고 운행 도중의 차내 프로그램도 짜놓았다.

노래지도요원은 차내에 「농민가」 등이 적힌 차트를 준비해놓고 "한 나라에는 국가가 있고 학교마다 교가가 있고 회사에는 사가가 있다. 우리 농민들에게도 농민가가 있어야 한다. 농민이면서 농민가를 몰라서야 되겠는가. 우리 모두 농민가를 힘차게 불러봅시다"로 시작하여 농민들이 부를 만한 노래를 불렀다. 의외로 사람들이 재미있다고 하였다. 가다가 지루하면 가요도 이따금씩 한 곡조 뽑기도 했다. 차창들에는 표어들을 크게 써붙여놓았다. 중간중간 구호를 외쳐대기도 했다.

"농산물가격을 보장하라."

"부당한 수세를 철폐하자."

"의료보험 철폐하고 의료보장 실시하라."

차가 중간에서 멈추면 미리 계획된 대로 노래지도요원이 차를 바꾸어 타서 싫증을 덜 느끼게 했다. 나는 각 차를 바꾸어 타고 고맙다는 인사말을 하고 주의사항을 부탁하기도 하고 격려하기도 했다.

남원 딸기단지에서는 남원농민회에서 미리 나와 우리를 일일이 안내하고 설명도 해주었고 맥주까지 두 상자나 선물로 주었다. 거창의 단지에서도 농민회 회원들이 우리를 반갑게 맞아주었고, 고령의 딸기단지 옆에는 쌍림농민회 이름의 벽보가 우리가 주장하는 내용과 비슷하게 써 있기도 했다.

버스 기사들은 새마을지도자나 무슨 내노라 하는 조직의 사람들을 싣고 다녀보았지만 이렇게 질서정연하게 계획대로 잘 움직이는 사람들은 처음 본다고 하면서 무척 친절하게 대해주었다.

이런 행사를 별것 아닌 것 같이 생각할지 몰라도 사실은 여러 가지 의미가 있었다. 첫째는, 농민의 요구를 농민회에서만 부르짖는 것이 아니라 당사자 농민이면 누구나 주장해야 한다는 의미를 부여하고 각 지역의 농민들에게도 홍보를 하는 의미가 있었다. 둘째는, 역사의 변화는 질적으로 높은 수준의 선구자가 하는 것이 아니라 단 한 발짝 정도 앞선 대중의 역할에 의하여 가능하다는 의미를 부여한 것이었고, 셋째, 운동이란 삶과 동떨어진 운동가만의 것이거나 그들에게만 지워놓을 무거운 짐이 아니라, 자기들의 삶 속에서 일상적으로 발전시켜나가야 할 것으로 생활 속의 지속적인 운동, 대중과 함께 하는 운동이라야 한다는 의미를 갖는 것이었다. 농민회처럼 높은 의식과 투쟁력을 갖추지는 못하더라도 생활을 같이하는 생산자조직들이 그렇게 한다면 그야말로 선구자의 투쟁보다 큰 성과와 의미가 있으리라 생각한 것이었다. 사람들이 명랑해지고 단결력도 강해지고 힘이 솟구침을 확연히 볼 수 있었다. 남자들보다도 여자들이 잘했다. 누가 시키지 않았는데도 딸기단지나 관광지에 내리게 되면 농민가를 합창하기도 하고 구호를 외치면서 돌아다니기도 했다. 우리들끼리 모이면 그렇게 자연스럽게 자기 의사가 표출됨을 알 수 있었다.

그해 여름이었다. 어떤 지회에서 면단위 야유회를 한다고 회장인 나를 초청했다. 간단히 인사말 정도를 하고 나서 보니 면의 기관장들도 와 있었다. 지서장, 지도소 지소장, 조합장, 면장이 모두 지회의 유력한 사람들과 술자리를 함께 하고 있었다.

그런데 나는 이상한 모습들을 발견하였다. 우리들끼리 있을 때와 같이 당당하지도 않은 것 같고 기관장의 귀에 거슬리지 않을 만한 얘기들만 하고 있었다.

모든 농민조직이 자주성을 상실하게 되면 없는 것만 못하다는 생각이 들었다. 해방후 농민조직이 없었던 것은 아니다. 자주적 조직이 없었을 뿐 엄청나게 많은 관변 또는 어용 조직들이 판을 치고 있었으니 오늘날의 농민현실이 여기까지 올 수밖에 없었다는 것을……

농민회도 중요하지만 생산자단체 대중조직의 자주성을 확보해 나가는 것은 그 무엇보다도 중요한 일이라고 생각하게 되었다. 운동가는 고기요 대중은 물이라는 말의 의미도 어느 정도는 실감할 수가 있는 계기가 되었다.

권익투쟁사업으로 계분비료피해보상이나 비닐피해보상을 받았던 일을 들 수 있으나 거대한 조직적 역량을 갖추고 있었기 때문에 크게 싸우지 않고 보상받을 수가 있었으므로 생략하기로 하겠다.

아픈 상처만 남긴 채

강진군 딸기생산자협회에서 약 4억 원 어치나 되는 물량을 한꺼번에 계약을 하려 하니 비닐회사간의 경쟁이 치열했다. 그런데 비닐이라는 원료 자체가 약간씩 다른 경우가 많기 때문에 경쟁입

찰식의 구매를 할 수가 없었다.

첫해에는 대의원들이 설명을 듣고는 다수가결로 결정했으나, 각 회사마다 자기 것이 좋은데 왜 다른 회사제품을 쓰느냐 하고 다녔다. 너무 순진한 농민들은 그것을 액면 그대로 믿고 반대편 지지자들을 공격하기 시작했다. 그래서 다음해부터는 회원총회의 결정사항으로 하자고 하였었다.

대의원회에서 결정한 납품방법과 계약조건을 기재하여 4개의 비닐회사에 통보했다.

첫째, 0.06mm의 비닐은 0.058mm에서 0.062mm 이상의 차이가 나오지 않도록 할 것.

둘째, 각 회사는 일절 개인을 대상으로 판촉 로비를 하지 말 것.

셋째, 회원총회시 공개적으로 제품에 대한 설명과 선전을 할 수 있는 시간을 줄 것이며 가격은 비밀 제시하도록 할 것임.

넷째, 가격제시가 끝나면 이를 공개하고 어느 회사 제품을 선택할 것인가를 회원들에게 묻는 투표로써 결정할 것(입찰제도가 아님)이라는 안내서와 함께 여기에 응하고자 하는 회사는 지정된 날짜에 지정된 장소에 나와 자세한 내용을 확인할 것이라는 공문을 보냈다.

4개의 회사가 참여했다. 그런데 의외로 각 회사에서 똑같이 비닐제조과정에서 0.002mm 이내의 두께 편차로 제조할 수 있는 기술은 없다고 했다. 즉, 비닐원료를 녹여 풍선처럼 바람을 넣어 식히는 과정에서 얇은 비닐을 편차 없이 만들기란 불가능한 것이며 공산품 품질기준을 정할 때도 비닐은 훨씬 큰 편차를 둔다는 것이었다. 결국 전문성이 없는 농민들이기 때문에 대의원들이 엉뚱한 규격규정을 만든 셈이었다. 그래서 우리는 할 수 없이 "그래도 대의원총회에서 결정해놓은 것을 회장이나 실무진들이 임의로 바꿀 수는 없다. 그런 줄 알고 총회시 사정 얘기를 하고 조건을 개정해달라고 얘기하라, 그러면 가능할 것이다"라고 얘기해주었다.

그러나 각 회사는 선거전과 비슷한 양상의 표 얻기 로비를 시작하였다. 처음에는 가만가만 사람들을 찾아다니며 자기 회사 제품에 표를 주라고 하던 것이 나중에는 5, 6명씩의 판촉사원이 강진에 상주하면서 급기야는 자기 회사 제품 선전이 아닌 타회사 제품에 대한 비방을 일삼게 되었고 회원 누구누구에게는 회사에서 금품을 제공했을 것이며 향응을 베풀었을 것이라는 흑색선전이 판을 치게 되었다.

결국 회원 사이에도 서로가 서로를 의심하고 공격하면서 파당과 같은 형태로 사안과 상관없는 공방전을 해가고 있었다. 기가 막히게도 염불에 힘 안 쓰고 잿밥에 눈독을 들이는 격이 되었다.

우리가 어떻게 단결하여 제조회사들의 폭리를 막고 우리 주도하에 제품구입을 할 수 있을 것인가보다는 거꾸로 회사끼리의 싸움에 공연히 끼여들어 문제의 본질을 덮어버린 경우였다. 생각해 보면 아무리 어려웠어도 그 회사들을 선정대상에서 제외시키는 단호한 조처를 하고 제3의 회사를 선정했어야 할 것인데도 나는 참으로 단호하지를 못했다. 다시 선정하기에는 시간도 촉박했는데다가 다시 선정할 만한 회사도 물색하지를 못했다. 또 이미 회원들은 거의 회사에 손들이 잡혀 있는 상태였다. 할 수 없이 총회를 소집했는데 그렇게 못 만든다고 했던 회사들이 우리의 조건을 수락하겠다고 하였으나 회원들은 서로 옥신각신만 하고 결정을 하지 못했다.

나는 그렇든저렇든 그날 투표를 통해 결정해버리려고 했으나 서로 조건상의 문제들을 제기하면서 진행발언들을 하기 시작했다. 결국 회사 선정을 유보하고 두 개의 회사 중 개인이 임의 선

택하도록 하고 말았다. 결국 협회가 구속력을 상실하고 만 것이
었다. 그때처럼 나의 무능함을 느끼고 개탄해본 적은 없었다. 주
인 노릇을 해야 할 회원들이 결국은 남의 집 잔치에 놀아난 결과
가 되어버렸다. 협회로 인해 이익이 줄어들었던 농약회사들도 덩
달아 춤을 추었고 자주적 농민조직을 싫어했던 기관의 일부에서
도 간접적인 영향력을 행사했던 것 같다.

우리는 결국 모든 사업을 다시 면단위로 이관하고 기금도 할당
하여 각 면지회로 분산시킴으로써 강진군 딸기생산자협회는 사실
상의 기능이 없어지는 꼴이 되어버렸다. 안타깝기 한이 없었다.
이것은 강진의 딸기생산자협회의 운명만은 아니었다. 새로운 위
상의 농민조직을 만들고자 얼마나 많은 역량을 쏟았었던가. 생각
해보면 좀더 끈질기게 했어야 했는데 그리 쉽게도 포기했던 나는
분명히 역사의 죄인이라는 생각도 든다.

우리를 가장 아껴주고 도와줄 농민회조차도 무관심했고 일부에
서는 개량주의니, 이제 농민운동을 하지 않으려고 협회를 만들었
느니 하고 있었으니 나는 결국 사면초가 꼴이 되었다.

그러나 나는 믿는다. 시간이 지나면 과연 그러한 생산자조직이
얼마나 중요한 것인지를 알게 될 것이라고.

4. 작목별 전문농협의 육성

협동조직체에 대한 고민

내가 딸기를 재배할 때는 기술·경영·판매 등의 면에서 어떻게 하면 더 좋은 방법을 선택할 수 있을까가 항상 머리 속에 꽉 차 있었다. 그러나 지금의 입장은 확실히 달라졌다.

이제는 양계라고 시작하고 보니 어떻게 하면 비용을 줄이면서도 닭을 잘 키울 수 있을까, 어떻게 하면 시세를 맞추고 손해보지 않고 제값에 팔 수가 있을까 하는 것이 일상적 관심사가 되어 버렸다.

나는 종전에는 시선 한번 두지 않았던 닭에 대한 신문기사나 책을 빠짐없이 읽고 또 읽고 분석하게 되었다. 우리나라에 들여올 수 있는 닭의 수출국들은 어떤 나라들이며 양계인들끼리 어떻게 힘을 모아 대처할 방법은 없을까 하는 것이 초미의 관심사가 될 수밖에 없었다.

결국 어떻게든 닭 사육농가들이 협동조직체를 만들고 무슨 일을 해야 한다는 것과 이제까지의 잘못된 관행들에서 벗어나 새롭고 올바른 방향을 찾아야 한다는 것이 일상적인 고민이고 관심사였다.

우리나라 농사가 미맥 위주였을 때 농협이 시작되어 줄곧 미맥 중심으로 운영되어왔고 다른 작목은 사실상 별도로 갈 곳이 없어서 덤으로 수용하고 있는 상태였다고 해도 과언은 아닐 것이다.

그러나 이제는 농민들이 어느 작목을 심어야 더 큰 이익이 나올까 또는 더 못할까 하는 이해타산을 하면서 빠르게 상업적으로 전문화되어가고 있다. 과수 하나만을 업으로 하는 사람이 있는가 하면 소만 키우는 사람도 있다. 양계도 역시 삼계를 5만 수, 10만 수 하는 사람이 있는가 하면 산란계를 2만 수, 5만 수 하는 사람이 있고 육계를 몇천 수에서 몇만 수씩 전문으로 사육하는 사람들도 생겨났다.

나는 요즘 육계값이 뛰고 있다는 소식에 희망을 가지면서도 계란값의 계속적인 폭락에 대해서는 직접적이기보다는 혹시 산란계 키우는 사람들이 육계로 바꾸면 어찌할 것인가 하는 간접적인 우려 정도에 그치는 것도 사실이다.

이렇게 작목별로 이해가 함께 걸려 있지 않은(사실 이해관계가 없는 것은 아니지만 당장은) 사람들끼리 모여서 협동을 한다는 것은 쉬운 일이 아니었다.

실제로 강진농협에서도 지역특화사업이라 하여 딸기 작목반에 지도비를 조금 많이 썼다가 딸기 재배와 상관이 없는 이사들과 대의원들로부터 전체 조합을 위한 것도 아닌 일부 소수인 딸기농가들에게 예산을 너무 많이 썼다는 지적을 받았다는 말을 들었다. 당연한 이야기일 수도 있는 것이다.

나는 낙농이나 비육우 사육이나 양돈·양계 하는 사람들과 만나 이야기를 하며 축협이 각기 자기 분야의 작목에 사업을 집중하기를 바라고 있음을 발견하였다. 나는 그들을 인식이 부족하다든가 이기주의적이라고 탓하기보다는 오히려 그것이 인지상정이라는 생각을 갖게 되었다.

공동구매, 보관가공, 판매 등 중요한 사업들을 작목별 전문 협동조직(전문농협)이 아니고 어떻게 다 해낼 수 있을 것인가.

이제는 작목별 전문 협동조직이 육성·발전하지 않으면 농협의 역할을 충분히 해낼 수 없다는 것이 기정사실로 되어가고 있다. 작목별 전문농협끼리 서로 이해를 맞추어 협력과 조정을 하는 연합체가 필요한 것이다.

소규모 생산협동체의 필요성

내가 농사를 하면서 소작이나마 대규모 영농을 위해 소작인들을 중심으로 협업을 해보자는 제안을 한 적이 있었다. 논의를 해본 결과 전소작과 자소작 간에 농지 임대료 지불에서 차이가 있었고 약간의 자기 땅을 협업체로 내놓은 데 대한 임대료 지불을 둘러싸고 이해가 서로 엇갈리기도 하였다. 더구나 소작권의 심한 이동도 복잡한 문제로 나타났고 농지까지의 거리, 토질, 수리조건 그리고 각 가정의 노동력의 양과 능력 또한 문제로 제기되었다.

또 각 개인이 하고 있는 다각적 겸업·부업 등의 차이나 개인 생활의 차이도 문제로 제기되었다. 나는 이 복잡한 문제들을 조정하는 데는 역시 역부족이었다. 결국 시작도 해보지 못하고 포기하고 말았지만 지금도 윗논부터 물잡고 대형기계로 경운하면서 한꺼번에 농약 치고 초대형 콤바인으로 추수하여 수송하면 품도 적게 들고 비용도 절감할 수 있어 얼마나 좋을까 하는 꿈을 버리지 못하고 있다.

딸기를 재배하면서도 나는 후배들과 모여서 자주 그 협업문제에 대해서 논의를 하게 되었다. 거의 900평짜리 한 단지 정도의 하우스를 하고 있었으나, 혼자서 집약적 노동을 해낸다는 것이 그리 쉽지 않을 것은 뻔한 이치이다. 조금만 날씨가 흐려도 일손을 놓기가 일쑤이고 작업계획 같은 것도 확실치 않아 차질을 빚는 예가 많다.

그래서 다섯 집 정도가 아예 공동으로 경영을 하게 되면 일도 계획적으로 하여 능률을 올릴 수 있을 것이며 또 심심하지 않고 재미있게 할 수 있으리라 생각했다. 그런데 우리가 공동으로 수송 위탁판매를 의뢰하고 있지만 사실은 개별적인 이름으로 보내고 있기 때문에 위탁상회도 개인적으로 상대하게 되고 우리의 불만도 개인적으로 나타나 우리들끼리 불필요한 갈등이 생겨날 수도 있고 자기 것만 잘 팔면 다른 사람 물건이 잘못 팔리는 데 대해서는 자기 문제로 생각지 않는 약점을 이용하여 상회는 농간을 더 부릴 수가 있다. 그러나 우리가 하나의 공동명의로 대량을 확보했을 때 서로간에 갈등 같은 것도 있을 수 없고 대외적인 교섭력도 커질 수 있어 우리가 주도권을 장악할 수 있을 것이다.

또 사람에 따라서 약간씩 일하는 방식이 다르다는 점을 감안, 이를 분업화함으로써 장점들을 최대한 이용할 수가 있다. 수확작업 한가지만 해도 딸기를 잘 따는 사람, 선별 정리를 잘하는 사람, 포장을 보기 좋게 하는 사람 등 각기 특기들이 있지 않은가. 각기 장점을 살려 분업화하면 훨씬 높은 상품가치를 낼 수가 있을 것이며 수시로 회의를 통해서 미흡한 점들을 시정해나가다 보면 기술도 향상될 것이고 결국 높은 소득을 얻을 수 있을 것이다. 이러한 내용에 대해서 반대를 하는 사람은 한 사람도 없었다.

그러나 그 협업체가 어떻게 개인생활을 보장하고 분배를 공정히 할 것인가 하는 것이 가장 어려운 문제였다.

어떤 농가는 두 사람의 가족 노동력이 있는데 부양해야 할 가족은 6명이고 더구나 학생이 4명이나 되어 여간 벌지 않으면 가

족부양이 어려운 형편이기에 70~80%의 타인노동을 사용하여 전
문적으로 두 단지, 세 단지의 하우스 광작경영을 하였고, 두 사
람은 거의 3인의 가족 노동력만을 이용하여 비용 절감을 통한 안
정성있는 적당한 수입을 목표로 한 단지 딸기농사를 지었으며,
또 한 사람은 중농 이상의 미맥농사를 하면서도 소를 다섯 마리
를 키워 자가 퇴비를 이용, 딸기를 부업 정도로 하고 있기도 하
였다.

이 서로 다른 조건과 환경에 따라 경영 방침이 약간씩 다른 것
은 물론이고 이해도 약간씩 차이가 있었다. 자가 노동력은 적고
생활비용이 많이 드는 사람은 "자기 생활을 해나가기가 힘들 것"
이라는 문제를 제기했고 또 자기 자본이 없으므로 농사비용을 전
적으로 부채에 의존하여 회전시키는 입장인가 하면, 부업 정도로
하고 있는 사람은 빚 내 가지고 이자까지 주고 나면 뭐가 남겠는
가 하는 생각을 당연히 하게 되었다. 또 그중에는 3인의 자가노
동을 투입하여 그 노임소득과 지분수입을 통해 저축도 할 수 있
다는 가능성을 보고 찬성하는 사람도 있었다.

결국 면적을 확대하여 더 많은 소득을 목표로 하고 교육·의
료·생계비를 완전 보장하고 노임이나 기타의 비용을 제한, 순수
익을 지분으로 하자는 안에 대해서도 "그렇게 하다가는 남을 것
이 없다"는 생각들을 갖게 되었다.

물론 논의에 불과했고 정확한 사업 계획하에 수지예산을 맞추
어보지 못한 탓도 있었으나 개인 생활상의 얽히고 설킨 복잡한
사연들로 인해 이 역시 성사되지 못하고 말았다.

그러나 노동력의 노령화와 절대인력의 부족이라는 현실로 인해
노동집약적인 딸기농사가 더욱 위축되는 상황에서 협업체를 구성
하는 것이 결코 의미없고 불가능한 일은 아니라고 생각한다.

계우회의 경우

90년 봄비는 봄비라기보다는 봄장마였다. 이로 인해 썩는 딸기를 제거하는 것이 일과여서 농가들은 울상이었다. 그놈의 곰팡이병은 약도 소용없었다. 그저 건조시키고 습기를 제거하지 않으면 별 도리가 없었다.

1800평의 딸기 하우스를 했던 나는 부주의 탓이었지만 뜻하지 않은 봄태풍에 하우스를 전부 날리고 말았으니 헤아릴 수 없는 정신적 고통을 맛보아야 했다.

결국 900만 원의 순손해를 보았고 그동안의 생활비며 기존의 부채며 모두 2000만 원이 넘는 빚을 안게 되었다.

91년에는 면적을 1200평 정도로 축소하여 비용을 절감하고 약 500만 원의 순수익을 얻을 수 있었으나 우리 여덟 식구가 먹고 살고 빚을 갚아나가는 것은 불가능하겠다는 판단을 하고 딸기농사도 포기하고 말았다. 그저 집에 가만히 들어앉아 하루 세 끼 밥만 먹고 살아보려고 작심하고 1년을 집에 들어앉았으나 세상은 그렇게 살기를 용납하지도 않았다.

고등학교를 졸업한 자식들은 방위를 받으면서 용돈이 필요했고 객지에 나가 노동일을 해먹더래도 당장 등 붙일 방 한 칸이라도 있어야 했다.

양계를 하는 농민운동 후배로부터 "닭이라도 한번 키워보라"는 수차의 권유를 받은 끝에 그동안 근근이 모아 장만했던 논 1500평을 팔아 천만 원 정도의 빚을 갚고는 나머지 돈으로 시작한 것이 양계였는데 또 상당히 빚을 짊어지게 되었다.

강진에서는 가장 늦게 시작한 유치원생인 나를 계우회(鷄友會)라는 친목계의 회장으로 추대하는 바람에 본의 아니게 또 그놈의 자리를 맡게 되었다.

몇만 수의 산란계를 하거나 대규모 부화→육추(育雛)를 하는 사람은 가입을 하지 않고 영세한 삼계농과 육계나 오리를 키우는 사람이 계를 꾸리고 있었다. 그중에 육계를 키우는 사람이 8명이고 규모는 주로 총사육가능두수 만 수 안팎의 중소 사육농가들이었다.

양계로는 지극히 낙후되어 있고 미진한 상태이긴 하나 인근의 장흥과 완도는 더더욱 사육농가가 없어 주로 장흥과 강진, 완도에서 소비가 이루어지고 품귀현상이 일 때는 해남이나 진도, 나주나 목포에서도 경우에 따라 물건을 사 가는 실정이니 시장조건은 그리 나쁘지 않다고 할 수 있다.

가격은 전라북도 대규모 단지 가격보다 평균 100원 정도 높은 목포의 생산자단체 협정가격을 기준으로 거래하고 있으나 이른바 DC(하향조정)나 투매(投賣)는 거의 하지 않고 있다.

그런데 시장조건이 이처럼 좋은 것 같으면서도 좋지 않은 점이 있으니 그것이 무엇인지 이해하려면 닭 사육상의 중요한 기본요점 몇가지를 미리 알아두어야 한다.

첫째로, 온화하고(춥지도 덥지도 않고) 쾌적한(맑은 공기) 환경이어야 한다.

둘째로, 병충해의 오염을 막기 위해서는 철저한 소독은 물론 충분한 휴사(계사를 쉬어줌)기간을 두는 것이 반드시 필요하다. 휴사는 전체 계사의 휴사라야 그 효과가 충분히 나타나지 부분휴사로는 효과가 미흡하다.

셋째로, 연령이 다른 계군을 양계장에서 동시 사육(물론 각기 다른 계사이지만)하는 것은 일정한 연령에서 나타날 수 있는 질병의 수평 전염을 유발하므로 일시입추, 일시출하 방식으로 사육하는 것이 가장 바람직하다.

넷째로, 닭이 놀라지 않게 하고 온도의 급변, 사료의 갑작스런 변경 또는 각종 비타민이나 무기물의 부족 등으로 인한 스트레스를 최소화해야 한다. 스트레스를 받게 되면 각종 병에 대한 저항력이 떨어지고 사소한 장염증이나 호흡기상 질환만 생겨도 각종 질병이 복합적으로 발생하여 폐사 또는 성장부진 현상이 나타난다.

특히 육계는 비약적으로 체중이 불어나면서 상대적으로 산소 요구량도 많아지는데 이것이 부족할 때 약한 닭은 심장과 폐가 무리하게 작동해 부작용이 나타나기 일쑤다.

마지막으로, 예방을 위한 투약 프로그램을 잘 세워 시행하는 것이다.

이상의 몇가지는 말로는 간단한 것 같지만 실제로 실천하기란 그리 쉬운 일이 아니다.

특히 아직 생닭으로 소매상들과 직접 거래하거나 중간 도매상을 통해 소매점으로 들어가는 강진 같은 좁은 시장에서는 일시 출하란 거의 불가능하다. 그래서 대부분 연속입추 연속출하를 하고 있는 실정이니 사육상 가장 악조건을 안고 사육하고 있다 하겠다.

물론 계열화 사육이라는 것이 있지만 사육농가에 절대 유리한 것만도 아니다.

금년도에 텔레비전에 소개된 국내 굴지의 어느 계열화 회사로부터 삼계 위탁사육 권고를 받고 계약하려 했으나 회사측의 일방 조건에 맞추어졌기 때문에 포기하고 말았다.

계약조건이 육계는 마리당 사육 수수료가 180원이고 삼계는 120원이라고 하였다. 약값은 수당 30원이라고 하였는데 주로 20일경부터 나타나기 시작하는 원충성 콕시듐이라는 충병 하나만 방지하려 해도 10~20원 정도의 약값이 들어가기 일쑤고 수종의 바이러스성 질병에 대한 백신접종이나 예방프로그램을 기피하다

가 전염병 발생으로 망해버리는 예가 있는데 아무래도 30원 정도
의 약값으로는 정신적 부담이 될 것 같고 더 들어가는 것은 사육
자 부담이라고 하니 수수료가 120원이라는 것도 딱 정해진 것은
아닐 듯싶었다. 또 사료 공급은 계근을 하여 총근량에서 회사가
정한 사료효율에 따라 계산한다고 하면서 어떤 농가가 102%의
우수한 사육성적(병아리 100마리 중 3% 덤까지 거의 키웠다는
뜻임)을 낸 특수한 사례까지 들면서 잘 키우면 사료가 남고 못
키우면 부족한 부분은 본인 부담이라는 조건을 제시하였다.

상식적으로 생각해볼 때 일방적으로 정한 그런 규정들이 농가
에게 유리할 리는 없을 것이다.

더구나 입추한 숫자에서 출하한 숫자가 95% 이하일 때는 그
부분의 손실은 사육자가 부담한다는 내용이니, 물론 사육자의 관
리 부족으로 폐사하는 경우가 적지 않을 테지만 닭이란 모계에서
병아리로 이행하는 항체가 부족할 경우도 있고 모계의 병 자체가
난계대 전염으로 이행되는 경우도 있는데 모계 자체도 일반 농가
들에 위탁사육하고 있는 처지에 균일한 항체를 지니고 있다고 볼
수도 없고 모계의 보균 여부도 알 수 없는 것이다.

양계하는 사람이라면 으레 입추 수일 만에 추백리병, 살모넬라
병으로 닭이 폐사하는 것을 경험했을 것이고 마렉병, 뇌척수염이
라는 난계대 전염병도 경험했을 것이다. 비타민 A가 부족한 모
계의 병아리는 뇌연화현상을 보이기도 한다.

또 부화과정에서 온도조절만 잠시 잘못되어도 그 병아리의 성
장에 문제가 생기고 수송 도중에도 문제가 발생한다(겨울에는 추
위, 여름에는 더위 또는 운전 부주의).

그런데 이유를 불문하고 폐사는 사육자가 책임진다니 너무 일
방통행이라는 생각이 들었고 출하 1개월 후에 대금은 정산한다고
정해놓았으니 이런 식의 계열화라고 한다면 양계 계열화는 농가

의 문제를 해결한다는 의미로서는 부족한 점이 한두 가지가 아님을 알 수 있었다. 결국 계열회사가 돈을 많이 벌면 사육농가가 볼 이익을 가져간 셈이 되고 망하면 역시 농가의 피해가 뒤따르게 되어 있는 것이다.

그래서 나는 강진 육계농가의 부분적 협력보다는 완전통합을 통한 전면협업을 주장하고 있다. 사육농가가 공동의 경영으로 일시입추, 일시출하의 원칙을 지키면서 일정한 휴사기간을 두고 약품이나 사료를 마음대로 쓰면서 유통판매를 주체적으로 직접 담당할 수 있는 방법을 써야만 살아 남을 수 있다는 판단인 것이다.

그렇다고 지금 각 개인이 가지고 있는 축사시설을 소모적으로 폐쇄하고, 없는 돈 빚 내어 10만 수, 20만 수 대규모 협업을 하자는 것이 아니다. 오히려 우리같이 사육 두수를 조절하지 않을 수 없는 입장이라면 농장간의 거리가 멀면 멀수록 휴사의 효과를 얻는 데 유리한 조건이 될 것이니 이동사육을 하는 것도 매우 좋은 방법일 것이다. 게다가 판매도 우리가 주도할 수 있으니 유리할 것은 확실하다. 그러나 지금도 역시 원칙적으로 찬성을 하면서도, 계사의 조건(자동시설과 비자동시설의 차이)이 서로 다르고 개별농가에 따라서는 사료회사나 기타의 거래처에 외상부채 상환이라는 어려운 사정들이 있어 난감해하는 예도 있다. 생산협동체는 사실 어려운 과정일 수 있다.

그러나 원칙이 틀려서 어려운 것은 아니다. 개인사정을 내세우는 비본질적 장애물이 우리 사회에 가로놓여 있는 것이 오히려 큰 문제임을 우리는 고민스러운 눈으로 통찰해야 할 것이다.

'한국사람은 함께 하면 망하고 혼자 하면 성공한다'는 쉬운 말로 간단히 답을 내릴 일도 아니고 한국사람의 의식구조가 잘못되었다는 편한 말로 얼버무려서도 안될 것이다.

일은 일을 통해서 이루어나가야 하고 일 속에서 의식이 생겨나게 되어 있는 법 아닌가.

소규모 협업체의 가능성

우리나라의 기계화 영농단이 부분적이나마 그 협업적 기능을 하지 못하고 있는 것은 정부도 잘 알고 있을 것이다. 거기에도 개인의 이해와 얽힌 이유들이 반드시 있기 마련일 것이다.

우리 옆집의 박씨와 이씨는 연배도 비슷하고 경영규모도 비슷하고 학력도 저학력인 처지이며 생활조건도 비슷한 형편이다. 경운기가 나온 초창기에 두 사람이 공동으로 경운기와 탈곡기 한 대를 사가지고 이용하면서 그 기계가 고물이 될 때까지 의견다툼 한번 하는 것을 보지 못했다. 오히려 경운기 한 대 때문에 사사로운 가정일까지도 형제처럼 도우면서 살아왔다. 요즈음은 또 어려운 가정의 두 청년이 트랙터 한 대를 구입하여 서로 협력하면서 이용하고 있다. 지금껏 서로 갈등이 없는 듯한데 나는 끝까지 아무 탈 없이 잘해낼 것으로 확신한다. 비슷한 처지이기 때문이다.

우리는 그동안 살아도 내가 살고 죽어도 내가 죽는다는 식의 개인주의적 방식으로 오랜 세월을 살아왔다. 어떻게 보면 자생자립의 정신이라고 좋게 생각할 수 있는 면이 있다. 그러나 역으로 생각하면 나만 살면 그만이라는 이기주의이고, 공동체 의식이 없다는 말도 된다.

우리는 말로는 '함께 살고 함께 죽자' 하면서도 그 함께 사는 일을 통해서 구체적인 경험을 해본 적이 없다. 그렇기 때문에 대규모의 생산협업체 조직은 농민들에게 퍽 유리한 생산방법이지만, 현실적으로는 개인생활상의 그 복잡한 차이와 개인주의화되어 있는 의식을 통일시켜내기가 쉽지 않다.

그러나 소규모의 협업체는 가능하다고 본다. 구체적인 경험들을 쌓아가면 필시 농민들은 더더욱 큰 규모의 생산협업을 하려는 의식으로 바뀌어갈 것이다. 기계를 정비(선전과 교육)하고 기름(정책적 뒷받침, 제도적 보장)만 부으면 기계는 돌아가는 법이다.

프로레슬링 선수와 국민학생의 싸움

"아이스 케이키…… 얼음이요, 얼음……"

소리를 지르며 얼음과자를 팔던 때가 엊그제 같다. 우리 고장에 얼음공장이 서너 개 있었는데 장날 오후만 되면 치열한 얼음 판매 경쟁을 하였다. 한 개 10원 하던 얼음과자가 두 개에 10원, 세 개에 10원까지 떨어졌다. 장에 가신 어머니가 나에게 주려고 세 개에 10원을 주고 사오시다가 그만 다 녹아버려 막대기만 남았던 일도 기억이 난다.

1950년대는 광주나 여수를 가려면 몇 사람이 짜가지고 ○○여객 정류소에서 흥정을 했다. 안 되면 ○○정류소에 가서 흥정을 했다. 30% 할인은 보통이고 50%까지 할인할 수 있었다. 그래도 각 정류소마다 손님 유치에 열을 올리고 경쟁을 하였다.

우리 할아버지가 돌아가셨을 때 막걸리 10말을 팔기 위하여 4개의 양조장에서 교섭이 왔다. 맛을 선전하기도 하고 서로 막걸리를 맛좋게 하려고 애를 썼다. 대금은 으레 삼오날이 지나서야 받아갔다. 그야말로 소비자는 왕이었다. 확실히 소비자는 왕인 그런 시절이 있었다.

그런데 요즘이야 값을 깎을 수가 없다. 특히 대기업 제품 값을 깎으면 정신병자 취급을 받게 된다. 메이커 있는 빙과류 값을 깎는 사람이 있다면 좀 모자란 사람으로 취급되고 버스요금을 깎자

고 하면 당장 113으로 신고를 할 것이다. "간첩으로 간주되는 이
상한 사람"이라고. 막걸리 맛이 안 좋다고 하면 당장 "먹지 말
라"고 할 것이다.

지금은 모든 기업이 가격을 협정하거나 연합 또는 합동의 형태
로 독점가격을 형성하고 거드름을 피우면서 점잖게 막대한 초과
이윤을 실현하고 있다. 언뜻 보면 상거래 질서가 확립된 것 같으
나 기실은 기만적인 기업의 권위로 국민의 호주머니를 털고 민중
의 피를 빨아 이름 좋게도 국민의 기업이라고 소리치면서 독점재
벌 족벌기업으로 커가고 있지 않은가. 노동자가 품값 인상을 개
별적으로 요구하면(될 수도 없는 일이지만) 당장 모가지가 날아
갈 것이다. 혼자 안 되겠기에 여럿이 힘을 합쳐 요구하면 집단행
동, 노동법·국가보안법 위반 등등 기업주의 판단에 따라 112로
전화 한 통화면 불문곡직 전경·의경까지 동원해주는 세상이니,
가히 재벌의 천국 대한민국이다. 노동쟁의가 일어났을 때 '기업
주가 잘못'이라고 판정내린 것을 나는 아직 한번도 보지 못했다.

기업주들은 항상 도덕군자로 선전되고 노동자들은 무식하고 자
기 이익만 찾는 이기주의자 아니면 파괴분자로 묘사되기 일쑤다.
그러나 내가 보기에는 노동자 중에는 삶에 허덕이는 선량한 이가
대부분이고 기업주 중에는 돈독에 눈이 충혈되어 인간도 도덕도
소용없는 악덕기업주가 대부분인 것 같다.

우리는 조상 대대로 농사만 지어왔지만 생산자인 내가(농민이)
직접 농산물값을 한번도 정해보지 못했다. 생산비가 얼마 들어간
지도 모르고 그저 살 사람이 값을 쳐주는 대로 팔았고 그나마 혹
시 팔아먹지 못할까 걱정되어 개별 분산적으로 판매경쟁을 해왔
다. 공산품과 농산물이 시장을 통해 교환되는 과정에서 서로 이
윤을 추구하는 것은 엄격히 따지면 돈따먹기 경쟁이라고 할 수
있을 것이다. 독점가격과 경쟁가격의 돈따먹기 경쟁, 커질 대로

커진 독점재벌과 지칠 대로 지친 농민의 교환경쟁, 그것은 마치 프로레슬링 선수와 국민학생의 레슬링 시합에 비유할 수 있을 것이다. 이 경기에도 역시 심판이 필요할 것이다.

그런데 심판인 정부는 누구 편에 서 있는가. 꼭 힘센 프로레슬링 선수가 이기도록 도와주고 있다. 법도 강한 자에게 유리하도록, 문화도 그들의 돈벌이에 유리하도록, 교육도 강자의 입장에서. 국민학생 혼자서는 도저히 레슬링 선수를 당해낼 수 없지 않은가. 그래서 함께 나가 싸우면 그것은 반칙으로 규정해놓았다. 꼭 일 대 일로 싸우라고 한다. 집단행동은 절대 안된다. 전량수매요구, 농산물가격보장, 수입저지 등등은 집시법 위반, 국보법 위반, 공무집행 방해 등으로 옭아매고 있다.

재벌들의 천국이 바로 여기 있다. 돈만 많으면 세계 어느 나라에서보다 한번 멋지게 살아볼 만한 땅, 잘만 하면 권력과 손잡고 돈 벌기 쉬운 곳, 여기가 바로 위대한 나라, Korea다.

재벌은 가벼운 운동복을 입히고 민중은 쇠사슬로 묶어놓고 자유롭게 싸워보라는 나라, 헌법 제1조 대한민국은 민주공화국이다! 아! 아니야, 대한민국은 재벌공화국이다.

언뜻 춘향전의 한 대목이 생각난다.

　이 좋은 술은 만 사람의 피요
　옥반 위의 좋은 고기 천 사람의 살이로다
　촛불눈물 떨어질 때 백성눈물 떨어지고
　노랫소리 높은 곳에 한숨소리 높아진다

어느 농촌문제 심포지움에 다녀와서

농촌지도소에서 실시하는 기술교육에 참석한 적이 있다. 교육
전에 어느 과장이 강사로 나와 잠깐 농업정책에 대해 선전을 하
였다.

"이제 농업은 개방화·국제화의 불가피한 상황에 처하게 되었
다. 국제경쟁력을 키우기 위해 품질을 개선하고 기술을 향상시켜
야 한다."

참 군자다운 말이다. 모든 나라가 자국의 농업과 농민을 지나
치게 보호하는 추세이므로 지나친 보호를 방지하고 세계를 하나
의 1일시장권으로 만들기 위하여 우루과이 협정을 체결해야 한다
는 그럴싸한 선전을 했다.

또한 영세 규모의 경영에서 탈피해 기업적인 농업으로 발전해
가야 한다. 그러기 위해서는 농업인구를 현재의 700만에서 약 200
만 미만으로 줄여야 한다. 국제경쟁력이 약한 작목은 도태시키고
경쟁력이 있는 화훼 등과 같은 작목으로 바꾸어야 한다. 즉 근본
적으로 농업구조를 개선해야 한다는 것이다.

이 말은 내가 농업문제를 다루는 몇군데 심포지움에 참석했을
때도 국회 농수산 관계 여야의원들을 비롯해 상당수의 지식인들
도 한결같이 했던 말이다. 모두 다 목에 핏대를 세우고 농민을
위하는 듯한 그럴싸한 얘기들을 하였다.

정권 장악을 위해서는 온갖 수단을 다해 싸우는 정치집단이 농민문제를 보는 시각은 어쩌면 그렇게도 여당과 똑같은지 모르겠다. 어찌하여 여당이고 야당인지 나는 잘 모르겠다. 우리 농민의 이해를 대변할 정치집단이 있는가.

나는 토론자로 참석하여 가능하면 말을 하지 않으려고 했으나 야당의원들의 농업문제를 보는 눈이 하도 기가 막혀 발언을 할 수밖에 없었다.

우선 영농규모를 지금의 3000평에서 약 8000평 정도로 늘린다고 하여 국제경쟁력이 생길 수 있다고 생각하는가. 나는 그렇지 않다고 본다.

그 이유는 첫째, 우리나라는 경사가 심한 지형조건을 갖고 있으면서도 물을 담아야 하는 벼농사를 하고 있기 때문에 경지정리를 해도 900평 정도로 논을 만들고 있다. 따라서 기계가 높은 논둑을 타고 수렁논도 다니고 해야 하기 때문에 기계의 마모가 훨씬 심하다. 캘리포니아처럼 수만 평을 마음껏 기계로 영농하기 힘든 지형적 조건이 있다.

둘째, 태국이나 필리핀처럼 천혜의 기상조건이 갖추어져 씨만 뿌리면 2모작 3모작을 해먹을 기후도 아니다. 우리는 벼 몇말 증수하기 위하여 보온 못자리를 해놓고 아침이면 바짓가랑이를 딸딸 걷어붙이고 차가운 물 속에 들어가 비닐을 걷어 환기를 시켜주고 저녁이면 또 가서 덮어주고 하는 농사를 하고 있다. 어떻게 생산비가 같이 들겠는가.

셋째, 미국의 평균 영농규모는 120헥타르이고 독일은 50헥타르 정도라고 한다. 우리가 영세농을 도태시켜 영농규모를 1헥타르에서 3헥타르로 늘린다고 하여 국제경쟁력이 생겨나겠는가?

넷째, 우리의 비료값은 국제가격보다 두 배 가량 비싸다. 농기계값도 우리의 50마력짜리 트랙터는 외국의 100마력짜리보다 비싸다. 모든 농자재값이 비싼데 어떻게 생산비가 같이 들겠는가.

다섯째, 외국은 농사를 할 때 생산장려보조금이 있고 수확 후에도 농산물값이 싸면 손해를 보상해주는 보조금, 수출할 때 국가재정으로 충당하는 보조금이 있어 거의 무조건적으로 농업생산을 극대화하려고 한다. 이런 상황에서 우리의 농업이 어떻게 경쟁력이 생기겠는가?

요컨대 자연적인 조건이 불리하고 농업정책 자체가 다른데 이런 문제는 논외로 하고 왜 비본질적이고 지엽적인 문제만 거론하며 농업문제의 핵심을 호도하려 하는가? 국회의원들이 정말 몰라서 그러는가? 아니면 알고도 농민과는 입장이나 이해관계가 달라서 그러는가? 몰라서 그런다면 무식한 소치일 것이고 알고도 그런다면 반농민·반민중적인 정상배일 것이라고 말했다.

지금 생각해보면 내가 여러 사람 앞에서 국회의원들의 권위를 세워주지 못해 미안한 생각도 들지만 그때 심정으로는 듣고만 있자니 창자가 꼬이는 것 같아 염치없이 해버린 말이다.

또 이제 세계를 하나의 시장권으로 한다니 정치권력은 허울좋은 형식일 뿐 약육강식을 마음대로 하자는 말이요, 망할 것은 망하고 살 것은 더욱 잘살 길을 주자는 말과 같다. 그것은 분명 지배요 수탈관계이며 국제간의 식민지적 관계 비슷한 질서임에도 글깨나 배웠다고 묘한 속임수로 '개방화' '국제화' 따위를 들먹거리며 수작부리고 있단 말인가.

또 각국의 정부가 자국 농업과 농민을 지나치게 보호함으로 농업보조금을 없애야 한다니! 우리나라야 농민을 보호하기 위하여 농업보조금을 지불해본 적도 별로 없을 테지만 과연 자국민을 보호할 필요가 없다면 무엇 때문에 국가권력이 필요하겠는가. 국민의 최대의 행복한 삶을 위하여 정치도 필요하고 정부도 있어야 할 가치가 있을 것이다.

영농규모를 확대하고 농업인구를 줄인다는 말을 하는데 그렇다면 영세농을 도태시킨다는 결론이 나올 수밖에 없다. 죽을 놈은 죽고 살 놈은 살아 남아라 하는 말인 것 같다.

농업문제를 해결한다고 하여 농민문제가 해결되는 것은 아니다. 농촌문제를 해결한다고 하여 가난한 농민의 문제가 해결되는 것도 아니다. 새마을사업으로 지붕개량을 100% 완료하고 단위수확량을 2배 3배로 늘린다고 하여 농민의 정치·경제·사회적 지위가 높아져서 행복한 삶을 누리는 것은 아니다. 오히려 농민의 상대적 빈곤과 농민 천시가 심화될 수도 있고 협동과 공동체적 삶의 질이 떨어질 수도 있다.

쓰고 남아 배 터져 죽을 사람들의 문제를 해결하는 것이 시급한 것은 아니다. 가난한 농민, 민중의 문제를 해결하는 것을 최우선의 국가과제로 삼아야 할 것이다.

전라도 속담에 "한데 앉아서 의지 걱정"한다는 말이 있다. 힘있는 자를 걱정하기보다 힘없고 가난한 자를 먼저 염두에 두어야 할 것이다. 강대국보다 가난한 나라의 입장이 우선되어야 한다. 정말 한데 앉아서 의지 걱정할 이유가 없다.

농산물 수입개방과 우리의 장래

어린시절 마당 한가운데 멍석을 깔아놓고 모깃불을 쏘이면서 어머니가 쑤어준 햇밀가루 수제비 먹던 맛을 나는 지금도 잊을 수가 없다. 다소 거칠기는 해도 쫄깃쫄깃 차지고 구수하고 담백한 그 맛!

요즘 빛깔 고운 미국산 밀가루는 어찌 그리 힘도 없고 금방 퍼져 늘렁늘렁한지 도무지 옛날 그 밀수제비맛이 아니다. 어떤 사람은 배가 불러 그런다고 할지 모르나 확실히 밀가루 원료인 밀의 질에서 차이가 있는 것은 부인할 수 없을 것이다.

때로는 아무도 짓지 않는 밀농사를 한번 지어 그 향수어린 밀수제비를 한번 쑤어 먹어볼까 생각도 든다. 그러나 막상 밀농사를 지어봤자 밀가루를 만들 방법이 없다. 맷돌로 갈 수도 없고 제분할 정미소도 없다. 미잉여농산물로부터 시작한 밀가루 도입은 밀농사를 도태시켰고 밀농사의 괴멸은 연관산업인 소형 제분업을 도태시켰다. 이제 밀농사를 지어 밀가루 맛이라도 보려면 제분기를 만드는 제반 연관산업이 새로 발전하지 않고서는 불가능하게 됐다. 이제 우리나라의 밀농사나 연관산업은 도저히 회생이 불가능하리라는 생각이 들어 그 구수한 밀수제비 한번 쑤어먹기를 포기한 지 이미 오래다.

담배농사가 없어지면 농가에서 구입한 건조기와 기타 자재들이 필요없어져 농가는 해를 입게 될 것이요, 담배 농사짓던 땅에 다른 작물을 심어 그 작물이 과잉생산되어 값이 떨어지게 되면 전체 농가가 결국 손해를 볼 것이다.

전자를 직접피해라 한다면 후자를 간접피해라 할 것이다. 농산물의 수입개방이 국내 농업의 한 작목을 파괴시키는 데서 오는 직접 또는 간접 피해는 언뜻 생각하는 것보다 상상을 초월할 정도로 많을 줄로 안다.

이제 100여 가지의 농산물 수입이 개방되었다. 개방품목이 아닌데도 마구 들어오고 있다. 아시아 동방에 봉의 나라 코리아가 있다고 다들 달려와 한국농업을 말살시키려고 하니 정부도 어쩔줄 몰라 전전긍긍하는 모습이 안쓰럽기조차 하다.

그래도 국민에게 큰소리치고 싶어 쌀은 당분간 수입개방품목에서 유예시킬 방침이라고 호기를 부리고 있다. "쌀을 지금 개방하면 농민들의 충격과 반발이 커 정치·사회적 불만이 많아 내가 당신께 다해바칠 충성에 차질이 있을까 우려되는 바 많습니다. 원컨대 당분간 시간을 좀 주었다가 수입개방에 대한 불만이 약해지면 그때 꼭 하도록 합시다" 하고 사정하는 얼간이의 모습을 보는 것 같다.

국제경쟁력이 낮은 일부 농산물은 도태시키고 다른 작물을 육성한다고 한다. 도태 작물은 대략 콩, 옥수수와 같은 식량작물이고 육성작물은 화훼류 같은 것이라나.

그럴 수도 있다는 소린지, 화훼를 육성하여 우리 농업을 살릴 자신이 있다는 말인지 확실히 알고 싶다. 꽃재배 해가지고 수출해서 한국 농민이 잘살아? 우리만 꽃 재배하고 다른 나라는 잠자고 있을 것인가. 우리나라만 꽃재배 기술이 발전하고 다른 나라는 퇴보할 것인가?

설령 그 말이 맞아 비교우위에서 뒤떨어지는 식량작물은 모두

도태되고 꽃 단작재배로 삼천리 금수강산이 꽃동산으로 바뀌었다
고 가정해보자.

꽃만 보고 있다고 사흘 굶었는데 배고픔을 잊을 리는 없다. 꽃
팔아서 돈을 남겨 식량을 사 와야 할 것이다. 꽃 사 갈 놈이야
극단의 경우에는 하나도 없을 수 있지 않은가. 처음에는 홀리는
방법으로 잘 사 갈는지 모르지. 그래야 다른 농사 버리고 꽃 단
작재배로 빨리 바뀔 테니까. 그러나 바뀌고만 나면 배짱을 부릴
것이고 여러가지 이유를 들어 값싸게 사려고 할 것은 유치원생도
아는 상식이다. 또 실제 그 나라 정치·경제·사회적 조건에 의
하여 불가피 못 사 갈 수도 있을 것이다. 어찌 되겠는가. 그 대
신 우리가 안 먹고는 못 배기는 식량은 그때는 무슨 방법으로 값
싸게 사 올 수 있다는 말인가?

정치적으로 자기들 말 안 들으면 식량 동결한다고 하면 어찌할
것인가? 정치적 예속화를 어떻게 막을 수 있다는 말인가? 국가
는 자주성을 상실하면 국가라고 할 수 없을 것이다. 국가안보와
직결되는 문제다.

만약 식량수출국이 재난이나 기타의 이유로 흉년이라도 든다면
우리만이 살아 남을 무슨 특별한 묘안이 있을까? 식량을 외국에
의존했다가 이와같은 일이 생겼을 때 우리 사회가 어떻게 될 것
인가는 뻔하다. 사흘 굶어 담 안 넘어갈 사람 있을 것인가? 도
덕·양심·신앙이 빈 창자를 채울 리는 없다. 국제경쟁력이 없으
면 포기해야 한다는 생각으로 도둑놈의 자기 이론인 비교생산우
위론을 주장하여 식량자급의 포기를 합리화하려는 것은 있을 수
없다.

농업을 중시하여 농민을 살리고 농촌을 부흥시키자는 것은 단
순히 농민만 잘살자는 집단이기주의가 아니다. 국가와 민족의 사
활이 달린 문제다.

　농민이 희망과 긍지를 갖고 가파른 산을 삽질하여 벼를 심고 눅눅한 저습지에 배수로를 파서 밀보리, 콩을 심어내는 희망찬 농촌의 모습이 보이지 않는 한 민족의 흥망성쇠는 불을 보듯 뻔한 것이다. 따라서 농민운동은 농민이 주체적으로 해나가야 하지만 소비자인 여타 국민 모두가 손뼉을 치면서 동참해야 할 일이다. 우리는 모두 한 배를 타고 있다. 다른 것은 다 없어도 쌀통 가득히 쌀만 담아놓고 나면 마음 든든하고 한숨 놓이던 시절, 소박한 농촌 사람의 생각이 어쩌면 위대한 진리일 수도 있다.

○○교수, 자네 미쳤군

○○교수, 자네의 명성이 사해에 떨쳐 어지간한 농민이면 자네
를 훌륭한 사람이라고 존경해마지않을 걸세. 나도 어쩌다 자네의
강연을 들은 적이 있고 자네가 써놓은 글도 읽어보았네. 자네 어
찌 그리도 사람의 혼을 빼다가 딴 곳으로 보내게 하는 말재주를
가졌는가.

자네는 농민들의 고통과 가난, 농민 천시, 이런 것들을 너무도
잘 알고 있었네. 누구나 우리 편이라는 생각을 굳히게 해버리더
군. 그런데 농민문제의 핵심을 빼버리고 말았기 때문에 해결방법
을 내놓을 땐 슬쩍 삼천포로 가버리더군. 삼천포로 가는 버스를
타고 서울 간다고 좋아하는 승객들을 보고 실소를 금할 수 없었
고 분노마저 일어나더군.

꽤 여러 해 전이었네. 이곳 시골장에 나갔다가 나는 우연히 떠
돌이 약장수 구경을 하였었네. 약장수는 먼저 기상천외한 구경거
리를 만들더군. 도사라는 사람을 데려다 놓고 자동차의 스프링도
손으로 두들겨 깨고, 사람을 세워놓고 죽였다 살렸다 하기도 하
고, 나중에는 또 여자들을 데려다 간드러진 노랫소리도 들려주더
군. 마치 시장꾼들을 위해서 봉사하는 것처럼 말일세.

그러더니 조금 있다가는 여자 냉증에 아랫배가 쓰르르 아픈 얘
기로부터 각종 환자의 아픈 증상을 말하면서 온몸으로 아픈 시늉

까지를 내더군. 마치 자기가 아파나 본 사람처럼 말일세.

그래서 병이 있는 이들 중에는 그 말에 솔깃하여 눈을 스르르 감으면서 한숨을 쉬는 사람도 있고 감탄하는 사람도 있더군. 사람들의 마음을 일단 사로잡은 후에 자기가 가지고 온 약을 먹으면 백발백중 만병통치라는 식으로 믿게 말하더군.

가만히 보니 약국에서 파는 약도 아닌 자연식품 같은 것을 3만 원씩이나 받고도 불티나게 팔더군. 즉 현상은 그럴싸하게 얘기하고 본질을 흐리게 함으로써 자기 볼일만 보아버리는 꼴이 꼭 자네와 비슷했네. 하기야 요즈음은 자네말고도 대중의 공기(公器)라 할 수 있는 텔레비전까지도 그 약장수 수법을 쓰더군.

그러나 생각해보세. 그 약장수는 저 볼일만 보면 그만이지만 약도 아닌 것을 먹고 병 낫기를 기다리다가 결국 병이 골수에까지 미칠 환자의 피해를 말일세. 자네는 자네의 지식을 적당히 활용하여 잘살면 그만이지만, 자네 말 믿고 살다가 지금 오도가도 못하고 방황하게 된 농민은 어찌하는가? 그들의 심정을 알고나 있는가. 농민이 살기 어렵다, 빚이 많다, 어쩐다 동정하는 것처럼 해놓고 우루과이 라운드 다자간협정은 옳은 것이다, 희망이 없다, 대응작목을 개발해야 한다, 농업구조를 개선하여 경쟁력을 길러야 한다, 품질을 높여야 한다, 하고 아주 중요한 것은 빼버리고 중요하지 않은 것을 그렇게도 강조를 해야 하는가.

이 사람, 자네 말 믿고 농사짓다 망하면 자네가 책임지겠는가. 하기야 그때는 한두 사람 성공한 사례를 발표케 하여 망한 사람들이 "모두 다 내 탓이로소이다" 하고 자네에게 책임을 묻지 않도록 하는 요령을 피울 줄 다 알고 있네. 3년 전 농업관계자료를 보다가 모연구원에서 만들어놓은 농가소득 자료를 보고 꼭 자네 같은 사람들이 이 사회의 분위기를 끌고 가고 있다고 생각했네. 그 농가소득 자료 얘기 좀 들어보소.

농가소득 중에 대동물 대식물 증식이라는 것이 있더군. 쉽게
말하면 소나 말, 소나무나 복숭아나무, 포도나무 등이 크고 있으
니 그것이 수익으로 된다는 말일세. 얼른 듣기에 그럴 것같이 생
각되지만 생물은 살다가 죽을 수도 있고 팔아서 손해볼 수도 있
는데 수익이 어디서 나온다는 겐가.

83년도 소파동으로 가산을 탕진한 사람은 매월 매년 소 증식
수익이 있었을 텐데 왜 망했겠는가.

요즈음은 외국 과일류의 수입개방으로 포도, 복숭아밭의 폐경
을 권장하고 있는데 나무가 크고 있으면 무엇할 것인가. 우리 산
에도 수십 년 된 소나무들이 모조리 병에 들어 다 죽었네. 그걸
파내고 다른 나무라도 심었으면 좋겠지만 빚지고 할 수 없어 행
정당국의 병든 소나무 벌채 권장을 들은 척 만 척하고 있는데 소
나무가 크고 있은들 내 소득과 무슨 연관이 있겠는가. 소득이 있
을지 없을지는 해보아야 알 일이지만 말일세.

돈 많은 사람들의 부동산투기로 땅값, 집값은 물가고와 상관없
이 오르고 있고 불쌍한 가난뱅이 농사꾼이 배추농사 좀 지어 값
이 조금만 오르면 물가상승이다 뭐다 떠들어대는 판인데, 농가소
득을 올리다 올리다 대동물 대식물 증식수익?

그리고 뭐 이전수익이라는 것이 있어 거기에 관혼상제시 부조
금 수익이 70만 원인가로 되어 있더군. 하기야 나도 고향 유지분
이 부모상을 맞아 두어 번 가본 적이 있지. 크게 마음먹고 2만
원을 봉투에 넣었는데 좀 창피하더군. 10만 원 정도 한다는 화환
이 백여 개는 넘을 것 같고 보아하니 부조금도 보통 5만 원, 10
만 원이더군. 음식도 간단히 준비했는데 문상객들도 신사체면 차
리는지 어쩐지 한두 가지 음식을 시식하는 것처럼 먹어보고 상을
물리더군. 그러니 유명인사나 고관들이야 부모 잡아서 뉘어놓고
흥행사업을 벌이고 있는 듯 보이더군.

그런 경우만을 생각하고 농가에도 부조금 수익이 있어? 자네가 우리 마을 상가에 와 부조기를 한번 들여다보소. 지금도 5000원에서 많으면 만 원이 고작이네.

그래도 우리는 마음으로 서로 위로하고 살기 때문에 상주와 함께 밤샘하면서 초경·중경·삼경, 만가를 부르며 가신 분의 영령을 위로해드리고 있네. 또한 상주는 고마움의 답례로서 푸짐한 음식을 대접하여 서운한 일이 서로 없도록 하니 비용이 꽤나 많이 드네. 그러니 상채·혼채를 안 질 수 있겠는가. 그런데 부조금으로 수익이 있어?

왜 국민소득에 부조금 수익, 뇌물 수익, 여급들의 팁 수익, 강·절도 수익, 부동산투기 수익은 빼고 있는가. 그럴 것도 같고 아닌 것도 같은 교묘한 말재주로 사람의 의식을 혼미하게 만들어 누구를 위하자는 건가? 필시 누구를 위해서일 텐데 물론 우리 농민 위해서는 아닐 것이고…… 그렇지 않다고 말한다면 그럼 뭐야, 자네 미쳤군.

자네를 존경할 수가 없어 반말로 씀을 이해하고, 농담 반 진담 반일세.

자, 이제 마음을 돌리고 우리 함께 손잡고 이 어려움을 함께 이겨나가도록 힘써 보세. 우리 정다운 이웃이 될 날이 있을 것이네.

무기와 식량이 수출전략품목인 美國씨!

　당신은 우리나라 말로 하면 아름다운 나라! 성은 미(美)요 이름이 국(國)이니 미국(美國)씨라 부르오.

　당신의 이름대로 아름답고 넓은 들녘, 인디언의 행복한 보금자리였던 산하! 당신의 양쪽에 날개처럼 펼쳐진 대서양과 태평양! 정말 당신은 미국씨라 일컫기에 손색이 없겠구료. 얼굴 예쁜 여자가 마음씨도 곱다더니 당신의 모습처럼 당신의 마음도 착하더군요.

　불철주야 경찰 역할을 하면서 그 누구든 침략이나 독재를 하면 용서할 줄 모르고 심지어 마약 중개나 루트 제공을 하면 그 나라 대통령도 잡아다 당신 법으로 재판하는 그 평화에 대한 의지, 가히 감격적인 아름다움으로 받아들이고 싶소. 혹시 기아에 허덕이는 곳이 있으면 당신의 남는 식량을 주기도 하고 싼값에 팔기도 하니 당신의 선행을 감히 누가 따라가겠소.

　그런데 당신은 당신 집안의 여러가지 사정으로 할 수 없이 수공업이나 잔손이 많이 드는 산업보다는 첨단산업을 개발해 급기야 전쟁무기와 식량을 수출전략품목으로 정하였지요.

　그런데 어쩌시려고 그렇게도 전쟁으로부터의 해방, 기근으로부터의 해방을 위한 세계 각국의 식량증산자급을 원하십니까? 실례 같지만 내가 보기에 당신은 정말 미련한 바보이군요. 내가 당신을 위해서 잘 먹고 잘살고 부자 되는 방법을 몇가지 가르쳐주려 하오.

우선 무기를 잘 팔아서 돈을 벌려고 하면 평화보다는 분쟁과 크고작은 전쟁이 자주 나야 하는 법이외다. 만약 전쟁까지 못 가면 그런 나라들로 하여금 서로 으르렁대면서 전쟁대비를 위한 군사무기들을 가득가득 준비하게 해야 하는 법이오. 유식한 말로 냉전상태를 유지해야 하오. 그래서 당신은 싸움 붙이는 명수가 되어야 합니다.

나는 국민학교 때 이미 그 요령을 다 터득하였는데 당신은 그걸 모르고 있으니 내가 하도 답답하여 이렇게 당신에게만 가만히 귀띔해주려고 하니 아무에게도 말하지 말고 꼭 혼자만 써먹기 바라오.

내가 어렸을 적 학교 갔다 돌아오는 우리 친구들을 동네 형들이 쏘삭쏘삭 이간질시켜 싸움 붙여놓고 재미있게 구경하던 기억이 나오. 제일 먼저 한 것이 '저놈이 너를 이긴다고 하더라' 하고 양쪽을 쏘삭거리는 것이지요. 이것이 체제 우월성 싸움을 부채질하는 이른바 이념분규지요.

그 다음은 서로 성씨 욕을 하게 하는 방법이 있지요. 한동네 양 성이 살면 그걸 빌미로 부채질을 해야 하오. 그것은 민족분규 방식이오.

또한 누구는 하느님 믿고, 누구는 하느님이라도 껍데기 하느님을 믿는다든지, 혹은 누구는 요강단지를 믿는데, 누구는 빗자루 몽둥이를 믿는다든지 하여 서로 이질감을 갖도록 해야 합니다. 그것은 종교분규 방법이오.

그리고 우리 선배형들은 우리가 힘내어 싸우도록 서로 편을 만들어 응원들을 했지요. 동서 편싸움 방법이지요.

이렇게 여러가지 방법을 동원하여 싸움을 부추겨야지 가만 놔두면 좀체 싸우지 않는 법이오. 또 적당히 싸우면 잠깐 쉬도록 말리기도 하시오. 병 주고 약 주고 하는 수법도 있소.

나 같은 사람은 경험으로 다 알고 있는데 학식 높은 당신은 워낙 고상하고 귀하게 커서 그런지 그걸 모르고 맨날 싸움만 말리려고 하니 그래 가지고서는 당신 장사는 금방 다 날리고 나중에는 알거지가 될 터이니 내 말을 깊이깊이 명심하길 바라오.

또 식량을 팔려고 기왕 마음먹었으면 모두 식량부족현상이 나오도록 좀 해보시오.

우선 전쟁을 치른 나라는 필연적으로 전후의 혼란과 기아가 따르기 마련이오. 그때를 이용하여 당신의 남는 식량을 인심쓰는 척하고 무상원조라도 좀 하시오. 그 다음 어느정도 전후복구와 안정이 되면 싼값으로 공급을 하시오. 여기서 참고할 것은 원래 그 나라 전통음식이 부족할 때 당신이 많이 생산한 식량으로 입맛을 길들여야 한다는 것이오. 양고기를 먹었으면 쇠고기로, 쌀을 먹었으면 밀가루나 옥수수로 말입니다. 그리고 요리솜씨도 다양하게 일러주시오.

거기까지만 성공하면 그 나라는 식량생산을 해보았자 수지가 맞지 않아 식량자급 능력을 영원히 상실하게 될 수도 있을거요. 그때 당신은 진짜 땅 짚고 헤엄치며 내 말 하게 될거요.

그러고 나서 값은 부르고 싶은 대로 부르십시오. 덧붙여서 그 나라의 석유와 같은 특별한 자원이 있으면 개발하도록 융자지원도 하시오. 결국 빚이 많아지면 담보물 설정과 같은 방법으로 직접 채굴권까지 확보할 수 있을 것이고, 그러면 귀하야말로 꿩 먹고 알 먹게 될 겁니다.

단 그 나라 대표들은 좀 호화롭게 살도록 뒷돈을 넉넉히 주는 것을 잊어서는 안되오. 그리고 그 대표가 당신을 위하여 필사의 봉사를 하도록 도와주시오.

또 어떤 나라에서는 우선 한가지 농작물만을 골라 제일 수지맞게 사주시오. 이를테면 사탕수수 재배를 권장하고 당신은 그 나라에 가공공장을 차려놓고 설탕을 만들어 파는 겁니다. 그리고 그 나라에 수지맞는 사탕수수만을 재배하게 하는 대신 농산물은 당신이 싸게 공급하시오. 다른 농사는 포기하고 사탕수수만 재배하게 만들면 나중에는 사탕수수는 값싸게 사도 주는 대로 받을 것이고 당신이 생산한 식량은 부르는 게 값일거요. 그 나라의 가난한 농민들이 못살겠다고 하면 일부 농민이 살아 남은 특수하고 예외적인 사례를 보여주시오. '양보다는 질이다!' 하고 말입니다.

질을 높여보았자 맨 나중에는 원래와 똑같이 값이 떨어져 당신 농산물과는 경쟁대상이 되지 않을 것이니 그 나라의 식량자급도만 점점 떨어져 당신은 일거양득이 있을 것입니다.

이런 이치도 모르고 미련하게도 전쟁과 기근을 없애기 위해 애쓰는 당신을 보고 있자니 내가 오죽이나 답답했겠소?

속는 셈 치고 한번 시험 삼아 실천해보시오. 만약 잘 되면 나도 고기 한 점이라도 맛보게 로열티 같은 것 좀 주시고. 다른 사람들이야 어떻든 나 혼자라도 한번 멋있게 살아야겠으니 일이 잘 안 되면 나를 당신의 참모로 기용하시오. 내 백골이 진토 되도록 노력하여 당신과 내가 영원한 영화를 누리도록 우리의 세상으로 만들어보겠소. 서로 협조하는 당신의 미덕을 믿고 선처 기다리겠소.

농민출신 지방의회 의원님들께

　어려운 여건을 극복하고 당선되신 농민출신 지방의원 여러분께 진심으로 축하드리며, 풀뿌리 민주주의의 장(場)인 지방의회에 나가 모두 농민 위해 일하시겠다는 여러분들의 그 한결같은 말씀에 경의를 표합니다.

　저는 선거를 치르기 전에 많은 농민들을 만나 대화를 해보았습니다. 지방의회는 법이나 제도를 만들고 없애고 고치는 것이 아니라 지방행정의 예산과 사업을 의결하고 올바르게 집행하였는지 감독하는 기구로 우리를 대신하는 대표기구인데 거기서 농민들에게 무엇을 해주면 좋겠는가 하고 물어보았습니다.

　그러나 불행하게도 무엇을 해주었으면 하는 대답이 별로 없었습니다. 이 어인 일입니까? 출마자를 직접 만나보기도 하고 방송·신문을 보아도 농민을 위해 한몸을 다 바치겠다는 사람은 많은데 구체적으로 무엇을 하겠다는 말씀은 별로 없었습니다. 과연 무슨 일을 하시렵니까?

　어떤 분은 자기 동네 도로포장을 하도록 하겠다고 하고 어떤 분은 자기 동네에 쓰레기차가 들어오도록 하겠다, 환경오염을 막도록 하겠다고 하였고 자기 동네 추곡 수매량을 많이 배정받도록 하겠다고도 하였습니다.

　그러나 저는 그 일들이 과연 지방의회에서 그렇게 중요하게 다

루어져야 할 문제인가, 또 해낼 수 있을까 의문입니다. 모두가
자기 동네로 다리 하나라도 더 가져가고 추곡 수매량 한 가마라
도 더 배정받으려고 한다면 과연 어떻게 될까요? 지방의회가 동
네일이나 끌어오기 위한 로비단체는 아닐 테니까요. 또 감독을
철저히 하겠다는데 은밀하게 이루어지고 있는 비리들을 찾아서
밝힐 수 있을는지요. 행정비리야 능력있는 행정가 출신이 가장
잘 알겠지요. 그러나 그 비리를 폭로할 수 있을는지 의문입니다.
다 그렇지는 않겠지만 그중에는 서로 다 아는 처지에…… 하면서
오히려 손을 잡을 분도 있을 겁니다. 또 알고 있는 만큼의 뒷거
래도 있을 수 있다고 봅니다. 아무튼 행정기관의 비리가 폭로되
도록 무방비상태로 가만히 놔두려고 하지 않을 것은 뻔합니다.
오직 농민출신 여러분이 최선을 다하십시오. 또 건설업을 하시는
분은 그분들대로 건설업자나 자기 사업에 가장 유리하게 사업이
집행되도록 할 것은 사실이고 도정업을 하시는 분도 마찬가지일
것입니다. 농민출신 여러분은 농민을 위해 무엇을 할 것인지, 우
리 진정으로 연구하고 노력해보도록 합시다.

　저는 아주 작은 일이나 몇가지 부탁드리고 싶어서 이 글을 씁
니다.

　우선, 우리나라는 국가예산 대부분을 직접세(소득세·영업세·
재산세 등)보다는 간접세(부가가치세·원천세 등)로 충당하고 있
습니다. 이 말은 치약 한 개 살 때 재벌이나 농민이나 내는 세금
은 똑같다는 말이지요. 소득격차가 하늘과 땅인 우리나라와 같은
곳에서 간접세란 돈 많이 버는 사람에게는 유리하고 돈 못 버는
사람에게는 불리한 제도 아닙니까!

　소득격차에 따라 국가예산을 부담한다는 조세형평의 원칙에 위
배되는 점이 많다고 봅니다. 아무튼 세수(稅收)의 대부분에 대한
수조권은 중앙 행정부에서 갖고 있습니다. 그렇기 때문에 그동안

지방행정기관은 재정자립을 할 수 없었고 대부분은 교부금을 가지고 운영해왔습니다.

지금 부가가치세 등 간접세의 개정은 하지 않고 그대로 두면서 지방의회의 재정자립을 위해 지방세수원을 더욱 확보하고 세율을 높여야 한다 하면서 심지어 수도세까지 올려야 한다고 매스컴에서 떠들어대고 있습니다. 그럴려면 차라리 호흡세를 신설하는 것이 좋을 것입니다.

중앙정부가 쥐꼬리만큼만 아끼면 지방행정부는 태산만큼이나 크게 쓸 수 있을 것입니다. 중앙재정이 빈약하다는 말은 있을 수 없습니다. 해마다 국세징수는 목표 초과달성입니다. 재벌들을 도와준 세제 금융혜택이 얼마입니까? 그 수많은 호화판 행사비용은 얼마이며 남의 나라 전쟁에 빚 갚는다, 국익을 위해서다라고 보내준 돈은 얼마입니까. 중앙에 집중된 권력을 지방으로 분산시키려면 지방의 재정자립이 반드시 이루어져야 합니다. 그러므로 우선 부가가치세와 같은 간접세의 일정비율을 지방세수로 이전해야 할 일이지 간접세는 그대로 중앙정부가 가져가고 지방세수를 별도로 확보해야 한다는 논리는 책임을 전가하는 것이며 그렇게 되면 지방의원들 때문에 세금만 더 많이 물게 됐다는 누명을 쓰게 될 것입니다. 참고하시기 바랍니다.

둘째로, 지방재정을 확보하는 지방세 중 재산세·취득세와 같은 세금의 재산과표를 현실에 맞추어 조정해야 합니다.

요즘 농촌에는 집을 팔려고 해도 살 사람이 없어 빈집이 많아지고 있습니다. 그런데 일이백만 원을 받은 집도 과표는 보통 사오백만 원 정도로 매겨져 취득세·재산세를 물고 있습니다. 거기에다가 주민세 등의 목적세도 함께 부과됩니다. 심지어 의료보험료 재산비례액의 재산기준도 그것을 근거로 하고 있습니다.

농지는 현실 가격과 비슷하게 과표가 정해졌다고 큰소리칠는지

모르겠습니다. 그러나 도시 땅값을 보십시오. 시가 천만 원짜리
가 아마 백만 원으로도 안 매겨져 있을 것입니다. 한편은 무리하
거나 빈틈없이 부과하고 한편은 과표라는 제도에 의해서 봐주는
셈입니다. 일정액의 지방재정을 확보하는 데 한쪽이 덜 내면 다
른 한쪽이 더 내거나 아니면 부채가 발생할 것은 뻔합니다. 재산
과표를 현실화해야 하며 이 일은 농민출신인 여러분이나 재산이
적은 노동자, 영세상인 출신들이 힘을 합쳐 해내지 않으면 할 사
람이 없습니다.

 나는 어느 지역 광역의회의 여야의원 두 분이 그 지역의 땅부
자인 것을 보았습니다. 그분들은 절대로 자기 재산에 세금이 많
이 부과될 과표를 내리려고 하면 했지 높이려고는 하지 않을 것
입니다. 여당이기 때문에 안하고 야당이기 때문에 하려고 할 리
는 만무합니다. 가진 자이기 때문에 서로 안 할려고 할 것이며
입도 뻥긋하지 않을 것입니다.

 셋째로, 지방사업을 확정하는 데서 그동안 팔이 안으로 굽는다
하면서 자기 동네에 건설과에 다니는 사람 하나만 있어도 다리건
설이나 도로포장 하나라도 더 끌어오려고 하였습니다. 그것이 정
실행정과 지역이기주의의 표본이요 관료주의 행정이며 행정비리
의 근원입니다. 그런데 의원 여러분도 그러시려고 하십니까? 지
방의회도 지방정치의 역할이 있습니다. 농민이 겪는 어려움을 지
방살림을 통해서 조금이라도 덜어주고 공정한 분배를 이룩하기
위해 애써야 할 것입니다. 우선 정부의 농어촌종합발전대책 중에
농민들이 자신들이 생산한 농산물의 가공·유통산업을 직접 공동
으로 하려고 하면 최우선적인 자금지원과 법인세, 재산세 등 세
제의 혜택까지 주기로 한 방침이 있습니다. 우선 그나마라도 한
번 해보도록 하십시오. 우유제품의 가공을 재벌의 손에서 농민의
손으로, 딸기 등 과일류의 잼공장, 오이장아찌공장, 김치공장을

자본가의 손에서 생산농민들 자신의 손으로 넘어오도록 해야 합
니다. 그래야 값이 조절될 것입니다. 특히 양곡도정공장이야말로
꼭 농민들(또는 농민조직)이 차지해야 합니다. 그동안 친여적이
거나 지역의 유력자들이 정부지원으로 정부미 가공공장을 운영하
여 땅 짚고 헤엄치듯 돈 벌어서 지방재벌로 성장했는데 농민들이
능력이 없다는 것은 말이 안 됩니다.

　이런 일들은 아마 지방재정보다는 중앙정부의 농어촌종합발전
대책자금을 교부받아 해야 될 줄 압니다. 사업을 확정지어 중앙
정부에 강력히 요구하고 나서봅시다. 이 길이 권력 분산의 길입
니다.

　그리고 도정 지시도 가장 많이 주도록 해보십시오. 이 일은 어
떤 개인을 대상으로 하는 정실이 아니라 망해가는 칠백만 농민의
문제이기 때문입니다. 세제를 개혁하되 가난한 자의 편에서 사업
을 확정해주시기를 간곡히 바랍니다. 여당이고 보수야당이고 돈
이 많거나 돈 많은 사람과 결탁되어 있으면 절대로 해내지 않을
일입니다.

　여러분이 하려고 하면 큰 힘으로 완강히 방해할 것입니다. 여
러분의 뒤에는 농민이 있습니다. 여러분은 당적이 여당·야당이
기 이전에 농민이기 때문에 우리와 같은 운명입니다.

　우리 당의 결정이 그렇지 않다는 이유로 농민으로부터 등을 돌
린다면 반농민적 정당에 기생했다는 역사의 준엄한 비판을 듣게
될 것입니다. 그러나 나는 믿습니다. 여러분은 결코 농민의 품에
서 떠나지 않을 것이라는 것을……

딸기농사도 해먹기 힘들어져

1990년 딸기농사는 내게 빚만 1000만 원을 남겨놓았다. 잦은 봄비로 다 썩혀버렸다. 나뿐 아니라 다른 사람들도 모두 다 썩혀버려 수확량이 거의 절반 수준으로 감소하였다. 썩은 딸기를 따내면서 아내는 매일 눈물을 흘렸다.

전반적으로 딸기 수확량이 떨어져 값은 좋으리라 기대를 했으나 그저 평년과 비슷한 보합세를 유지하였다. 기호품인 딸기는 대체효과가 높은 품목이어서 값이 비싸면 다른 과일을 먹는 모양이었다. 국내산 사과나 배, 귤로 대체될 수 있는데다 바나나, 파인애플, 자몽 등 외국 과일들이 판을 치고 있는 연유로 별 신통한 값이 나오지 않아 결국 빚만 왕창 짊어졌다.

91년에는 농촌 일손이 부족하니 딸기농사 면적이 줄어들리라 예상한데다 그전 해 잦은 봄비로 배, 사과, 귤 모두 착과가 좋지 않아 수확량이 감소하였으니 그해에는 값이 틀림없이 좋을 것이라 확신하고 딸기농사를 다시 시작하였다.

그전 해 봄 일찌감치 모주(母株)를 심고 물을 최대한 자주 주면서 정성을 다해 자묘를 발생시켰다. 가을이 되어 기온이 떨어지면 새 뿌리 발생이 더디므로 빨리 심고 물을 하루 서너 차례는 주어야 월동중 한해를 입지 않는다. 그러자니 벼베기하랴 노타리치랴 두둑 만들랴 모종 채취하랴 묘 심으랴 물 주랴 온 식구가

눈코 뜰 새 없이 바쁠 수밖에 없다.

12월 하순쯤 비닐을 씌우고 나면 곧바로 또 아침에는 벗기고 저녁에는 씌우고 하는 환기작업과 온도조절을 해야 한다. 조금이라도 게을리하다가는 고온장애를 받든지 저온장애를 받든지 한다.

이런 일을 해보지 않은 사람은 알 수 없는 고통이 따른다. 오만 뼈마디가 저녁만 되면 얼리고 쑤신다. 온몸이 실컷 두들겨 맞은 사람처럼 무겁다. 그 고통을 이길 수 있는 힘은 시세가 좋으리라는 기대다. 금년에는 값을 잘 받아 자식들 교육비도 해주고 부모님 용돈도 드리고 빚도 좀 갚아야겠다는 희망이 있기 때문이다.

그러나 당초 다소 우려했던 대로 수확기에 들어 그놈의 바나나와 판매경쟁을 해야 했다. 그저 평년 시세를 유지할 뿐 땅값, 집값, 비료값, 비닐값 등 물가상승과는 아무 상관없는 현상유지다.

모두들 못해먹겠다는 한숨뿐이다. 우리 국민이 언제부터 그렇게 바나나 맛에 길들여졌고 그놈의 바나나 좀 안 먹으면 뱃병이라도 나는지 알 수 없는 일이다. 내가 손수 지은 좋은 쌀밥 놔두고 방부제가 들어 있는 빵 사다 먹는 철부지 아해들 처사와 똑같다. 개방 구상무역, 무제한 수입, 그로 인해 이익을 보는 사람들은 누구인가. 손해보는 사람은 또 누구인가. 그렇다면 전체 국가적으로 과연 막대한 이익이 있다는 말인가.

웃기는 소리. 그래도 자기 잘못과 책임을 회피하려는 정치꾼들 하는 말은 고작 국민이 안 먹으면 될 텐데 국민의식이 틀려먹었다는 것이다. 일본은 수상이 외국농산물 좀 사먹으라고 호소를 해도 안 먹는다고 하면서 말이다. 속으로는 많이 사먹었으면 하면서 겉으로만 사먹지 말라고 하는 듯 보인다.

이제 딸기농사도 그만두어야겠다고 생각하니 역시 시원섭섭하

기만 하다. 하나 막상 무얼 해먹고 살까 아무리 생각해도 답답하
다. 이제 오십이 넘었으니 노가다판 막노동을 할 수도 없고 그렇
다고 아무것도 안 하고 있을 나이도 아니고……

아무튼 그러면서 내 인생이 좋은 세상 보지도 못하고 황혼을
향해 가고 있구나 여기며 우리 후손, 우리 민중에게 이런 고통을
물려주지 않아야 할 텐데 하고 생각한다.

딸기농사여 안녕히 잘 가거라.

이별의 소야곡 대신 눈물로 너를 보낸다. 안녕.

어머니가 흘린 눈물, 아내가 흘린 눈물

아내는 오늘 따라 유난히 괴롭고 피곤해 보였다. 어제 저녁 늦게까지 무 100단을 깨끗이 다듬어 묶어놓고 나서 빨래하랴, 내일 일하면서 먹을 찬거리를 준비하랴…… 10시가 넘어서야 겨우 쓰러지듯 잠자리에 들더니 오늘 새벽 5시에 일어나 밥을 안쳐놓고 시장에 무를 팔러 나갔다.

무값 2만 원을 받아쥐고 돌아와 하우스 짓는 데 나가려고 하는데 방위병 아들이 '제대병 회식비' 만 원만 달라고 하였다. 아들의 입장에서 보면 동료 방위병의 제대를 축하해주는 것이 당연하고 해야 할 일이다. 그러나 아내의 입장에서는 무 50단을 키우기 위한 그 숱한 일거리들과 새벽 일찍 시장에 나가 2만 원을 만들기 위해 바친 고생을 생각지 않을 수 없을 것이다.

돈이 하늘에서 떨어지느냐, 무슨놈의 회식비가 만 원이나 드느냐, 다른 데 쓰려고 하는 게 아니냐 하고 아들 듣기에는 잔소리를 심하게 하면서도 만 원을 팽개쳤다.

중학 다니는 막내딸 역시 아내의 기분을 이해할 리가 없다. 참고서도 사야 하고 운동화도 하나 사야겠다고 한다. 아내가 그래라 하고 선뜻 돈을 내줄 리가 없다. 공부는 못하는 것이 참고서만 사달란다, 운동화도 아직 더 신을 수 있는데 무슨놈의 운동화냐고 또 신경질을 부렸다. 가장 듣기 싫은 공부 못한다는 소리에 딸아이도 발끈했다. 집에서 틈만 있으면 하우스 일이다 뭐다 해서 일은 일대로 시켜먹고 밥은 밥대로 다 해먹고 집안청소 다 하고 하라 하는 것 다 했는데 그까짓 남들도 다 가지고 있는 참고서 하나 가지고 공부 잘하네 못하네 하면서 잔소리 한다고 한바탕 따지고는 싸놓은 도시락도 챙기지 않고 가방 들고 울면서 그냥 가버렸다.

아내는 그때서야 그냥 나가버린 딸아이가 안쓰러웠던 모양이다. "내가 돈벼락에라도 맞아 죽었으면 쓰련만 원셋놈(원수놈)의 돈, 그 흔한 게 다 어디로 가고……" 탄식을 하면서 쓰러질 듯 한숨을 쉬는 것이었다. 어처구니없는 일이다.

그러나 우리 가정의 일만도 아니다. 아내가 무식하기에 그런 것도 아니요 딸아이가 철부지인 탓도 아니다. 농촌에서 돈 만들기 힘든 아내와 다른 사람 돈 쓰는 것 보면서 꼭 써야 할 곳이 있는 딸아이가 서로 자기 입장에서만 생각하다 보니 생긴 일이다.

아내는 그날도 육천 뼈마디가 쑤시는 것을 참고 독을 쓰면서 일을 하고 여느때와 똑같이 저녁 늦게야 자리에 누웠다. 텔레비전에서는 화려한 옷차림을 한 가수들이 사랑에 즐겁고 괴롭고 하는 노래가 흥겹게 흘러나오고 있었다. 그러나 아내는 눈을 감고 있었다. 자는 줄로만 알았던 아내는 소리도 내지 않고 그저 눈물만 흘려 양쪽 뺨을 타고 베개를 적시고 있었다. 이럴 때 차라리 대성통곡이라도 해버리면 속이라도 좀 풀릴 텐데 그러지도 못하는 모양이었다.

평소 아내는 그 독한 일에 마르다 마르다 바닥이 났던지 별로 눈물을 보이지 않았다. 그런데 소리도 없이 눈물만 흐르고 있다. 하기야 그동안 눈으로는 흘리지 않았어도 날이면 날마다 오장육부를 적시고 또 적시고 얼마나 가슴을 적셨을 것인가. 조선시대

양반사회에서 그저 평범한 민중으로 태어난 할머니가 흘렸던 바로 그 눈물이다. 어렸을 적 무밥을 짓기 위해 밤늦게 무를 썰면서 무밥 먹기 싫다는 내 투정소리에 어머니가 흘린 그 눈물이다. 새 양복 하나 사달라고 졸라대는 내 머리를 쓰다듬으며 밤새 헌옷을 손바늘로 꿰매면서 흘린 어머니의 바로 그 눈물인 것이다.

글을 쓰다 말고 나는 아내의 뺨에 흐르는 눈물을 손으로 닦아주었다. 그리고 쑤시고 아프다는 아내의 팔과 다리를 주물러주었다. 아내는 한숨을 내쉬며 당신도 피곤할 텐데 하면서 내 어깨를 주물러주었다. 서로 경험 속에서 너무나도 잘 알고 있는 고통을 위로하는 것이다. 노동과 고통, 이것을 서로 이해하는 속에서 정말 진정한 사랑이 있구나 하는 생각이 들었다.

KBS 심야토론에 대한 시비 몇마디

KBS 심야토론에 참석한 적이 있다. 처음에 출연 권유를 받고
는 나가봐야 뭐하겠는가 싶어 망설였다. 그것은 그동안 심야토론
을 보면서 언론자유가 상당히 진전된 점이 있으나 우리 농민이나
노동자에게 유리하게 진행되지 않고 있다고 생각했기 때문이다.

우선 농민문제에 대해서 토론을 하려면 문제의 당사자인 농민
이 토론의 주체가 되어야 한다. 그리고 농민문제와 가장 관련이
깊다고 하는 노동자가 토론에 참가해야 한다. 그 이유는, 정부나
언론이 '농산물값이 오르면 노동자가 살기 힘들다', '노동자의 임
금이 오르면 물가상승의 요인이 되어 농자재 및 일반 소비재 값
이 올라 농민생활에 어려움이 있다'는 식으로 선전하기 때문이
다.

어떻게 보면 말로는 화합이니 뭐니 해도 기실은 노동자와 농민
의 이해대립을 조장하고 국민적 갈등과 분열을 부추긴 셈이었다.
그렇기 때문에 농산물가격과 노동자의 임금은 과연 대립적 관계
인가 아닌가를 따져보아야 한다.

그 다음이 농민문제에 대한 정치적 입장을 달리하는 정치집단
이 그 의사를 표현해야 할 필요가 있다. 또 농민문제에 깊은 관
심을 갖거나 전문적으로 연구하는 학계의 지식인도 참석해야 한
다. 그리고 농정을 집행하는 행정부의 담당책임자도 참석해야 할

것이다.

요약하면 농민·노동자·정치인·지식인·정부관료의 순으로, 잊어서는 안될 것은 주체는 농민이어야 한다는 점이다.

그런데 내가 시청한 심야토론은 오히려 토론의 주체가 정부가 되어버린 듯했다. 농민 한 사람쯤 토론에 참석시키고는 정부의 각 부서 즉 농수산부·재무부·경제기획원의 관료와 농협의 어용간부 및 지식인·정치인이 참석하여 토론을 했을 때 자연히 제한된 발언시간 때문에 상세한 얘기를 할 수 없으므로 농민 한 사람의 발언은 불평불만 정도로 나올 수밖에 없다.

물론 농민의 입장에 선 지식인도 양념처럼 들어 있으나 정부의 각 부서는 농민의 요구와 상관없는 정부의 홍보자료를 동문서답하듯 농수산부·재무부·기획원·농협의 순으로 설명을 해버리는 것을 나는 화면으로 볼 수 있었다. 농민은 불평불만, 정부는 합리적인 일만 하는 것으로 인식될 수가 있었다. 그것은 방만한 주제를 갖고 제한된 시간 내에 토론을 진행해야 하는 데서 자연히 빚어지는 문제였다. 토론의 기획, 구성, 진행 면에서 농민이 불리하다고 생각했다.

그래서 토론에 참석할까 말까 하고 망설였으나 주위 사람들이 그래도 나가서 할 말을 해보라고 하여 나는 나가서 토론방식의 문제점을 이야기할까 하는 생각도 들었다. 그리고 지금은 민주인사로 감방신세까지 지고 나와 노조위원장을 한다는 그 담당 프로듀서를 평소 내가 무척 존경하고 동지로서의 애정을 가지고 있었기 때문에 참석하기로 마음을 먹었었다.

그러나 역시 농민문제의 토론석상에 농민은 나 한 사람뿐이었다. 더구나 가격·수세·수입·부채·농협 등 7,8가지나 되는 주제를 가지고 각자 3분 이내의 발언을 해달라는 진행자의 사전부탁을 받고 나서 답답한 생각이 들었다.

내가 생각해도 농민문제는 어렵고 복잡하고 정치·경제·사회·문화 등 여러 분야와 얽히고 설켜 있어 3분 내에 무슨 말을 할 것인가 고민이 아닐 수 없었다.

부채면 부채문제 한 가지에 대해서 부채 현황, 부채 발생의 요인, 부채 정리의 전망, 부채 해결의 방법 등을 집중적으로 토론해도 한두 시간에 시청자가 그 본질을 제대로 인식하기란 쉽지 않을 것이다. 그래도 한 가지 문제씩 집중토론을 해야 할 텐데 방만한 주제를 설정해놓고 짧은 발언을 하라고 하니 천만의 식량생산당사자의 얘기를 어떻게 내가 다 할 수 있을 것인가. 자연설명 없는 본질적 문제만을 제기하게 되어 나 역시 불평불만을 얘기하는 꼴이 되어버리고 양심있는 지식인이 두어 사람 거들어준다 하더라도 정부쪽의 미리 준비한 자료는 나의 요구나 의사와는 상관없이 텔레비전 화면을 통해 설명되고 있다고 생각하니, 이 방송이 이제 우리 농민 잡는 데 언론민주화를 가장하고 더욱 기술적으로 조작되고 있구나 하고 기가 막힌 후회를 하게 되었다.

토론방식의 문제점을 근본적으로 바꿔야 할 필요를 얘기하자니 그런 기회도 주어지질 않고 주제에 어긋나게 자다가 홍두깨 식으로 나올 수도 없었다. 더구나 진행자는 나에게는 발언을 기술적으로 제한하고 있다는 생각이 들었다. 내가 이번에는 좀 발언을 해야겠다고 생각하고 있으면 이상하게도 진행자의 시선은 딴 곳으로 가버렸다. 꼭 나를 보지 않고 다른 토론자의 발언을 유도하거나 방청석을 보면서 청중들의 발언을 유도했다.

방청한 농민후계자가 화가 발끈 나서 격한 발언을 하면서 농산국장이나 정부관료의 답변을 요구했다. 기회 있을 때마다 무슨 자료를 가지고 질문의 핵심과 별 상관도 없는 설명 아닌 홍보를 하기 시작했다. 즉 토론이 아니라 농민의 불만이나 질문에 대한 정부의 설명회를 하고 있는 꼴이었다.

시간은 흐르고 하고 싶은 말은 할 수도 없고 어떻게 할까 망설이다가 '말이 필요없다, 행동으로 표현하자' 하는 생각이 들었다. 나는 느닷없이 불끈 자리에서 일어섰다. 이것이 무슨 놈의 토론회는 토론회냐 정부 설명회지. 설명회 하려면 당신들끼리 앉아서할 일이지 농촌에서 바쁘게 일하는 사람 잡아다 놓고 무슨 악세사리냐 하면서 자진 퇴장을 선언했다. 생방송 도중 출연을 거부하는 모자란 사람이 되어버린 셈이다. 그러나 나는 천마디 얘기를 한 것보다 마음이 후련했다.

그후 여론을 확인해본 결과 시청자들도 그때의 내 행동을 보고답답한 체증이 가신 것처럼 졸리던 눈이 번쩍 뜨이더라는 것이었다.

그러나 그때만 해도 농민이나 노동자가 더러 토론에 참석한 적이 있었는데 요즈음은 전혀 참석조차 못하고 있는 것 같다. 아니아주 토론의 대상에서 제외된 것 같다. 한마디로 엉망이 되어버리고 있는데도 언론민주화가 점진적으로 이루어지고 있다고 자화자찬하고 있으니 구렁이 제 몸 치는 가관이라고 할 수밖에 없다.

지금 이 순간도 '우리 사회 지금 어디로 가고 있는가' 하는 심야토론을 하고 있다. 아예 정부 대변자와 중도적인 사람들이 둘러앉았다. 그동안 쌓이고 쌓인 불만이 강경대군의 죽음을 계기로폭발하여 사회적 혼란이 오고 있다고 하면서 이 위기를 슬기롭게넘어가야 한다고 한다. 내가 듣기에는 구렁이 담 넘어가듯 슬슬넘어가야 슬기롭게 해결된다는 식이다.

빈부의 격차가 심하다고 한다. 그런데 별로 중요하지도 않은, 어디까지가 가난하고 어디까지가 부자고 하는 것을 왜 자세히도따지려 하는가.

가난한 게 문제가 아니다. 내가 하고 있는 무지무지한 노동의 대가가 딴 곳으로 가는 게 문제인 것이다. 뼈빠지게 일하는 우리보다 별로 힘들이지 않고도 돈 잘 버는 사람들——변호사는 왜 더 잘살아야 하는가, 투기꾼은 왜 더 잘살아야 하는가, 공부를 많이 했다고? 머리를 잘 굴린다고?

빼앗고 빼앗기는 관계라고 생각하는 것을 좌경이다, 불순이다고 몰아붙이기만 해서는 안된다. 모든 공산품 가격이나 농산물 가격 그리고 노동자의 임금은 어떻게 결정되는가, 돈은 어떻게 돌아다니며 이 사람 저 사람 호주머니를 채우고 비우고 하는가, 왜 불로소득이 생기는가를 집중적으로 토론하고, 빼앗는 관계가 있다면 그것을 고치도록 해야 할 것이다.

부동산투기를 막기 위해서는 부동산이란 무엇인가, 사회주의는 사회적 필요에 의한 계획적인 생산 공급제도라 한다면 자본주의는 개인의 이윤동기를 실현하기 위한 무계획적 자유시장경제라고 하는데, 그렇다면 공기나 물, 땅은 무슨 이유로 누가 생산한 것인가, 땅의 사적 소유는 자본제의 시장경제질서에 당연한 것인가 하는 문제를 논해야 할 것이다. 토지의 사적 소유를 반대한다고 해서 무조건 용공이나 좌경으로 몰아붙이면 올바른 해결책을 찾을 수가 없다. 좌경·우경과 상관없이 문제의 본질만을 파헤치면 될 것이다.

어떤 분은 오늘의 사태가 자기만 살려고 하고 자기 생각만 관철하려는 데서 비롯되었다고 한다. 하기야 모든 사람이 돈을 보고 일하고 하고 싶은 말도 불이익이 있을까 싶어 그냥 넘어가버리는 세상이긴 하지만, 그래도 운동하는 사람들처럼 사회 전체를 위해서 자기의 불이익을 감수해나가는 이들이 있는 것도 사실이다.

해고를 당하고 혜택을 못 받고 심지어는 자기 몸을 불사르고 하는 사람들을 어떻게 저만 살려고 한다고 매도할 수 있을까. 그렇게 말하는 당사자는 실은 자기만 잘살려고 하면서. 진짜 사돈

남 말하고 있는 셈이다. 남들은 다 나쁜 사람이고 자기만 도덕군
자이던가.

옛날 보릿고개를 생각하지 않는다고 힐책도 했다. 하기야 지금
의 거지가 조선시대 세종대왕보다 더 나을는지도 모른다. 자동차
도 타고 필터 달린 담배도 피우고…… 그렇다고 옛날 거지보다
현대 거지가 더 잘살고 있다고 할 수 있는가. 그럴려면 보릿고개
시절보다 차라리 원시시대의 집도 절도 없던 시절과 비교하면서
"참, 좋아졌다"고 하는 것이 훨씬 좋은 비교가 될 것이다.

오늘의 위기를 어떻게 극복할 것인가. 위기라고 규정한 데 문
제가 있다. 누구의 위기인가. 민중은 계속되는 위기 속에서 살아
가고 있는데…… 잘못된 점을 어느정도 고쳐나가야 한다고까지는
했다. 한꺼번에 고칠 것인가 점진적으로 고칠 것인가 하고 전제
를 하는 것도 묘한 이야기다. 고칠 것이 있으면 고치고, 말 것은
말 일이지 잘못된 것을 차차 고치겠다고 하는 말은 소도둑이 점
차로 개도둑질이나 닭도둑질하다가 고쳐보겠다고 하는 말과 다를
바 없다. 결국 도둑질을 안 할 수가 없고 시간 끌면서 기회를 엿
보자는 속셈이다. 사람 통행에 불편을 주는 가시나무는 뿌리째
파내야 되지 우선 가지 몇개를 쳐낸다고 하여 가지가 다시 나오
지 않을 것인가?

훈장님 앞에서 문자 쓴다고, 내가 토론을 어떻게 할 것인가를
얘기하는 것이 우스울는지 모르겠다.

노동법은 과연 노동자에게 유리하게 되어 있는가? ○○사의
노동쟁의는 무엇 때문에 일어났는가. 모두 당사자들인 노동자들
의 얘기를 들어보아야 한다. 학생운동에 대해서도 역시 운동하는
당사자들의 얘기를 들어보아야 할 것이다. 농민문제도 역시 마찬
가지다. 구체적인 문제에 부딪힌 당사자가 아닌 사람이 이러쿵
저러쿵하는 얘기하는 것이야말로 진짜 제3자 개입이 아닌가.

일락서산에 해 떨어지고
월출동산에 달 솟는데

해방후에는 지금의 동력 기계모가 아닌 손기계모를 심었다. 각목 세 개를 약 8치 간격으로 나란히 고정시키고 나무마다 눈금을 그려놓고 한 판 심고 뒤로 빙 둘러 넘겨 또 한 판을 심어가는 손모 기계였다.

모심기가 시작되면 거의 전 부락민이 각각 날받이를 해놓고 품앗이를 해서 모심기를 끝내야 했다. 보통 6월초쯤 시작되는 모심기는 약 한 달간 계속되었고 가뭄이라도 드는 날이면 논 귀퉁이에 둠벙을 파놓고 두레질을 하여 물을 품어야 했다. 여자들은 밀수제비나 닭죽을 쑤어 나르고 밤낮 날새기 물을 품어야 했다. 그냥 물만 품는 것이 아니라 두레수를 셈하면서 품었다.

새로 하나 새로 둘 사오이십 오팔사십 마흔아홉 반백이라 쉰하나 드는 환갑 나는 환갑, 예순둘 어느 새끼 인간 칠십 꼬부랑 팔십 일백에 올라 사백이요 오백이라 잘도 간다

여름밤, 풀벌레소리와 함께 물두레를 힘겹게 올리면서 애살스럽게 세어올리는 소리다. 이런 가뭄에는 소서를 넘기고도 모를 심었으니 무려 40여 일간이나 모를 심어야 했다. 새벽에 서둘러

모를 찌고 나면 참을 먹고 모심기가 시작되었다.

제일 잘 심는 사람 중 교대로 한 사람이 설기계(선두주자로서 제일 먼저 심으면서 한 폭을 더 심는다)를 대면 그 다음으로 주욱 따라 10여 명이 기계를 대고 따라 심는다. 누구 한 사람이라도 한눈을 팔거나 게으름을 피우면 다음 사람이 금방 쫓아와버린다. 따라서 설기계를 기준으로 필사의 노력으로 따라가야 한다.

하루 한 사람이 손에 모포기를 갈라잡고 땅속에 꽂았다 뺐다 하기를 만 오천 번 정도 해야 한다. 심을손이 좋다는 점질토 같은 부드러운 땅만 있는 것이 아니라 써레질만 하면 금방 박박 굳어버리는 자갈 섞인 모래땅이 많다. 모를 꽂다가 손가락이 돌멩이에 부딪히는 순간이면 번쩍 전기가 일어 발끝까지 통증이 전달된다. 보통 일주일 심으면 손가락 끝은 닳고 피멍이 들어 손골무를 만들어 껴야 하며 발바닥은 독쇠(돌과 모래)에 물려 갈라 터지고 소발톱처럼 되어버린다.

한 달 심으면 사십오만 번 정도 흙·모래·자갈과 마찰을 일으키면서 피스톤처럼 손놀림을 해야 하니 아마 쇠가 그렇게 움직여도 닳을 대로 닳아버릴 것이다. 허리를 구부리고 모를 심다가 일어서면 허리가 펴지지 않고 또 섰다가 구부리면 허리가 잘 듣지 않는 걸 참으면서 해야 된다.

초모 십여 일은 그래도 해볼 만하지만 중모가 넘고 만모가 되면 밤이 무척 기다려진다. 밤은 쉬는 시간이기 때문이다. 기진맥진한 몸을 끌고 일을 끝내면 짧은 여름밤을 쓰러지듯 잠을 붙이고 충전을 하여 다시 또 시작한다.

만모 오후에는 어느 집 이종판에서나 묵묵부답으로 그 고통을 참고 일만 하기에는 차마 견디기 힘든 상황이다. 그렇다고 무논 바닥에 주저앉을 수도 없는 노릇이다. 누군가가 모 심는 손놀림에 박자를 맞추면서 설소리를 메긴다. 그러면 누가 시키지 않아

도 군가에 발을 맞추듯 노랫소리에 손을 맞추며 후렴을 따라한다

　　일락서산에 해 떨어지고 에허루 에허루 상사디야
　　월출동산에 달 솟아오네 에허루 에허루 상사디야
　　이 배미 저 배미 담 넘어가고 에허루 에허루 상사디야
　　세 배미 네 배미 다 심어가네 에허루 에허루 상사디야
　　일락서산에 해 떨어지네 에허루 에허루 상사디야
　　서 마지기 논배미가 반달만큼 남았네

　　내가 국민학교 다닐 때 어른들과 함께 모를 심으면서 따라 불
렀던 애끓는 일노래다. 이 노래가 아니면 어떻게 일을 해낼 수
있었을까? 멀리서 들으면 애절한 비탄의 노래다. 혼자의 고통이
아니라 모두의 고통을 함께 나누면서 단결을 약속하는 노래다.
가까이서 들으면 마지막 승리를 눈앞에 둔 전사들의 독전가이자
승전의 노래다. 듣기에 따라서 슬프기도 하고 용기를 주기도 하
는 악보 없는 걸작음악이다.
　　그러나 일을 해보지 않은 사람 즉 일에 무지한 사람은 이 노래
의 참맛을 모를 것이다. 그것은 자연스럽게 일 속에서 우러나온
우리의 값진 생산문화이기 때문이다. 혼자서 하는 노래가 아니라
각자의 감정이 똑같은 일 속에서 하나로 뭉쳐지는 공동체의 문화
이다. 사랑에 폭 빠져 고민하는 노래도 강남의 한량 멋쟁이를 기
다리는 노래도 아니다. 이제 우리의 농촌 들녘에는 그런 일노래
를 부를 만한 인력도 없지만 노랫소리 멈춘 지가 꽤 오래다. 그
저 경운기의 통통거리는 소리에 이앙기의 달달거리는 소리뿐이
다.
　　사오십대, 육십대의 중늙은이들이 두어 사람씩 아무 말도 없이
가종지(기계가 모를 빠뜨린 곳을 보식하는 것)를 하고는 팅팅 부은

얼굴로 집에 돌아와 저녁 마무리를 하고 텔레비전 앞에 앉는다. 자기 격에 맞지도 않지만 자기와 아무 상관도 없는 사랑노래에 길들여지고 있다.

그것이 설령 피로를 잊고 새로운 힘을 내는 데 일시적인 효과가 있을지는 모르겠다. 그러나 '이 좋은 세상 나는 무엇인가, 일만 하다 죽을 것인가' 하는 생각이 들게 한다. 일을 천시하고 피하려 하는 생각을 더욱 갖게 만든다.

"돈 못 벌고 못 쓰면 바보야."

누구를 위해서 누가 만들어낸 아편문화인가.

유월 유두는 간 곳 없고

우리 마을에서는 모를 다 심고 나면 돼지·닭을 잡아 음식들을 차려놓고 써레시침(써레를 다 썼으니 깨끗이 씻어놓는다는 뜻)을 한다고 하여 이웃끼리 돌아가면서 서로 한잔씩 나누어 먹는 풍습이 있었다. 이를테면 모내기 종무식이다.

그러나 지금은 돼지는커녕 쥐새끼 한 마리라도 잡아놓고 써레시침 하는 집은 거의 볼 수 없다.

유월 유둣날만 되면 소·돼지를 잡고 새 밀가루로 밀개떡을 빚고 쌀막걸리 만들어 동각(회관)에 모여 농악을 하면서 하루를 보낸다. 지금처럼 잘난 사람 한번 해보라는 노래자랑도 아니요, 노래 잘하는 사람의 독무대도 아니었다. 부락사람 모두가 배우요 가수요 무용수요 악단이었다. 누구나 흥에 따라 함께 놀고 놀다가 지치면 또 쉬면서 구경하고 먹고 마시면서 소리쳤다. 이런 가운데 그동안 생겼던 자질구레한 갈등 아닌 갈등은 다 없어지고 말았다.

"자네 혼자만 모 심고 혼자만 살믄 되겠는가?" 하면 물꼬 터 간 이는 "막 심어논 논바닥 말리면 어쭈꾸 되겠는가" 하고 언성을 높여 서로 한바탕 드잡이를 하면서 이웃끼리 싸웠던 그까짓 일쯤이야 지금처럼 다방에서 차 한잔 나누면서 악수하지 않아도 다 없어진다. 같이 북 치고 손잡고 춤추고 놀고 나면 다 잊혀진다. 사촌끼리도 했던 물싸움, 법에서도 못 말린다는데 그때 그랬으면 그것으로 끝난다.

한 판 두 판 놀고 나면 마당 뽑기를 한다. 누군가 자기 집 액을 몰아내달라는 요청을 해온다. 그러면 그 집 마당에서 한바탕 놀아난다. 그러고는 정제굿(부엌), 샘굿, 마구굿이 이어진다. 요즘이야 병액의 근원이 불결한 주방이나 나쁜 수질에 있음이 널리 알려져 있지만 아주 옛날에야 그런 의학이나 과학이 일반에게 별로 알려지지 않았던 시절이니 수천 년 살아본 경험으로 미루어 샘과 부엌에 무슨 액이 있는 것으로 생각했을 터이다.

그것이 풍습이 되고 의식이 되어 내가 어렸을 적까지도 했었다. 단순한 미신이나 샤머니즘만은 아니었을 것이다. 그때의 수준에서는 그것이 가장 현명한 해답이었을 것이다. 서로를 위하고 공동의 행복을 추구하는 그러한 공동체 문화는 더욱 값진 것이다.

그런데 지금은 없어졌다. 지금은 액이라는 것을 도대체 믿지 않는다. 그때그때 시대에 맞는 삶의 요구조건들을 충족시키기 위한 전통문화는 지금 이 시대의 대중 놀이로 하기에는 삶의 현실과 너무 멀어졌다. "자네 집 액 좀 몰아내세" 한들 반갑다고 할 사람이 별로 없다.

수입농산물 때문에 망조 드는 농사, 액 몰아낸다고 될 것인가. 액도 이제는 현대판 액으로 바뀌었다. 농산물 수입을 강요하는 놈, 농산물 수입이 좋다고 하는 놈, 농산물 수입해다가 떼돈 버는 놈, 우리 농민들에게는 꼭 몰아내야 할 철천지의 흉액들이다.

이런 현대판 흉액을 몰아내야 우리의 정서가 신명나는 놀이로 나올 것이다. 관 주도의 상금과 상품을 걸어놓고 복고적 전통문화를 계승한다고 해서 대중화가 되는 것은 아닐 터이다.

아무튼 삶과 함께했던 전통문화는 이제 점점 자취를 감추어가고 있다. 화해의 공동체놀이 유둣놀이도 아예 사라져가고 있다.
동각에 걸려 있는 스피커에서는 어디서 무엇을 했는지 몰라도 떳
떳하지 못한 듯 고개만 숙인 우리들의 딸 옥경이 노래가 흘러나
오고 있다. 가난했지만 얼굴 반반한 대가로 어디로 가버렸는지
모를 순이를 찾는 유행가가 들리고 있다.

봉산탈춤이 무엇인가 했더니

요즈음도 권력자의 부도덕한 짓이나 비리를 보고 진정서나 탄원서를 내고자 할 때 보복이 두려워 무기명 또는 익명으로 하는 경우가 있다.

못돼먹은 지배자의 잘못을 보고 직접 맞대고 응징할 수 없으면 탈을 만들어 쓰고 그 못된 행실을 풍자적으로 비판하고 신명나게 노는 것이 신상에도 좋고 여러 사람과 공감대도 형성되어 통쾌한 생각이 들 것이다. 세상이 다 아는 독종을 이겨낼 힘이 부족할 때는 저주의 표현으로 허수아비를 만들어 부적을 붙이기도 하고 화형식을 하기도 한다.

봉건사회의 양반들의 권위주의적 지배와 횡포에 시달린 민중은 그 지배질서가 좋다고 생각하지는 않았을 것이다. 도덕군자인 척하는 지식인계급의 위선 행위에 침을 뱉기라도 하고 싶었을 것이다. 그래서 탈을 쓰고 소박하고 진실한 표현을 하는 것이 탈춤이었을 것이라는 생각이 든다.

탈춤은 피지배자가 함께 놀아볼 만한 저항의 문화였다. 상놈이 궁중춤을 춘다든지 양반춤을 추는 것은 일상생활과는 아무 상관없는 '척' 하는 꼴이 된다. 자기의 내면세계와 현실을 솔직하게 표현한 봉건사회 민중문화의 대표적인 것이 봉산탈춤일 것이다.

그러나 봉산탈춤은 황해도에서 경기도로 내려오면서 그 지역의 현실과 상황에 맞게 양주 산대놀이라는 형태로 바뀌었을 것이고 경상도에서는 그 지역의 특성에 따라 새롭게 창조되는 등 우리의 민중탈춤은 각기 다른 개성을 지니고 있다.

전라도 사람들은 함평 천지 육자배기를 좋아하면서도 서도창은 별로 정서에 맞지 않았던가 보다. 중부사람들이 육자배기보다는 섬세한 서도창을 더 좋아하는 것은 반드시 삶과 관계가 있었을 것이다. 아리랑만 보더라도 진도아리랑, 정선아리랑, 밀양아리랑이 각기 서로 모방이 아닌 창조성을 지니고 있다.

지금은 어떤 유행가 가수가 신곡을 하나 내놓으면 매일 방송을 통해 시청자의 귀에 입력되어 자기의 삶과 동떨어지거나 상관없어도 막 좋아해버린다. 지배자도 피지배자도 함께 좋아하고 교사도 학생도 함께 부르며, 목소리·몸짓·발짓까지 모방하려고 애쓴다.

텔레비전 연속극에서도 지배당하는 사람은 보통 무식하거나 예의없고 우매한 사람으로 나타나고, 지배자는 근엄하고 정직하고 부지런하고 큰 뜻을 가지고 있는 것으로 나타난다.

자기의 입장과 처지를 똑바로 인식할 수 있는 드라마가 없다. 농촌극도 마찬가지다. 겉은 비슷하지만 내용은 전혀 다르다. 혹시나 하고 기다려보았다. 농민들의 한과 그 속에 도사리고 있는 적개심 그리고 언제라도 기회가 오면 투쟁의 대열에 설 수 있는 잠재력, 하늘과 땅이 한번 바뀌기를 바라는 변혁의지 등 진실한 내용들이 나오지 않는다. 그저 물 좋고 산 좋고 부락유지의 점잖고 너그러운 마음이 부락을 지도해내는 모습뿐이다.

민중에게는 민중의 문화가 필요하다. 그런데 자본가가 장악한 문화의 매체는 자기를 망각하는 획일문화, 지배자를 따르는 종속문화, 순치의 문화, 모방의 문화만을 만들어 보여준다.

우리 민중끼리라도 현대판 봉산탈춤을 신명나게 추어보자. 그리고 그 전달매체를 우리가 장악하자.

　서울에서 우연한 기회에 조그마한 사업을 한다는 옛 고향친구
를 만나게 되었다. 오랜만에 만났으니 굳이 자기가 술 한잔을 내
겠다고 하여 따라간 곳이 어느 카바레였다. 처음 가본 곳이라 호
기심도 들었지만 춤이라고는 보릿대춤밖에 모르는 나는 꼭 바늘
방석에 앉은 것처럼 불안할 수밖에 없었다. 생판 모르는 여자들
과 춤추러 나간 친구 일행이 비워놓은 술자리를 혼자서 무료히
지키고 있자니 마치 정신 기합을 받고 있는 기분이었다.
　웨이터나 낮 모르는 여자가 다가와 "춤 추시겠습니까?" "춤
한번 추실까요" 하면 "춤출 줄 모릅니다"라고 대답하기조차 쑥스
러웠으나 겉으로는 태연한 척했다.
　그러나 이 많은 사람 중에 나 혼자 못하는구나 하고 잘못 생각
하다가는 나도 꼭 춤을 배워놔야겠다, 그래야 사람 구실을 할 수
있다는 착각을 갖게 하는 데 충분한 분위기였다. 몇번만 맞으면
중독될 히로뽕과 흡사할 것 같았다.
　그래도 그 곤욕을 치르면서도 이 광란의 현대문화가 도대체 무
엇을 위해 있으며 어떤 결과가 올 것인지를 생각해보는 기회를
가질 수 있었다.
　그곳을 찾는 사람 중에는 남녀(가족관계는 거의 아니라고 하였
다)가 같이 온 경우도 있었으나 대부분이 생면부지의 낮 모르는
남자와 여자가 짝을 지어 놓고 있었다.
　하나의 공간에 똑같은 분위기와 음악 리듬에 맞추어 대중이 하
나의 공동체가 되는 것 같았으나 그것은 분명히 한 남자와 한 여
자가 짝을 지어 각기 서로 다른 감정과 분위기를 느끼면서 놀고
있는 꼴이었다. 둘이서만 잘 맞고 기분 좋으면 그만이지 전체의
분위기나 감정에 맞추어야 할 필요가 없을 것 같았다.

우리의 농악놀이는 전체의 희비애락과 감정이 하나의 용광로에
녹는 것 같은 공동체 문화인 데 비해 이 카바레춤은 각기 다른
생각과 분위기로 서로 각자의 갈 길을 가고 있는 개인주의 문화
라고 보아야 할 것이다. 그리고 그 빤짝거리며 돌아가는 오색 불
빛에 매끄러운 홀 바닥, 쿵쿵거리는 음악에 맞추어 낯 모르는 사
람끼리 서로 한 판씩 놀고 나서는 서로 자기를 과시하려고 한다.
별로 돈벌이도 잘하지 못하는 사람도 돈깨나 버는 사람처럼 보이
려니 주로 큰돈이나 수표를 내놓아야 하고 거스름돈은 받지 않는
게 상례며 팁도 줄 줄 알아야 할 것이다. 자기밖에 모르는 이기
주의자도 이곳에서는 남에게 봉사 잘하고 점잖은 척 근엄한 권위
를 보여야 한다. 힘센 자 앞에서는 갖은 아첨을 떨고 발바닥이라
도 닦으라면 닦을 사람도 여기서는 용기있는 척 큰소리를 뻥뻥
치려고 한다. 간덩이를 커지게 하고 돈 잘 쓰는 버릇을 들이게
하는 듯싶었다. 빨대에 빨리는 소비문화의 수련장과도 같았다.

그 어슴푸레하고 음흉한 조명, 돌아가는 오색 등불, 대형 스테
레오 음향의 쿵짝쿵짝 하는 리듬, 그 리듬에 두 사람이 발을 잘
맞추어 놀고 나면 하늘을 나는 듯한 황홀감에 빠진다고 한다. 그
황홀함에 집안 걱정도, 아내의 야윈 얼굴도, 중동의 찌는 더위
속에서 땀흘리는 남편의 모습도, 기다리는 자식의 얼굴도, 부모
도, 썩어가는 사회도 다 잊어버린다고 한다. 그저 기분 좋고 에
로틱한 스릴을 느끼면 그만이다. 그야말로 환각의 문화, 망상의
문화이다.

전반적으로 우리의 전통민중문화가 생산과 삶의 문화요 저항과
변혁을 요구하는 문화요 공동체의 문화라고 할 수 있다면, 현대
문화는 향락과 소비의 문화, 아니 자본가를 위한 수탈의 문화라
는 생각이 들었다. 역사를 발전시키려는 창조와 희망보다는 세상
일 잊고 될 대로 되어버리려는 패배주의 문화요 무기력해진 대중

을 쉽게 지배할 수 있는 아편문화라는 생각이 들었다.

그러나 좋든 싫든 내 의사와는 상관없이 이 현대문화는 판을 치게 되었다. 사회적 동물인 나 자신도 보고 듣고 접하지 않을 수 없게 되었다. 사회라는 동앗줄에 줄줄이 묶여 헤어나지 못할 늪을 향해 빠져들어가고 있다. 한 사람 한 사람 각자의 각성을 기대하는 것은 국민성에 책임을 전가하는 무정부적 무책임이다. 국가의 책임하에 반드시 제한의 장치가 마련되어야 한다. 그렇지 않으면 국가나 정부는 무엇 때문에 존재해야 하는가. 정치적 의지만 가지면 올바른 생산문화를 만드는 것은 식은 죽 먹기보다 쉬울 것이다.

농민의 마음 하늘의 마음 ⓒ 장영근 1995

1995년 2월 10일 초판 발행
1995년 4월 10일 2쇄 발행

지은이 장 영 근
펴낸이 김 윤 수
펴낸곳 (주)창작과비평사

121-070 서울 마포구 용강동 50-1
전화 718-0541 · 0542 (영업)
718-0543 · 0544 (편집)
716-7876 · 7877 (독자관리)
FAX. 713-2403
지로번호 3002568
대체구좌 010041-31-0518274
등록 1986. 8. 5 제10-145호
조판 동국전산주식회사/인쇄 대정인쇄공사

ISBN 89-364-7019-1 값 6,000원